本书受教育部人文社会科学研究项目"幽默型领导对组织中亲社会逾规行为的影响研究：基于社会信息加工理论"（19YJC630020）的资助

组织中员工主动担责的形成机制研究

程志辉◎著

九州出版社
JIUZHOUPRESS

图书在版编目（CIP）数据

组织中员工主动担责的形成机制研究 / 程志辉著
. -- 北京：九州出版社，2022.8
ISBN 978-7-5225-1104-7

Ⅰ . ①组… Ⅱ . ①程… Ⅲ . ①企业管理－人力资源管理－研究 Ⅳ . ① F272.92

中国版本图书馆 CIP 数据核字（2022）第 147541 号

组织中员工主动担责的形成机制研究

作　者	程志辉　著
责任编辑	陈丹青
出版发行	九州出版社
地　址	北京市西城区阜外大街甲 35 号（100037）
发行电话	（010）68992190/3/5/6
网　址	www.jiuzhoupress.com
印　刷	武汉鑫佳捷印务有限公司
开　本	787 毫米 ×1092 毫米　16 开
印　张	17.75
字　数	236 千字
版　次	2022 年 8 月第 1 版
印　次	2023 年 1 月第 1 次印刷
书　号	ISBN 978-7-5225-1104-7
定　价	78.00 元

前　言

近年来，经济转型成为大势所趋。有学者形象地用"乌卡（VUCA）"一词来形容当前企业经营的大环境，即易变性（Volatile）、不确定性（Uncertain）、复杂性（Complex）、模糊性（Ambiguous）共存的局面。可以说，当前所有组织的发展都面临着前所未有的挑战。组织管理者们开始越来越强烈地意识到，将员工视为需要企业管理者带动的齿轮的传统管理理念已经无法适应组织生存和发展需要。与此同时，随着个体意识觉醒，个体对个性化的追求，也要求企业不能采用固化的刚性管理方式对待自己的员工。当代组织或企业需要每一个员工能够积极思考、主动作为，成为推动企业发展的"助推剂"。唯有这样，企业才能永葆生机，在激烈的竞争环境中立于不败之地。

为了实现这一愿景，学界和业界对经济转型期的企业员工管理策略做出了积极探索。大家在这一点上基本达成共识，即组织需要转变观念，从更积极的角度重新定位员工工作角色。也就是说，组织需要有意识地培养和鼓励员工在工作中的担当，让他们在工作中表现出更多有益于组织或团队的主动担责行为。然而，在组织中，究竟什么样的员工更可能做出主动担责行为？员工展现主动担责背后的作用机理是什么？什么样的管理方式可以有效地促进员工主动担责？回顾前人研究成果，我们发现学界对上述问题的认识仍不够充分。而且，已有实证研究中还存在结论相互矛盾的现象，很难有效指导企业的管理实践。针对上述问题，本书整合主动行为激励模型、社会认知理论和特质激活理论等，利用元分析、问卷调查方法等研究方法来探讨员工主动担责的形成机制，以期对企业管理者激发员工主动担责给出建设性意见。

首先，本书系统研究了员工人口统计学特征中的性别、年龄、受教育程度、组织任期和组织地位与员工主动担责的关系，并力图对现有员工人口统计学特征与员工主动担责之间出现的矛盾性研究结论给出可能的解释。在研究员工主动担责的形成机制之前，必须先弄清楚人口统计学类控制变量对员工主动担责的影响。基于社会角色理论、人力资本理论和社会嵌入理论等，本书构建了员工人口特征对员工主动担责的影响模型，收集了截至 2021 年 12 月的 78 篇员工主动担责个体层面的实证研究。运用Hunter-Schmidt 的元分析法对 81 个人口统计特征与员工主动担责关系的独立子研究组成的 23 112 个样本进行分析，得出了员工性别、年龄、受教育程度、组织任期和组织地位与员工主动担责的关系以及研究特征对这些人口统计特征与员工主动担责关系的调节效应。

其次，本书研究了主动性人格对员工主动担责的影响机制。基于社会认知理论和主动行为激励模型的研究框架，本书构建了主动性人格对员工主动担责影响的理论模型，检验了角色宽度效能感和变革责任知觉的中介作用。同样，运用元分析方法，结合人口统计学特征与员工主动担责的元分析结果，本书构建了人口统计学特征、主动性人格、角色宽度效能感、变革责任知觉和员工主动担责的协方差矩阵，运用路径分析方法检验了相关研究假设。

最后，本书研究了自恋与共享型领导对员工主动担责的影响机制。基于自我一致性理论，本书构建了自恋与共享型领导对员工主动担责的跨层被中介的调节影响模型。采用跨时点配对的问卷设计，获得了 12 家中国企业的 59 个团队中 274 名员工数据。在个体层面，检验了自恋人格对员工主动担责的影响及员工基于组织的自尊的中介效应；在团队层面，既检验了共享型领导对员工主动担责的影响，还检验了共享型领导在自恋与员工主动担责之间的跨层调节作用。

通过上述研究，本书得出了如下六点有价值的结论：

第一，员工年龄、受教育程度、组织任期和组织地位等人口统计学特征与员工主动担责均呈显著正相关关系，员工性别与员工主动担责的正相关关系不成立。运用 Hunter 和 Schmidt 的元分析方法，本书在剔除了抽样误差和测量误差等人为干扰因素对实证研究结果影响之后，获得了员工性别、年龄、受教育程度、组织任期和组织地位与员工主动担责相关关系的真实效应值。按照 Cohen 的效应值大小标准，对这些人口统计学特征与员工主动担责相关关系的真实效应值进行排序，发现这五个人口统计学特征中对员工主动担责影响大小按真实效应值排序，依次是：组织地位、组织任期、年龄、受教育程度和性别。

第二，发表状态、数据来源和文化背景等研究特征能调节性别、年龄、受教育程度、组织任期、组织地位与员工主动担责之间的相关关系。人口统计学特征与员工主动担责的主效应分析结果表明，人口统计学特征与员工主动担责之间均存在调节变量。通过亚组分析，本书发现文献发表状态能够解释现有实证研究中组织任期与员工主动担责结论中的不一致性。数据来源或员工主动担责的评分方式能够解释员工性别、受教育程度和组织任期与员工主动担责之间关系的矛盾性结论。样本来源的文化背景则可以解释员工性别、年龄、组织地位与员工主动担责关系结论的矛盾性结论。

第三，主动性人格对员工主动担责有显著正向影响，并且角色宽度效能感和变革责任知觉在二者之间起中介作用。通过元分析估算员工人口统计学特征、主动性人格、角色宽度效能感、变革责任知觉和员工主动担责之间相关关系的真实效应值，运用路径分析方法，本书发现在控制了员工性别等人口统计学特征之后，主动性人格对员工角色宽度效能感和变革责任知觉均有显著正向影响，进而促进员工主动担责。此外，本研究还发现，员工主动担责评价方式的差异能够解释现有主动性人格与员工主动担责关系间出现的矛盾性结论。

第四，自恋人格对员工主动担责也有显著正向影响，并且基于组织的自尊在二者之间起部分中介作用。自恋的个体更容易抬高自己在组织或团队中的重要性。换言之，自恋的员工的基于组织的自尊也可能越高。此外，自恋的个体有自我增强的需要，他们希望别人注意到自己的优势和重要性，而在工作中主动担责是一种表达自我重要性的重要途径。

第五，共享型领导对员工主动担责具有显著正向影响，而且员工基于组织的自尊在二者之间起完全中介作用。也就是说，共享型领导通过提升员工基于组织的自尊，进而促进员工主动担责。对于员工而言，能够在工作中展现主动担责不仅需要自己有能够成功完成使命的效能感，还需要让员工感受到自己是重要的、被支持的，有能力对微观环境产生影响。在共享型领导的团队中，员工更能体会到自己的重要性，更容易树立员工基于组织的自尊，进而员工也更对团队和组织负责，在工作中表现出更多的主动担责。

第六，共享型领导会调节员工自恋与员工主动担责之间的中介机制。也就是说，共享型领导会调节员工基于组织自尊在自恋与员工主动担责之间的中介作用，即当团队的共享型领导方式程度越高，员工基于组织的自尊在员工自恋与员工主动担责之间的中介作用存在，而当团队的共享型领导方式程度越低时，员工基于组织的自尊的中介作用不成立。

本书主要的理论贡献表现在如下四个方面：首先，弥补了人口统计学特征与员工主动担责的关系研究。既丰富了人口统计学特征与员工主动担责元分析的内容，又为员工主动担责实证研究中控制变量的选择提供依据。其次，研究了员工自恋对员工主动担责的影响机制，拓展了自恋人格在组织行为领域的研究。再次，揭示了主动性人格和自恋人格对员工主动担责影响机制的"黑箱"，丰富了主动行为激励模型的内容。最后，深入探讨了共享型领导影响员工主动担责的作用机制，扩展和丰富了共享型领导研究领域，有助于揭示共享型领导跨层次作用路径的"黑箱"，具有一定的开创性。

本书在写作过程中，得到了中南财经政法大学工商管理学院、湖北经济学院工商管理学院、湖北企业文化研究中心、领导力研究中心导师团队的大力支持和指导，在此表示衷心的感谢。同时，由于自身能力水平有限，书中难免存在不足之处，敬请读者朋友们批评指正。

目　录

第一章 绪 论

第一节 研究背景与意义

一、研究背景

进入互联网风靡的 21 世纪，知识爆发式增长与技术快速更替，让身处这个时代的国家、企业、团队和个人无不感受到这种变化所带来的压力和挑战。用"变化莫测"这个词来形容当前组织所处的大环境再贴切不过。面临外部环境不确定性的增强，大至国家，再到企业或组织，小到团队和个体都纷纷采取各种行动来应对。例如，国家经济转型和产业升级，企业或组织结构日趋扁平化态势发展，个体也在不断求变，通过不断变革和创新来适应环境发展需要。我国也顺应时势提出"大众创业，万众创新"的口号。创新意味着变化和变革。那么，在当前复杂多变的环境下，企业管理者迫切地想知道组织中的哪些人会主动推动变革以及如何推动员工主动变革。

传统的管理思想过于强调企业领导或管理者在推动组织变革或创新中的作用，仅将员工视为企业运转带上的齿轮，这种管理思想忽视了员工的主观能动性，因此难以充分和有效地调动员工的积极性。① 诚如学者卡茨指出，任何一位企业管理者都无法预见变化环境中所有的可能意外事件，所以在经营环境不确定性程度较高时员工自发地做出超越角色外要求的行为对组织生存和发展至关重要。② 同样，学者帕克、宾德和施特劳斯也指出，"不是组织中所有的员工总是待命地机械行事。相反，总有些员工会发现机遇和问题，通过采取主动性行为去积极塑造自己或环境来创造一个不同的局面"。③ 有时员工一个改善组织工作程序的小举动就可能产生巨大影响。例如，18世纪匈牙利的一名普通产科医生塞梅尔魏斯通过自己观察总结后主张所有产科医生在检查产妇前洗手，就是因为这一举动使得他所在医院产妇的死亡率大幅下降。后来，接产前消毒成为每位产科医生必须做的事情。因为他的努力拯救了无数生命，他被后人尊称为"产妇救星"。

学界如此，业界也有相同的声音和观点。例如，柳传志在2014年博鳌亚洲论坛时就曾说过："让每一个人能自己成为公司前进中的发动机，而不是被领导所带动的齿轮。"柳传志在联想所倡导的"发动机文化"，就是积极鼓励企业每位员工主动思考、力争成为推动企业前进的发动机。又如，在日本享有"经营之神"美誉的稻盛和夫倡导"阿米巴"管理理念也是如此。这些企业家和管理者均深刻认识到：在当前互联网时代，"以

---

① FORD J D, FORD L W, D'AMELIO A. Resistance to change: The rest of the story [J]. *Academy of Management Review*, 2008, 33（2）：362-377.

② KATZ D. The motivational basis of organizational behavior [J]. *Behavioral Science*, 1964, 9（2）：131-146.

③ PARKER S K, BINDL U K, STRAUSS K. Making Things Happen：A Model of Proactive Motivation [J]. *Journal of Management*, 2010, 36（4）：827-856.

人为本"的管理思想不断深入人心，企业管理者应该高度重视员工主动性行为所发挥的重要作用。

学者莫里森和菲尔普斯用"Taking charge"这一研究术语来描述组织中员工自发做出旨在改善组织、部门或团队工作流程的建设性变革行为，例如推动工作流程优化、引入更高效的工作方式、纠正工作中错误的程序或做法等。[①] 这些行为往往会超出企业对员工岗位和角色的设定，但是其目的是帮助组织、部门或团队更有效地实现目标。试想，如果企业的工作流程中出现了问题，而每位员工对其仍听之任之、放任自流或等待管理者来处理，那么即使他们和同事付出再大的努力，结果也可能南辕北辙。

尽管员工主动性在组织中的作用和价值已经逐渐得到企业管理者的认可和重视，特别是改善工作流程中存在的问题等员工主动担责在组织中也已得到了提倡和鼓励，然而在现实中，当企业工作流程中真的出现问题时，员工最常见的反应依然是"事不关己，高高挂起"，始终不愿意打破组织给自己的角色划定，主动去帮助组织解决问题。在他们心中，仿佛这些都是领导或管理者才应该操心的事。从长远来看，这种"不担责、不作为"的现象必定会给企业或组织发展带来不利影响。

那么，究竟为何组织鼓励和提倡员工主动担责，员工的行为表现却依然与组织期望的相距甚远呢？究其原因：一方面是因为与助人等组织提倡的公民行为相比，主动担责本身具有变革性和风险性[②]；另一方面，员工如果没有推动变革的意向，组织通过工作设计来鼓励主动担责的努力的结果

---

① MORRISON E W, PHELPS C C. Taking charge at work: Extrarole efforts to initiate workplace change [J]. *Academy of Management Journal*, 1999, 42（4）: 403-419.

② MCALLISTER D J, KAMDAR D, MORRISON E W, et al. Disentangling role perceptions: How perceived role breadth, discretion, instrumentality, and efficacy relate to helping and taking charge [J]. *Journal of Applied Psychology*, 2007, 92（5）: 1200-1211.

可能是徒劳的[①]。也就是说，不是所有员工都会主动担责，不是所有能够主动担责的员工都会主动担责。正如 Morrison 和 Phelps 指出，员工会根据自己实施主动担责成功的可能性以及可能带来的后果决定是否主动担责。[②]

有鉴于此，如何有效识别能够主动担责的员工、员工主动担责的影响因素有哪些、这些因素的作用机制是怎样的等问题既是当前学界关注的焦点，也是萦绕在业界管理者脑海中亟待回答的问题。虽然前人的研究成果可以帮助我们找到一些答案，但是这些答案还远不足以帮助企业管理者回答他们心里的疑问，特别是有些研究之间存在矛盾性的结论。围绕上述问题，本论文将研究视线聚焦于员工主动担责的形成机制。通过借鉴相关理论构建研究模型，结合一手数据和二手数据进行实证研究，以期在发展员工主动担责理论研究的同时，为我国企业管理实践提供指导。

二、研究意义

（一）理论意义

目前，员工主动担责研究仍处于探索阶段，对与员工主动担责形成机制的探讨比较不足。针对这一研究现状，本书从人口统计学特征角度、人格角度和领导力角度来探讨员工主动担责的影响因素和形成机制。本书的理论意义具体体现在以下三个方面：

---

① FULLER J B, MARLER L E, HESTER K. Promoting felt responsibility for constructive change and proactive behavior: Exploring aspects of an elaborated model of work design [J]. *Journal of Organizational Behavior: The International Journal of Industrial, Occupational and Organizational Psychology and Behavior*, 2006, 27 (8): 1089-1120.

② MORRISON E W, PHELPS C C. Taking charge at work: Extrarole efforts to initiate workplace change [J]. *Academy of Management Journal*, 1999, 42 (4): 403-419.

　　首先，响应了学界对人口统计学特征与员工主动担责关系研究的呼吁。既研究了员工人口特征与员工主动担责的关系，还探讨了现有员工主动担责实证研究中出现矛盾性结论的可能原因，同时为员工主动担责实证研究中控制变量的选取提供依据。本书运用元分析对已有员工主动担责前因中员工人口统计学特征（性别、年龄、受教育程度、组织任期和组织地位）和主动性人格与员工主动担责的关系进行了定量综述。元分析方法能够对实证研究结果进行修正（如提出抽样误差和测量误差等人为干扰因素），从而得出变量间相关关系的真实效应值。与此同时，本书还运用元分析对主动性人格与员工主动担责矛盾性结果进行分析，并通过元分析手段获取的相关系数，构建相关矩阵，运用路径分析方法检验了角色宽度效能感的中介作用。此外，本书还从研究特征出发，探讨了文献发表状态、员工主动担责的评分方式以及样本来源的文化背景，对员工人口统计学特征和主动性人格与员工主动担责相关关系中存在的矛盾性结果进行解释。总而言之，本书既有助于厘清员工人口统计学特征和主动性人格与员工主动担责的相关关系，又为员工主动担责实证研究中控制变量的选取提供强有力的证据。

　　其次，研究了主动性人格和自恋人格对员工主动担责的影响，并揭示其背后的作用机制。本书除了探讨积极人格对员工主动担责的影响机制，即运用元分析获得的员工人口统计学特征、主动性人格和角色宽度效能感与员工主动担责的相关系数构建变量间的相关矩阵，再运用路径分析方法检验了角色宽度效能感的中介作用，为 Paker 等的主动行为激励模型提供实证结果支撑。[①] 与此同时，本书还探讨了员工自恋对员工主动担责的影响机制，即运用问卷调查方法，研究了员工自恋对员工主动担责的影响，

---

　　① PARKER S K, BINDL U K, STRAUSS K. Making Things Happen: A Model of Proactive Motivation [J]. *Journal of Management*, 2010, 36（4）: 827-856.

并检验了员工基于组织的自尊的中介作用，从而响应了学者林雪慧对自恋与员工主动担责关系研究的呼吁。①

最后，探讨了共享型领导对员工主动担责的影响机制，能够丰富领导力与员工主动担责的相关研究。现有领导力与员工主动担责的研究大多关注积极领导行为对员工主动担责的促进作用，包括变革型领导、授权型领导、自我牺牲型领导、真实型领导等领导方式对员工主动担责的影响，特别是授权型领导对员工主动担责的研究最多。而且，这些领导方式均属于垂直型领导方式，即自上而下的领导方式，这与传统的组织结构（如"金字塔式"结构）有关系。然而，当组织面临不确定性增强、动态和复杂的生存环境时，组织工作的执行方式发生了巨大变化，其中以"工作团队"出现最为突出，组织对工作团队的依赖性也与日俱增，而传统的领导方式使得团队绩效未能达到企业预期水平。② 由此，探讨共享型领导与员工主动担责的关系对丰富领导力与员工主动担责的研究具有重要意义。

（二）实践意义

本书研究的出发点是为企业管理者有效识别和激励员工的主动担责行为提供指导和借鉴。目前，我国处于经济转型的重要时期，企业在资源日益紧张的情况下竞争日益激烈，一方面，企业结构扁平化趋势越来越明显，企业管理方式也在悄然地发生变化；另一方面，在日臻完善的市场经济下，顾客需求多样化、独特化发展趋势明显，对各行各业提出了更多挑战和机

---

① LIM S H A. *Taking charge: examining antecedents, moderators, and consequences* ［D］. Pennsy Lvania: The Pennsylvania State University, 2009.

② HILLER N J, DAY D V, VANCE R J. Collective enactment of leadership roles and team effectiveness: A field study ［J］. *The Leadership Quarterly*, 2006, 17（4）: 387-397.

遇。① 与此同时，随着个性发展的全面开放，彰显个性成为 21 世纪人类发展的一个突出特点。在这种形势下，传统人事管理理念已经无法跟上时代发展需要，企业在不确定的动态发展环境下也需要员工发挥更多的主动性。② 特别是企业在发展过程中出现问题时，需要员工主动担责，肩负企业发展使命，为企业持续健康发展贡献力量。本研究的目的就是为了帮助企业管理者快速通过人口统计学特征和人格特质识别和激励组织中能够主动担责的员工提供管理依据。具体而言，本书具有如下三点实践价值：

首先，帮助企业管理者根据人口统计学特征快速识别企业中具有主动担责的员工。对企业管理者而言，能够通过人口统计学快速识别和甄选有责任担当员工的实际意义是不言而喻的。然而，男性员工比女性员工更有担当吗？是否年龄更大的员工更会主动担责？是否是受教育程度越高的员工越会主动担责？是否是那些在组织中待得越久的员工越会主动担责？针对这些一直困扰着企业管理者的疑问，本书将向他们给出较为科学的答案，以便提升企业管理者管理决策效率。

其次，为企业人事主管招聘和选拔能够主动担责的员工提供依据。人格因素已经成为企业招聘过程中重要考量指标，本书分别探讨主动性人格和自恋人格对员工主动担责的影响机制。通过研究员工主动担责在人格上的个体差异，既能帮助企业管理者深入理解主动性人格和自恋人格对员工主动担责影响的不同作用机制，又能为企业管理者在选拔能够主动担责的员工时提供理论依据和技术手段参考。

最后，为企业领导通过改变领导方式来培育和激励员工主动担责提供管

---

① 穆胜. 云组织：互联网时代企业如何转型创客平台 [M]. 北京：电子工业出版社，2014.

② FRESE M. The Word Is Out: We Need an Active Performance Concept for Modern Workplaces [J]. *Industrial & Organizational Psychology*，2008，1（1）：67-69.

理启示。通过问卷调查的实证研究，本书既研究了团队共享型领导对员工主动担责的影响机制，又检验了团队共享型领导对员工自恋与员工主动担责关系之间的调节作用。由此，本书的研究有助于为经济转型和经济新常态的背景下中国企业激发员工主动担责时团队的领导方式转型提供理论依据。特别对于参与调研企业的团队，本书的研究结论会促进他们对过去和当前团队领导方式进行反思，进而设计和制定更符合实际的人力资源管理政策。

第二节　核心变量的文献回顾

一、员工主动担责的界定与测量

（一）员工主动担责的定义与内涵

1. 员工主动担责的定义

国外学者 Morrison 和 Phelps 将 "Taking charge"（主动担责）这一构念[①]引入组织行为学研究领域，用于描述由员工自愿发起，旨在改善岗位、部门和组织之间工作开展方式的功能性变革行为，例如引入更高效的工作方式、纠正工作中错误的程序或做法等[②]。他们认为，这一类员工行为有别于以往研究的其他角色外行为或组织公民行为，因为它是员工自发做出的具有变革导向挑战性（Challenging）、变革导向（Change-oriented）的行为。此外，学者麦卡利斯特及其合作者还认为这种行为具有主动性（Proactive）和风险性

---

① 构念（Construct）是组织行为学中的固定术语，是概念的操作化定义。

② MORRISON E W, PHELPS C C. Taking charge at work: Extrarole efforts to initiate workplace change [J]. *Academy of Management Journal*, 1999, 42（4）: 403-419.

（Risky）两个重要特征。^①

笔者在文献梳理过程中发现，由于员工主动担责所具有的特点，因而不同学者将其划分为不同的高阶行为变量。有的学者认为，主动担责是一种员工角色外行为（extra-role behavior），因为它超出了组织对员工岗位和角色规定，如 Morrion 和 Phelps 等。^②也有学者认为，主动担责是一种主动性行为（proactive behavior），因为它是员工自发做出的，如学者帕克和柯林斯将员工主动担责归属于工作层面的主动性行为。^③还有学者认为，员工主动担责是一种变革性组织公民行为（Change-oriented OCB），因为它具有自发性和变革导向特点，如学者崔金南（2007）的研究^④。还有，学者瓦德拉、普拉特和米什拉将"主动担责"（taking charge）划入组织中的建设性偏差行为（constructive deviance）的范畴^⑤，因为它超出了组织内员工的岗位说明书对其工作职责的要求。由此可见，主动担责在学界备受关注，国外学者在员工主动担责研究领域已经取得了丰硕成果，既包括独立开展员工主动担责的研究，也有将员工主动担责纳入其他高阶行为变量进行研究。

① MCALLISTER D J, KAMDAR D, MORRISON E W, et al. Disentangling role perceptions：How perceived role breadth, discretion, instrumentality, and efficacy relate to helping and taking charge [J]. *Journal of Applied Psychology*, 2007, 92（5）：1200-1211.

② MORRISON E W, PHELPS C C. Taking charge at work：Extrarole efforts to initiate workplace change [J]. *Academy of Management Journal*, 1999, 42（4）：403-419.

③ PARKER S K, COLLINS C G. Taking Stock：Integrating and Differentiating Multiple Proactive Behaviors [J]. *Journal of Management*, 2010, 36（3）：633-662.

④ CHOI J N. Change - oriented organizational citizenship behavior：effects of work environment characteristics and intervening psychological processes [J]. *Journal of Organizational Behavior*, 2007, 28（4）：467-484.

⑤ VADERA A K, PRATT M G, MISHRA P. Constructive deviance in organizations：Integrating and moving forward [J]. *Journal of Management*, 2013, 39（5）：1221-1276.

近些年，"Taking charge"这一构念也被引入中国学界，开始在中国研究土壤中萌芽。[①] 虽然国内学者开始关注和从事"Taking Charge"的研究，但是一直缺乏一个能够很好与之对应且体现中国特色的研究术语，结果桎梏了国内学者间在研究上的对话。例如，有学者将"Taking Charge"译作"负责行为"[②]，这一术语未能很好体现"Taking Charge"的变革导向；学者刘云使用"员工变革行为"这一术语[③]，则不能很好体现员工担责的主动性特点。在汲取现有国内学者对该术语的丰富营养的基础上，本研究将"Taking Charge"译作"主动担责"比较贴切。这一概念顺应当前我国转型时期的特点，主动担责也是企业、社会乃至国家所迫切需要的，并且主动担责能够较好地反映"taking charge"这一构念的内涵。《现代汉语词典》（第六版）将"主动"界定为"不待外力推动而行动，能够造成有利局面"，对应"taking charge"中的"discretionary"；"担责"是指"承担责任"，意在当组织出现问题时，个体能够本着"天下兴亡，匹夫有责"的思想，做出对组织有利的事。根据 Morrison 和 Phelps（1999）提出员工"Taking charge"行为的内涵，本研究选择"主动担责"这一中文翻译，并将该术语定义为：员工自发做出推动组织、部门或团队工作程序改善的一系列有益性变革行为的总和。

2. 员工主动担责的内涵

根据 Parker 和 Collins 对员工主动性行为的分类，员工主动担责与建

---

① 赵欣，赵西萍，周密，等. 组织行为研究的新领域：积极行为研究述评及展望［J］. 管理学报，2011，8（11）：1719-1927.

② 黄勇，彭纪生. 组织内信任对员工负责行为的影响——角色宽度自我效能感的中介作用［J］. 软科学，2015（1）：74-77.

③ 刘云. 前瞻性人格对员工变革行为的影响——心理安全氛围的调节作用［J］. 软科学，2013，27（5）：108-112.

言（Voice）、个体创新（Individual innovation）、个体能动性（Personal initiative）等都属于主动性工作行为（Proactive work behavior）这一高阶范畴。[①] 为了更好地理解主动担责的内涵，有必要将其与相似的概念进行分析比较，如表 1–1 所示。

（1）主动担责与建言。学者勒平和凡·戴恩将建言定义为员工旨在改善现状而采取的建设性变革导向的沟通行为。[②] 国内学者梁建及其合作者在中国文化背景中研究发现，建言分为促进性建言（Promotive voice）和抑制性建言（Prohibitive voice）两种类型。其中，促进性建言是指员工为改善本部门或组织的整体运行效率而表达新想法和建议的行为，目的是面向未来和聚焦长期改善和创新。抑制性建言是指员工向对组织不利的做法、事件或员工行为表达关切的行为，目的是防止负面结果，本质上属于问题聚焦。[③] 从概念内涵上看，员工主动担责包含促进性建言的部分内容，如尝试提出建设性意见，以改善本组织或部门的运转效率。[④] 然而，主动担责比建言更强调员工采取身体力行的具体行动（如尝试引入新思维、技术和方法来提高工作效率），而并非简单地表达建设性的意见。[⑤] 换句话说，

① PARKER S K, COLLINS C G. Taking Stock: Integrating and Differentiating Multiple Proactive Behaviors [J]. *Journal of Management*, 2010, 36（3）: 633–662.

② LEPINE J A, VAN DYNE L. Voice and cooperative behavior as contrasting forms of contextual performance: evidence of differential relationships with big five personality characteristics and cognitive ability [J]. *Journal of Applied Psychology*, 2001, 86（2）: 326–336.

③ LIANG J, FARH C I, FARH J–L. Psychological antecedents of promotive and prohibitive voice: A two–wave examination [J]. *Academy of Management Journal*, 2012, 55（1）: 71–92.

④ MORRISON E W, PHELPS C C. Taking charge at work: Extrarole efforts to initiate workplace change [J]. *Academy of Management Journal*, 1999, 42（4）: 403–419.

⑤ KIM T–Y, LIU Z–Q, DIEFENDORFF J M. Leader–member exchange and job performance: The effects of taking charge and organizational tenure [J]. *Journal of Organizational Behavior*, 2015, 36（2）: 216–231.

与建言相比，主动担责更加直面问题，而非采取迂回途径来解决问题。因为主动担责比建言更具风险性，也需要消耗个体更多的资源和能量。

（2）主动担责与个体创新行为（individual innovation）。学者斯科特和布鲁斯将"个体创新行为"定义为：个体识别机会，产生和实施新颖的想法。① 个体创新行为与主动担责具有一定关联性，但又存在差异。有学者认为，主动担责与个体创新行为的实施阶段（idea implementation）比较接近，而且以未来导向和变革导向为特征的主动担责行为需要一定的创新性。② 不过，从构念内涵来看，二者在自主性和对新颖性要求上存在差异。具体而言，个体创新行为强调想法的新颖性，而主动担责未必需要新颖性。③ 此外，个体创新行为含有强制性或义务性（compulsory）意味，而主动担责的个体则没有。④ 例如，某位团队员工将微信引入工作中，大家能够通过微信群及时沟通项目进展，大大提升了团队沟通和运行效率，但是该员工并非微信的发明者，所以他或她的行为是典型的主动担责行为。

（3）主动担责与个体能动行为（Personal initiative）。学者弗里斯和费伊将"个体能动行为"定义为：个体以自发和积极的方式执着地克

---

① SCOTT S G, BRUCE R A. Determinants of innovative behavior: A path model of individual innovation in the workplace [J]. *Academy of Management Journal*, 1994, 37（3）: 580–607.

② POTOČNIK K, ANDERSON N. A constructively critical review of change and innovation-related concepts: towards conceptual and operational clarity [J]. *European Journal of Work & Organizational Psychology*, 2016, 25（4）: 481–494.

③ PARKER S K, COLLINS C G. Taking Stock: Integrating and Differentiating Multiple Proactive Behaviors [J]. *Journal of Management*, 2010, 36（3）: 633–662.

④ POTOČNIK K, ANDERSON N. A constructively critical review of change and innovation-related concepts: towards conceptual and operational clarity [J]. *European Journal of Work & Organizational Psychology*, 2016, 25（4）: 481–494.

服实现目标过程中一切困难的一类工作行为。① 从某种程度而言，个体能动行为与主动担责有比较多的相似特征，如都有自发性、角色外成分。② 然而，从内涵上看，个体能动性行为更像"行为综合征"（behavioral syndrome），是个体的一种稳定的行为倾向③，而主动担责是个体对行为成功概率和可能结果深思熟虑后做出的④。此外，从测量上来看，个体能动性行为通常采用自评，而员工主动担责则采用他评（特别是主管）。⑤

（4）主动担责与工作重塑（Job crafting）。学者瑞斯尼斯基和达顿将"工作重塑"定义为：员工通过改变对现有工作任务和工作关系的认知，以达到让工作更加符合自身偏好和需要的一系列积极行为，包括任务重塑（task crafting）、关系重塑（rational crafting）和认知重塑（cognitive crafting）。⑥ 其中，任务重塑是指员工在工作中表现出自主改变任务量、工作范围和自身在工作中的表现。关系重塑是指员工在执行任务时改变既有的交往形式、对象和内容。认知重塑是指员工改变对工作中任务和关系，

---

① FAY D, FRESE M. The concept of personal initiative: An overview of validity studies [J]. *Human Performance*, 2001, 14（1）: 97–124.

② MORRISON E W, PHELPS C C. Taking charge at work: Extrarole efforts to initiate workplace change [J]. *Academy of Management Journal*, 1999, 42（4）: 403–419.

③ FRESE M, FAY D, HILBURGER T, et al. The concept of personal initiative: Operationalization, reliability and validity in two German samples [J]. *Journal of Occupational and Organizational Psychology*, 1997, 70（2）: 139–161.

④ MORRISON E W, PHELPS C C. Taking charge at work: Extrarole efforts to initiate workplace change [J]. *Academy of Management Journal*, 1999, 42（4）: 403–419.

⑤ TORNAU K, FRESE M. Construct clean - up in proactivity research: A meta - analysis on the nomological net of work - related proactivity concepts and their incremental validities [J]. *Applied Psychology*, 2013, 62（1）: 44–96.

⑥ WRZESNIEWSKI A, DUTTON J E. Crafting a Job: Revisioning Employees as Active Crafters of Their Work [J]. *Academy of Management Review*, 2001, 26（2）: 179–201.

甚至是整个工作本身的感知、理解和看法。从构念内涵来看，工作重塑和主动担责都含有自发性和未来导向的意味。[①]但从行为出发点来看，员工工作重塑是为了让工作更好地符合自身偏好和需要而改变工作意义和身份，而主动担责是提升组织运行效率，并不一定考虑自身偏好，更可能是出于全局考虑。[②]

综上所述，员工主动担责是不同于员工建言、个体创新行为、个体能动性和工作重塑的一个独立的构念。

表1-1　员工主动担责与相似构念之间的关系

类似变量	提出者	概念界定	与员工主动担责的关系
建言	勒平和范达因（LePine and Van Dyne, 2001）	指旨在改善现状的建设性变革导向沟通行为	**联系：**二者均具有自发性，员工主动担责与抑制性建言有关；**区别：**建言更多侧重沟通，建言者不一定为变革推行者，而主动担责更强调行动，内容比较具体
个体创新行为	斯科特和布鲁斯（Scott and Bruce, 1994）	指创造和实现想法,包括抓住机遇,产生新思想和新方法并实施	**联系：**员工主动担责与个体创新行为的实施阶段比较接近；**区别：**创新行为是强制性且对新颖性要求较高，但是员工主动担责却是自发的，且不一定需要新颖性
个体能动行为	弗里斯和费伊（Frese and Fay, 2001）	指个体以自发和积极的方式执着地克服实现目标过程中一切困难的一类工作行为	**联系：**都有自发性、角色外的成分；**区别：**个体能动性是个体一种稳定的行为倾向，测量多采用自评，而主动担责是一种根据情景判断做出的行为，测量多采用他评

① POTOČNIK K, ANDERSON N. A constructively critical review of change and innovation-related concepts: towards conceptual and operational clarity [J]. *European Journal of Work & Organizational Psychology*, 2016, 25（4）: 481-494.

② NIESSEN C, WESELER D, KOSTOVA P. When and why do individuals craft their jobs? The role of individual motivation and work characteristics for job crafting [J]. *Human Relations*, 2016, 69（1）: 1287-1313.

续表

类似变量	提出者	概念界定	与员工主动担责的关系
工作重塑	瑞斯尼斯基和达顿（Wrzesniewski and Dutton, 2001）	员工通过改变对现有工作任务和工作关系的认知，以达到让工作更加符合自身偏好和需要的一系列积极行为	**联系**：二者都包含对工作开展方式进行变革，而且都含有自发性和未来导向； **区别**：从出发点来看，工作重塑更多是员工从自身利益考虑，让工作更适合自身，而主动担责则更多是员工从组织利益出发做出的行为

资料来源：笔者根据相关文献整理得来。

（二）员工主动担责的测量

目前，学界中对员工主动担责进行测量主要采用 Morrison 和 Phelps 开发的量表，如表 1-2 所示。[①] 两位学者通过科学的量表开发步骤，以 MBA 为研究样本，经过访谈、预测试和正式问卷调查，最终获得了一份十个题项的单维度员工主动担责量表，题项如"该员工经常尝试改进流程来完成他的工作""该员工提出具有建设性的建议，以改善团队的内部运作""该员工经常努力修正一些失误环节和失误做法""该员工经常尝试引入一些新的结构、技术和方法来提高效率"等，运用七级同意程度量纲测量，计算出该量表的内部一致性信度为 0.93。

后来，学者格里芬、尼尔和帕克根据"员工主动性行为"针对的对象不同，将其划分为核心任务主动行为、团队成员主动行为和组织成员主动行为。[②] 与此同时，韩国学者崔金南在研究员工变革型组织公民行为

---

①　MORRISON E W, PHELPS C C. Taking charge at work: Extrarole efforts to initiate workplace change [J]. *Academy of Management Journal*, 1999, 42（4）：403-419.

②　GRIFFIN M A, NEAL A, PARKER S K. A New Model of Work Role Performance: Positive Behavior in Uncertain and Interdependent Contexts [J]. *Academy of Management Journal*, 2007, 50（2）：327-347.

时的四个题项量表[①]，也包含了员工主动担责的测量，并且该量表也被学者哈里森、斯卢斯和阿什福思所采用[②]。接着，学者 Parker 和 Collins 在运用网络法区分员工主动性工作行为时，采用了员工主动担责的简化版量表，即一个三个题项的单维度量表，不过他们在测量时采用员工自评的方式打分。[③] 综上所述，学者们在测量员工主动担责行为时仍以 Morrison 和 Phelps 开发的量表为主[④]，但是会根据研究设计需要作出适当调整。

表1-2 员工主动担责的测量方式

十个题项原始量表	二个题项量表	三个题项量表	三个题项量表
Morrison & Phelps（1999）（α =0.93）	崔金南（Choi，2007）（α =0.83）	格里芬、尼尔和帕克（Griffin, Neal, & Parker, 2007）（α =0.93）	帕克和柯林斯（Parker & Collins, 2010）、欧阳侃、林咏和王卫东（Ouyang, Lam, &Wang, 2015）（α =0.86）
1.经常尝试改进流程来完成他的工作	√	√	√
2.尝试改变执行工作的方法，以便提高成效			
3.经常尝试为工作部门改进流程			
4.经常开创新的方法来让组织（部门、团队）更加高效		√	√

---

① CHOI J N. Change - oriented organizational citizenship behavior: effects of work environment characteristics and intervening psychological processes [J]. *Journal of Organizational Behavior*, 2007, 28（4）: 467-484.

② HARRISON S H, SLUSS D M, ASHFORTH B E. Curiosity adapted the cat: the role of trait curiosity in newcomer adaptation [J]. *Journal of Applied Psychology*, 2011, 96（1）: 211-220.

③ PARKER S K, COLLINS C G. Taking Stock: Integrating and Differentiating Multiple Proactive Behaviors [J]. *Journal of Management*, 2010, 36（3）: 633-662.

④ MORRISON E W, PHELPS C C. Taking charge at work: Extrarole efforts to initiate workplace change [J]. *Academy of Management Journal*, 1999, 42（4）: 403-419.

续表

十个题项原始量表	二个题项量表	三个题项量表	三个题项量表
5.经常尝试改变那些无益于生产力的组织规则或政策			
6.提出具建设性的建议，以改善团队的内部运作		√	
7.经常努力修正一些失误环节和失误做法			
8.经常尝试废除那些冗长无用的工作步骤	√		
9.经常尝试采取一些手段来解决组织中紧迫的问题			√
10.经常尝试引入一些新的结构、技术和方法来提高效率			

资料来源：笔者整理得来。

二、员工主动担责的影响因素

（一）个体影响因素

通过梳理员工主动担责的文献，本书将员工主动担责的影响因素归纳为人格特质、价值观以及动机和情感三个方面。

1. 人格特质与员工主动担责的关系。许多研究者将人格作为员工主动担责的个体层面的前因变量来探讨，其中以主动性人格居多。主动性人格是指个体采取主动性行为影响周围环境的一种稳定的倾向。[1]有研究证实，主动性人格对员工主动担责具有很好预测力[2][3]，因为主动性人格的个体能更快地识别有利的机会，并采取积极行动。然而，也有少量研究发现二者

---

[1]　BATEMAN T S, CRANT J M. The proactive component of organizational behavior: A measure and correlates [J]. *Journal of Organizational Behavior*, 1993, 14（2）：103-118.

[2]　刘云. 前瞻性人格对员工变革行为的影响——心理安全氛围的调节作用 [J]. 软科学, 2013, 27（5）：108-112.

[3]　FULLER J B, MARLER L E, HESTER K. Bridge building within the province of proactivity [J]. *Journal of Organizational Behavior*, 2012, 33（8）：1053-1070.

之间不相关。①② "大五人格"也是影响员工工作积极性的重要个体因素。譬如，已有研究证实：尽责性③、对经验的开放性④的员工更容易做出主动担责行为。此外，还有学者发现，员工信任倾向⑤、多样性好奇特质⑥也会对员工主动担责行为产生正向影响。学者贝特科特以零售业一线员工为例，检验了员工目标导向对其变革导向的组织公民行为的影响，发现学习目标导向对员工主动担责具有显著正向影响。⑦

2. 价值观与员工主动担责的关系。价值观从正反两方面影响个体行为。首先，与主动担责正相关的价值观。学者洛夫和达斯汀发现，心理集体主义对员工主动担责具有正向影响，因为集体主义者往往更重视集体目标和利益，因此成员间合作意识更强，对有利于组织的变革行为提供支持。⑧

---

① FULLER B, MARLER L E, HESTER K, et al. Leader reactions to follower proactive behavior: Giving credit when credit is due [J]. *Human Relations*, 2015, 68 (6): 879-898.

② MARLER L E. Proactive behavior: A selection perspective [J]. *Dissertations & Theses-Gradworks*, 2008.

③ MOON H, KAMDAR D, MAYER D M, et al. Me or we? The role of personality and justice as other-centered antecedents to innovative citizenship behaviors within organizations [J]. *Journal of Applied Psychology*, 2008, 93 (1): 84-94.

④ ESCRIBANO P, ESPEJO A. Supporting or challenging the status-quo: Antecedents of OCB and taking charge behaviors [J]. *Academy of Management Annual Meeting Proceedings*, 2010 (1).

⑤ CHIABURU D S, BAKER V L. Extra-role behaviors challenging the status-quo: Validity and antecedents of taking charge behaviors [J]. *Journal of Managerial Psychology*, 2006, 21 (7): 620-637.

⑥ HARRISON S H, SLUSS D M, ASHFORTH B E. Curiosity adapted the cat: the role of trait curiosity in newcomer adaptation [J]. *Journal of Applied Psychology*, 2011, 96 (1): 211-220.

⑦ BETTENCOURT L A. Change-oriented organizational citizenship behaviors: the direct and moderating influence of goal orientation [J]. *Journal of Retailing*, 2004, 80 (3): 165-180.

⑧ LOVE M S, DUSTIN S L. An investigation of coworker relationships and psychological collectivism on employee propensity to take charge [J]. *The International Journal of Human Resource Management*, 2014, 25 (9): 1208-1226.

其次，与主动担责负相关的价值观。例如，已有学者研究表明：员工的交换意识（Exchange ideology）^①、心理契约违背^②和心理权利（Psychological entitlement）^③对主动担责具有负向影响。其中，交换意识和心理权利类似，都是从交换和公平的角度看待员工付出的感知，交换意识和心理权利强的个体往往是利益驱动，因而很难自愿做出对组织有利的角色外行为。而心理契约违背是企业对员工食言或未能完全履行承诺，增加了员工被侵犯的感觉，员工因此不愿意为这样的组织进一步付出。

3.动机和情感与员工主动担责的关系。由于员工主动担责是员工自愿做出对改善组织运行的变革行为，因而有学者运用自我决定理论来解释员工主动担责的成因。其中，动机是一个重要的影响因素。已有研究证实，角色宽度效能感^④和员工内在化动机^⑤对员工主动担责行为具有正向影响。除了动机外，情感也是影响员工主动担责的重要因素。如弗里茨和索奈特格通过对德国公务员连续四个工作日的早晚跟踪调查发现，员工的积极情

---

①　CHIABURU D S, BAKER V L. Extra-role behaviors challenging the status-quo: Validity and antecedents of taking charge behaviors［J］. *Journal of Managerial Psychology*, 2006, 21（7）: 620-637.

②　BAL P M, CHIABURU D S, DIAZ I. Does psychological contract breach decrease proactive behaviors? The moderating effect of emotion regulation［J］. *Group & Organization Management*, 2011, 36（6）: 722-758.

③　KLIMCHAK M, CARSTEN M, MORRELL D, et al. Employee Entitlement and Proactive Work Behaviors: The Moderating Effects of Narcissism and Organizational Identification［J］. *Journal of Leadership & Organizational Studies*, 2016, 23（4）: 387-396.

④　FULLER J B, MARLER L E, HESTER K. Bridge building within the province of proactivity［J］. *Journal of Organizational Behavior*, 2012, 33（8）: 1053-1070.

⑤　林志扬，赵靖宇. 真实型领导对员工承担责任行为的影响——员工内化动机和人际敏感特质的作用［J］. 经济管理, 2016（7）: 71-81.

感对其当天以及随后几天的主动担责行为具有很好的预测作用。①

（二）情景影响因素

同样，通过文献梳理，本书将影响员工主动担责的情景因素归纳为组织氛围、领导风格、人际关系和人力资源管理实践这四个方面。

1. 组织氛围与员工主动担责的关系。组织公平氛围是影响员工主动性的一个重要情景变量。根据公平理论，公平与否决定了人们是否愿意继续投入工作。已有研究证实，组织程序公平对员工主动担责具有正向影响，因为程序公平能保障员工对组织承诺和心理安全，进而做出挑战现状的行为。②③④与组织公平相似的情景变量是组织支持。从社会交换理论视角，组织为员工提供必要的物质和精神方面的支持，有助于调动员工工作积极性。已有学者证实，组织支持氛围对员工主动担责具有正向影响。⑤⑥ 学者 Escribano 和

---

① FRITZ C, SONNENTAG S. Antecedents of Day-Level Proactive Behavior: A Look at Job Stressors and Positive Affect During the Workday [J]. *Journal of Management*, 2009, 35（1）: 94-111.

② MCALLISTER D J, KAMDAR D, MORRISON E W, et al. Disentangling role perceptions: How perceived role breadth, discretion, instrumentality, and efficacy relate to helping and taking charge [J]. *Journal of Applied Psychology*, 2007, 92（5）: 1200-1211.

③ MOON H, KAMDAR D, MAYER D M, et al. Me or we? The role of personality and justice as other-centered antecedents to innovative citizenship behaviors within organizations [J]. *Journal of Applied Psychology*, 2008, 93（1）: 84-94.

④ CHEN X P, HE W, WENG L C. What Is Wrong With Treating Followers Differently? The Basis of Leader-Member Exchange Differentiation Matters [J]. *Journal of Management*, 2015, 40（4）: 409-412.

⑤ LI N, CHIABURU D S, KIRKMAN B L. Cross-level influences of empowering leadership on citizenship behavior: Organizational support climate as a double-edged sword [J]. *Journal of Management*, 2017, 43（4）: 1076-1102.

⑥ ONYISHI I E, OGBODO E. The contributions of self-efficacy and perceived organisational support when taking charge at work [J]. *SA Journal of Industrial Psychology*, 2012, 38（1）: 1-11.

Espejo 还进一步发现，组织支持是通过增加员工情感承诺进而对员工主动担责行为产生正向影响。[1] 此外，由于员工主动担责具有变革和挑战的特点，因此在创新的组织氛围中更能激发员工主动去改善组织运行方式。例如，Choi 研究发现，组织创新氛围和组织远景都能有效激发员工做出变革型组织公民行为，并且员工的心理授权和变革责任知觉起中介作用。[2]

2. 领导风格与员工主动担责的关系。学者巴斯强调，领导风格对下属的行为和绩效具有重要影响。[3] 不少学者探讨了领导风格对于员工主动担责的影响。[4][5][6] 由于员工主动担责含有积极成分，所以属于一种积极的组织行为，因而目前学者主要探讨了积极领导力对员工主动担责的作用。按照领导力对主动担责作用机制不同，本书将领导风格分为与动机相关的领导力和与情感相关的领导力。首先，与动机相关的领导力是指领导方式通过影响员工动机进而作用员工行为。例如，授权型领导能够通过提升员工

① ESCRIBANO P, ESPEJO A. Supporting or challenging the status-quo: Antecedents of OCB and taking charge behaviors [J]. *Academy of Management Annual Meeting Proceedings*, 2010 (1).

② CHOI J N. Change - oriented organizational citizenship behavior: effects of work environment characteristics and intervening psychological processes [J]. *Journal of Organizational Behavior*, 2007, 28 (4): 467–484.

③ BASS B M. Leadership: Good, better, best [J]. *Organizational Dynamics*, 1985, 13 (3): 26–40.

④ CHOI J N. Change - oriented organizational citizenship behavior: effects of work environment characteristics and intervening psychological processes [J]. *Journal of Organizational Behavior*, 2007, 28 (4): 467–484.

⑤ LI S-L, HE W, YAM K C, et al. When and why empowering leadership increases followers' taking charge: A multilevel examination in China[J]. *Asia Pacific Journal of Management*, 2015, 32(3): 645–670.

⑥ XU Q, ZHAO Y, XI M, et al. Impact of benevolent leadership on follower taking charge [J]. *Chinese Management Studies*, 2018, 12 (4): 741–755.

的心理授权[1][2]或角色宽度效能感[3]对其主动担责行为产生正向影响。又如林志扬和赵靖宇的研究发现，真实型领导通过激发员工内化动机对员工责任承担行为产生正向影响。[4]其次，与情感有关的领导力是指领导方式通过激发员工情感进而影响主动担责。例如，Li 等研究发现，自我牺牲型领导通过组织认同的中介作用正向影响员工主动担责。[5]又如 Xu 等根据情感事件理论检验了仁慈型领导通过增加员工工作投入对员工主动担责的影响。[6]此外，还有学者发现，支持型领导方式[7]、变革型领导[8][9]、包容型

① LI N, CHIABURU D S, KIRKMAN B L. Cross-level influences of empowering leadership on citizenship behavior: Organizational support climate as a double-edged sword [J]. *Journal of Management*, 2017, 43 (4): 1076-1102.

② ONYISHI I E, UGWU F O, OGBONNE I P. Empowering employees for change oriented behaviours: The contribution of psychological empowerment to taking charge at work [J]. *European Journal of Social Sciences*, 2012 (27): 301-308.

③ LI S-L, HE W, YAM K C, et al. When and why empowering leadership increases followers' taking charge: A multilevel examination in China [J]. *Asia Pacific Journal of Management*, 2015, 32 (3): 645-670.

④ 林志扬，赵靖宇. 真实型领导对员工承担责任行为的影响——员工内化动机和人际敏感特质的作用 [J]. 经济管理, 2016 (7): 71-81.

⑤ LI R, ZHANG Z Y, TIAN X M. Can self-sacrificial leadership promote subordinate taking charge? The mediating role of organizational identification and the moderating role of risk aversion [J]. *Journal of Organizational Behavior*, 2016, 14 (3): 214-216.

⑥ XU Q, ZHAO Y, XI M, et al. Impact of benevolent leadership on follower taking charge [J]. *Chinese Management Studies*, 2018, 12 (4): 741-755.

⑦ CHOI J N. Change - oriented organizational citizenship behavior: effects of work environment characteristics and intervening psychological processes [J]. *Journal of Organizational Behavior*, 2007, 28 (4): 467-484.

⑧ BETTENCOURT L A. Change-oriented organizational citizenship behaviors: the direct and moderating influence of goal orientation [J]. *Journal of Retailing*, 2004, 80 (3): 165-180.

⑨ LI N, CHIABURU D S, KIRKMAN B L, et al. Spotlight on the Followers: An Examination of Moderators of Relationships Between Transformational Leadership and Subordinates' Citizenship and Taking Charge [J]. *Personnel Psychology*, 2013, 66 (1): 225-260.

领导① 对员工主动担责也具有正向影响。

3. 人际关系与员工主动担责的关系。组织中的人际关系也是影响员工主动担责的重要情景因素之一。组织中的关系包括领导与员工之间的上下级关系以及员工之间的同事关系。（韩国）金台烈、刘智强、詹姆斯·迪芬多夫研究发现，领导—成员交换质量能够通过提升员工心理授权来正向影响员工主动担责。② 类似地，Love 和 Dustin 也证实团队内成员间交换关系（TMX）会对员工担责行为产生正向影响。③ 以中国一家沿海物流企业为样本，Tian 及其同事研究发现，员工与领导和同事之间的工作关系质量对其主动担责具有显著正向影响。④ 除此之外，组织内部人员间的信任也是影响员工主动担责的重要因素，例如黄勇和彭纪生研究发现，主管信任和同事信任同时通过员工角色宽度效能感对员工主动担责产生正向影响。⑤

4. 人力资源管理实践与员工主动担责的关系。人力资源管理实践是指能对员工行为、态度和绩效产生影响的各种组织政策和措施的统称。它是一种组织制度层面的因素。Dysvik 等研究发现，企业在员工开发方面的投

---

① Li N，Guo Q Y，Wan H. Leader Inclusiveness and Taking Charge：The Role of Thriving at Work and Regulatory Focus［J］. *Frontiers in Psychology*，2019（10）：2393.

② KIM T-Y，LIU Z-Q，DIEFENDORFF J M. Leader-member exchange and job performance：The effects of taking charge and organizational tenure［J］. *Journal of Organizational Behavior*，2015，36（2）：216-231.

③ LOVE M S，DUSTIN S L. An investigation of coworker relationships and psychological collectivism on employee propensity to take charge［J］. *The International Journal of Human Resource Management*，2014，25（9）：1208-1226.

④ TIAN A W，GAMBLE J，CORDERY J. When are Employees Willing to Risk Being Proactive？A Relational Approach to Taking Charge Behavior［J］. *Academy of Management Annual Meeting Proceedings*，2014（1）：14499.

⑤ 黄勇，彭纪生. 组织内信任对员工负责行为的影响——角色宽度自我效能感的中介作用［J］. 软科学，2015（1）：74-77.

入会正向影响员工担责。并且，工作自主性会增强二者之间的正向关系。[①]国内学者郑兴山等研究发现，股票决策权对激发员工主动担责具有积极作用。[②]也就是企业可以通过授予员工股票的方式来增加员工责任担当。此外，基亚布鲁和贝克还发现，主管采取结果控制导向的人力资源实践手段有助于激发员工主动担责，因为结果导向的控制方式能给予员工更多空间和自主性来提升组织运行效率，如引入改进的工作程序。[③]

三、现有研究述评

自从学者 Morrison 和 Phelps（1999）将"Taking charge"引入组织行为研究，并开发了这一构念测量量表以来，员工主动担责已经取得了一定的研究成果。但是从整体而言，学界对员工主动担责的影响因素和作用机制的理解仍然不够充分，亟待系统而深入地挖掘。纵观现有员工主动担责前因的研究成果，本书发现了如下几点规律：

首先，从员工主动担责的个体层面影响因素来看，根据前因变量的类型，可以发现现有研究主要分为两个方面：（1）显性层面的变量，即以员工性别、年龄、受教育程度等为主的人口统计学特征。虽然学者考量了员工主动担责在人口统计学上的差异，然而并没有深入探讨这些人口统计学特征与员工主动担责的关系，而是将这些变量作为研究的控制变量。然

① DYSVIK A，KUVAAS B，BUCH R，et al. Perceived investment in employee development and taking charge ［J］. *Journal of Managerial Psychology*，2016，31（1）.

② 郑兴山，甄珊珊，唐宁玉. 股票决策权认知对员工利他及建言行为的影响——责任担当为中介变量的研究 ［J］. 软科学，2013（4）：102-105.

③ CHIABURU D S，BAKER V L. Extra-role behaviors challenging the status-quo：Validity and antecedents of taking charge behaviors ［J］. *Journal of Managerial Psychology*，2006，21（7）：620-637.

而，已有的研究得出结论相差较大，有的甚至相互矛盾。这既导致学界对员工人口统计学特征与员工主动担责关系理解上的障碍，企业管理者也无法通过人口统计学特征快速识别企业中能够主动担责的员工。由此，学界开始呼吁系统研究人口统计学特征与员工主动担责的关系。[①]（2）隐性层面的变量，主要关注人格特质、价值观、动机和情感的作用。这些变量的共同特征是无法直接识别，而是需要相关的测量工具获得。在这些隐性变量中以研究人格对员工主动担责影响的居多，特别是积极人格，而在积极人格中备受关注的是主动性人格（Proactive personality）。虽然大部分研究发现员工的主动性人格对其主动担责具有显著正向影响，然而这一结论也并非总是成立的。例如，本书梳理文献时发现学者富勒等人[②][③]研究员工主动担责的前因及影响结果时，就得出过相互矛盾的结论，Fuller 等认为主动性人格与员工主动担责之间显著正相关，而 Fuller 等却发现二者之间不相关。那么，解释这些矛盾结论背后的原因值得探讨。而且主动性人格对员工主动担责影响机制的探讨也相对缺乏。这也是本书着力要探讨的问题之一。此外，以往研究主要集中探讨积极人格与员工主动担责的关系，而较少关注其他人格的作用，特别是近来在学界中备受关注的所谓"黑暗"特质（dark trait），如自恋人格等。目前，已有少量研究提及员工自恋对

① VADERA A K, PRATT M G, MISHRA P. Constructive deviance in organizations: Integrating and moving forward [J]. *Journal of Management*, 2013, 39（5）: 1221-1276.

② FULLER J B, MARLER L E, HESTER K. Bridge building within the province of proactivity [J]. *Journal of Organizational Behavior*, 2012, 33（8）: 1053-1070.

③ FULLER B, MARLER L E, HESTER K, et al. Leader reactions to follower proactive behavior: Giving credit when credit is due [J]. *Human Relations*, 2015, 68（6）: 879-898.

员工主动性行为的影响 ①②，然而目前还没有学者深入探讨员工自恋对员工主动担责的影响机制。因此，该问题也值得深入研究。

其次，从员工主动担责的情景影响因素来看，现有的研究主要从组织氛围、领导力、人际关系、人力资源管理实践等角度展开研究，特别是以领导力和组织氛围的研究居多。尽管已有不少研究探讨了领导力对员工主动担责的影响，如变革型领导、授权型领导等，但是这些领导方式均属于垂直型领导方式，很少有学者探讨水平型领导方式（如本书关注的"共享型领导"）对员工主动担责的影响。因为随着越来越多组织采取扁平化结构，甚至是打造无边界组织，由此跨部门团队、自我管理团队诞生了。领导力在这些组织或团队中的分布方式发生了改变，领导力慢慢由垂直型向水平型转变，其目的是为了充分调动员工积极性。那么，共享型领导能否促进员工主动担责呢？这也是主要研究内容之一。此外，本书还从个体与情景交互视角探讨了团队中共享型领导对员工自恋与员工主动担责关系的调节作用。

最后，从研究方式来看，目前员工主动担责的研究分为两派：一派主张单独以员工主动担责作为研究主题，探讨其产生和作用机制；另一派则主张将员工主动担责纳入更大的研究构念中进行研究，如主动性行为、变革导向的组织公民行为等。到底孰优孰劣，学界的观点不一。单纯地研究员工主动担责能够更加清晰地了解这一构念的影响前因，毕竟员工主动担责与其他的员工主动行为不同。而从综合角度去研究（如 Parker et al.,

① LIM S H A. *Taking charge: examining antecedents, moderators, and consequences* ［D］. Pennsy Lvania：The Pennsylvania State University，2009.

② HOWELL T M. *Big fish in a new pond：how self-perceived status influences newcomer change oriented behaviors* ［D］. Austin：The University of Texas at Austin，2014.

2010），则能探寻员工主动担责与其他员工行为在产生和形成机制上存在的差异，从而发现研究贡献的增量。然而，综合研究的前因变量对主动性行为这一高阶构念产生影响时，主动性行为的整体信效度较低，前因变量的预测力远不如对具体主动性行为的研究。权衡利弊，本书选择从第一派的研究视角，系统探讨员工主动担责的影响前因及其作用机制。

第三节　研究问题与研究框架

一、研究问题

基于上述研究背景和文献述评，本书围绕"在组织中，什么样的员工更容易做出主动担责行为"以及"为什么这些员工更容易主动担责"这两大核心问题，结合员工主动担责研究现状，从人口统计学特征、人格特质与领导力等多个角度展开系统研究。

首先，从人口统计学特征来看，目前鲜有学者系统探讨员工主动担责在人口统计特征上的差异。学者坎贝尔认为，企业管理者应该利用选拔系统来寻找能够做出主动性行为的员工。[①] 而选拔系统中，员工的人口统计学特征是企业管理者用于决策的最直接手段。虽然学界在员工主动担责的实证研究中都考量了性别、年龄、受教育程度、组织任期和组织地位等人口统计学特征的影响，通常将这些变量作为控制变量，然而对人口统计学特征与主动担责行为的关系，学界并未达成共识，研究结论中相互矛盾的现

---

① CAMPBELL J P. *Modeling the performance prediction problem in industrial and organizational psychology* [M] //Handbook of industrial and organizational psychology，Vol 1，2nd ed. Palo Alto，CA，US：Consulting Psychologists Press，1990：687–732.

象非常普遍。① 例如，以性别（0＝女，1＝男）与员工主动担责的关系为例，一些研究证实性别与员工主动担责正相关 ②③，或者说，男性比女性更可能做出主动担责行为；但是，也有学者研究发现，性别与员工主动担责负相关 ④⑤⑥，即女性员工比男性员工更容易做出主动担责行为；与此同时，也有研究发现，性别与员工主动担责不相关 ⑦⑧⑨，即男性与女性在主动担责上没有差别。类似的现象在年龄、受教育程度、组织任期和组织地位

① VADERA A K, PRATT M G, MISHRA P. Constructive deviance in organizations: Integrating and moving forward［J］. *Journal of Management*, 2013, 39（5）: 1221-1276.

② CHOI J N. Change - oriented organizational citizenship behavior: effects of work environment characteristics and intervening psychological processes［J］. *Journal of Organizational Behavior*, 2007, 28（4）: 467-484.

③ LI R, ZHANG Z Y, TIAN X M. Can self-sacrificial leadership promote subordinate taking charge? The mediating role of organizational identification and the moderating role of risk aversion［J］. *Journal of Organizational Behavior*, 2016, 14（3）: 214-216.

④ LOVE M S, DUSTIN S L. An investigation of coworker relationships and psychological collectivism on employee propensity to take charge［J］. *The International Journal of Human Resource Management*, 2014, 25（9）: 1208-1226.

⑤ LI S-L, HE W, YAM K C, et al. When and why empowering leadership increases followers' taking charge: A multilevel examination in China［J］. *Asia Pacific Journal of Management*, 2015, 32（3）: 645-670.

⑥ GRANT A M, PARKER S, COLLINS C. Getting credit for proactive behavior: Supervisor reactions depend on what you value and how you feel［J］. *Personnel Psychology*, 2009, 62（1）: 31-55.

⑦ MORRISON E W, PHELPS C C. Taking charge at work: Extrarole efforts to initiate workplace change［J］. *Academy of Management Journal*, 1999, 42（4）: 403-419.

⑧ KIM T-Y, LIU Z. Taking charge and employee outcomes: the moderating effect of emotional competence［J］. *The International Journal of Human Resource Management*, 2015: 1-19.

⑨ 李绍龙, 龙立荣, 朱其权. 同心求变: 参与型领导对员工主动变革行为的影响机制研究［J］. 预测, 2015, 34（3）: 1-7.

与主动担责的研究中均存在。这些矛盾性或不一致的结论为管理者快速识别能够主动担责的员工造成了困扰，无法为其提供有效且可靠的指导。针对这一现象，本书提出第一个研究问题。

研究问题1：从人口统计学来看，哪种类型的员工更可能做出主动担责行为？具体而言，员工的性别、年龄、受教育程度、组织任期和组织地位等人口统计学特征与员工主动担责的关系到底如何？以及如何解释现有研究成果间的一些矛盾性研究结论？

其次，人格或性格是管理者识别主动担责员工的另一个重要参考依据。主动性人格是被研究最多的人格特质。尽管多数研究证实，主动性人格是员工做出主动性行为的重要前因变量。[1][2]并且现有的多数实证研究结果也表明，主动性人格对员工主动担责具有正向影响。[3][4]然而，也有学者发现，主动性人格与员工主动担责行为的正相关关系并非总是成立的，例如学者Fuller等和Lim等发现下属的主动性人格与下属的主动担责行为之间不相关。[5][6]那么，主动性人格对员工主动担责影响的真实效应值到底多大？现

---

① PARKER S K, BINDL U K, STRAUSS K. Making Things Happen：A Model of Proactive Motivation [J]. *Journal of Management*，2010，36（4）：827-856.

② 胡青，王胜男，张兴伟，等. 工作中的主动性行为的回顾与展望 [J]. 心理科学进展，2011，19（10）：1534-1543.

③ 刘云. 前瞻性人格对员工变革行为的影响——心理安全氛围的调节作用 [J]. 软科学，2013，27（5）：108-112.

④ FULLER J B, MARLER L E, HESTER K. Bridge building within the province of proactivity [J]. *Journal of Organizational Behavior*，2012，33（8）：1053-1070.

⑤ LIM S H A. *Taking charge: examining antecedents, moderators, and consequences* [D]. Pennsy Lvania：The Pennsylvania State University，2009.

⑥ FULLER B, MARLER L E, HESTER K, et al. Leader reactions to follower proactive behavior：Giving credit when credit is due [J]. *Human Relations*，2015，68（6）：879-898.

有矛盾性的研究结论该如何解释呢？此外，主动性人格对员工主动担责影响的中介机制是什么？这是本书的重要研究内容。

随着个性的解放，企业管理者发现自恋现象在组织中越来越普遍，与自恋相关的研究在学界也在如火如荼地展开着。例如，组织行为研究领域已开始探讨领导自恋对组织及员工行为的影响。[1][2] 然而，很少有学者探讨员工自恋的影响结果。随着自恋研究的深入，学者们发现，自恋并非总是会带来不好的结果，自恋人格的个体也有亲社会的一面，这一点在组织行为学研究领域已经有相应的研究，例如已有学者证实员工自恋与员工主动性行为正相关。[3] 学者 Lim 指出，员工主动担责可能与自恋人格有关，因为主动担责可能是自恋员工表达自我重要性的重要途径。[4] 然而，目前很少有研究深入探讨员工自恋对员工主动担责的影响及作用机制。由此，产生了本书的第二个研究问题。

研究问题 2：从人格视角来看，主动性人格是如何影响员工主动担责的？现有研究中出现的矛盾性结论该如何解释？还有，自恋的员工是否更可能主动担责？其背后的作用机制是什么？

最后，随着互联网技术的飞速发展，组织开始日趋扁平化，自我管理团队涌现，与之产生的水平型领导方式（如共享型领导）开始受到学界和

---

① 黄攸立，李璐. 组织中的自恋型领导研究述评［J］. 外国经济与管理，2014，36（7）：24-33.

② 廖建桥，邵康华，田婷. 自恋型领导的形成、作用及管理对策［J］. 管理评论，2016，28（6）：131-139.

③ JUDGE T A，LEPINE J A，RICH B L. Loving yourself abundantly：relationship of the narcissistic personality to self- and other perceptions of workplace deviance，leadership，and task and contextual performance［J］. *Journal of Applied Psychology*，2006，91（4）：762-776.

④ LIM S H A. *Taking charge：examining antecedents，moderators，and consequences*［D］. Pennsy Lvania：The Pennsylvania State University，2009.

业界关注。通过梳理领导力对员工主动担责影响的文献，笔者发现现有领导力与员工主动担责的研究多关注垂直型领导对员工主动担责的影响，包括授权型领导、变革型领导等，鲜有学者研究共享型领导与员工主动担责的关系。那么，共享型领导是否会对员工主动担责产生影响？如何影响？

因为自恋的个体有强烈的权欲，而以角色定义的共享型领导能够提供个体扮演领导角色的氛围。那么，共享型领导是否能够促进自恋的员工去主动担责呢？或者说，二者的交互作用对员工主动担责的效果如何？由此，本书的第三个研究问题应运而生。

研究问题3：从人格与领导力交互角度来看，共享型领导能否促进员工主动担责？其背后的作用机制是什么？共享型领导能否增加自恋员工的主动担责？

二、研究框架

（一）研究内容

按照演绎逻辑的科学研究范式，本书从理论出发，提出了相关假设，并运用科学的方法对其进行检验。本书的研究内容包括如下四个方面：

第一，对主动行为激励模型、社会认知理论、特质激活理论、自我一致性理论及本研究所涉及核心构念的文献进行梳理、回顾与述评。

本研究对主动行为激励模型、社会认知理论、特质激活理论、自我一致性理论进行了系统回顾和分析，为员工主动担责形成机制的理论模型构建奠定基础。同时，本书还回顾了主动性人格、自恋人格、共享型领导、角色宽度效能感、基于组织的自尊等领域中相关的研究，通过文献回顾，发现以往研究存在的不足，从而进一步突出本书研究的重要性，同时为构建本书理论研究模型提供依据。

第二，研究了人口统计学特征与员工主动担责的关系，分析了人口统计学特征与员工主动担责的相关关系，检验了发表状态、数据来源和文化背景等研究特征对人口统计学特征与员工主动担责关系的调节作用。

通过对现有员工主动担责的实证文献进行收集、整理和编码，获得了截止 2021 年 12 月 31 日的中英文文献 78 篇，其中含有人口统计学特征与员工主动担责关系的独立研究 81 个，共计 23112 个有效样本。运用亨特和施密特的元分析方法[①]，检验了人口统计学特征与员工主动担责的主效应以及研究特征的调节效应。

第三，研究了主动性人格与员工主动担责的关系，并检验了角色宽度效能感在主动性人格与员工主动担责之间的中介作用。

同样，运用元分析方法揭示了主动性人格与员工主动担责的真实相关关系。通过文献筛选，获得主动性人格、角色宽度效能感和员工主动担责的相关实证研究 23 篇（截止 2021 年 12 月），有效样本 5306 个，有用相关系数 28 对。并通过元分析获得变量间的真实相关系数构建的相关矩阵，检验了角色宽度效能感的中介作用。

第四，研究了自恋人格和共享型领导对员工主动担责的影响效应，检验了员工基于组织的自尊在自恋人格与员工主动担责以及共享型领导与员工主动担责之间的中介效应，并检验了共享型领导的调节效应。

本研究采用跨时点配对的问卷设计，获得了 12 家中国企业的 59 个团队中 274 名员工数据。在个体层面，检验了自恋人格对员工主动担责的影响及员工基于组织的自尊的中介效应；在团队层面，既检验了共享型领导对员工主动担责的影响，还检验了共享型领导的跨层调节作用。

---

① HUNTER J E, SCHMIDT F L. *Methods of meta-analysis: Correcting error and bias in research findings* [M]. 2nd ed. LA: Sage, 2004.

（二）技术路线与论文框架

结合本书的研究背景、问题、意义与方法，按照"提出问题→分析问题→解决问题"的思维逻辑，笔者勾勒了本书的研究技术路线，如图 1-1 所示。

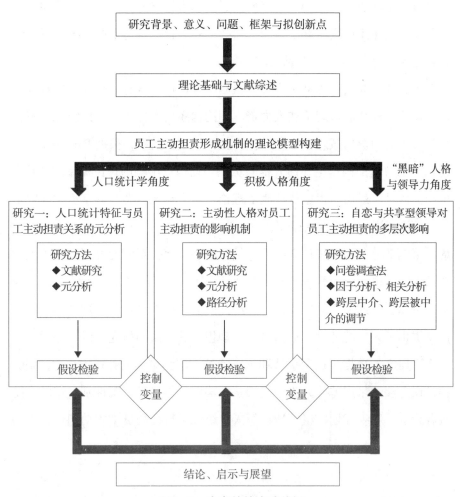

图 1-1　本书的技术路线图

本书主要由七个章节构成，内容结构如下：

第一部分为导论。勾勒本书的研究背景，界定本书研究的核心问题，揭示本书研究的理论意义与实践价值,阐明本书的研究思路、技术路径和论文框架,并提炼了本书可能存在的创新点。

第二部分为理论基础与文献回顾。根据本书研究问题和研究思路,首先对本书框架构建的核心理论(如主动行为激励模型)进行系统介绍,然后对员工主动担责、主动性人格研究、自恋人格研究、共享型领导研究、角色宽度效能感研究、基于组织的自尊等相关核心构念进行系统梳理、回顾和述评,为本书后续定量研究奠定理论基础。

第三部分为员工主动担责形成机制的理论模型构建。首先,根据社会角色理论、社会嵌入理论和人力资本理论构建员工性别等人口统计学特征与员工主动担责的概念模型,并提出相关假设;其次,根据 Parker 等的主动行为激励模型构建主动性人格与员工主动担责影响的理论模型[①],并提出相关假设;最后,根据特征激活理论构建了员工自恋与共享型领导对员工主动担责影响的跨层次模型,并提出相关假设。

第四部分为人口统计学特征与员工主动担责关系的元分析。员工人口统计学特征作为企业管理者常用的快速识别和判断员工的重要指标,其与员工主动担责的关系到底如何?围绕此问题,根据社会角色理论和人力理论等提出了人口统计学特征与员工主动担责的关系的研究假设,并通过已有实证研究的数据,运用亨特和施密特的心理测量类元分析方法[②],剔除抽样误差和测量误差等人为干扰因素影响后,得出了员工性别、年龄、受教育程度、组织任期、组织地位等人口统计学特征与员工主动担责相关关

---

① PARKER S K, BINDL U K, STRAUSS K. Making Things Happen: A Model of Proactive Motivation [J]. *Journal of Management*, 2010, 36(4): 827–856.

② HUNTER J E, SCHMIDT F L. Methods of meta-analysis: Correcting error and bias in research findings [M]. 2nd ed. LA: Sage, 2004.

系的真实效应值；并且检验了文献发表状态、员工主动担责评分方式以及样本来源的文化背景对这些员工人口统计学特征与员工主动担责关系的调节作用，从而为现有实证研究结果中存在的矛盾性结论提供科学解释。并且，将本书的元分析结果与其他已有员工主动担责的元分析结果进行比较和讨论。

第五部分为主动性人格对员工主动担责的影响机制。主动性人格是员工主动担责的一个远端前因，对其影响员工主动担责的作用机制探讨较为缺乏。本书运用元分析方法，既估算了主动性人格与员工主动担责的相关关系的真实效应值，又将发表状态、员工主动担责评分方式两个研究特征作为调节变量进行亚组分析，以期对现有研究中矛盾性结论进行合理解释。此外，本书还运用元分析与路径分析相结合的方式检验了员工角色宽度效能感和变革责任知觉在主动性人格与员工主动担责之间的中介作用，即运用元分析获得员工性别、年龄、受教育程度、组织任期、组织地位、主动性人格、角色宽度效能感和员工主动担责这些变量之间的真实相关系数，由此构建这些变量间的相关矩阵，并根据该相关矩阵进行路径分析，检验员工角色宽度效能感和变革责任知觉的中介效应。

第六部分为员工自恋和共享型领导对员工主动担责的多层次影响。本章重点讨论员工自恋人格通过员工基于组织的自尊对其主动担责行为的影响，还从个体与情景交互视角，探讨员工自恋与团队共享型领导的交互作用通过员工基于组织的自尊对员工主动担责影响。首先，运用特征激活理论构建本书的研究模型并提出相关研究假设，然后运用二阶段配对的问卷调查设计，笔者对本章提出的研究假设进行了科学检验，并对研究结果进行讨论。

第七部分为研究结论、启示与展望。对本书的主要研究发现进行汇总，通过与现有研究的对比，本书的理论与实践贡献进行归纳和总结，在剖析本书存在不足之后，笔者还从情景限定、文化背景、研究层次等方面对员工主动担责的未来研究方向进行了展望。

（三）研究方法

随着社会科学界对多元研究方法论的强调，本书采用多种研究方法，以确保研究结论的科学性和可靠性。具体而言，包括如下四种方法：

第一，文献综述法。针对本书的研究主题，笔者通过广泛查阅国内外核心期刊数据库，其中外核心期刊数据库包括 EBSCO、JSTOR、Science Direct、SAGE 和 Emerald 数据库，国内核心期刊数据库则以 CNKI 中国知网学术文献总库、万方数据资源系统和维普中文科技期刊数据库为主。此外，笔者还搜集了相关网络资源（如 Google Scholar、百度学术等），查阅了相关书籍和纸质期刊，从而系统全面地收集国内外员工主动担责行为，对其进行系统梳理和述评，发现现有研究中存在的不足，提出本书的研究问题，并结合本书的研究问题和研究思路对主动性人格、共享型领导风格、角色宽度效能感等研究的相关文献的现有研究成果进行回顾，为构建理论模型和提出研究假设提供文献支撑。

第二，元分析方法。元分析或"荟萃分析"，是一种循证医学常用的定量文献综述方式，它能够对已有实证研究成果进行修正，从而获得变量间关系的真实效应值。与此同时，它还能通过研究特征进行调节效应或亚组分析，从而为已有实证研究中矛盾性研究结论提供可能的合理解释。基于文献综述法，本书获取现有员工主动担责的中英文文献，从中筛选出采用实证研究方法的文献，并通过两名擅长元分析的研究员根据元分析的相关操作流程，将选出文献中的核心信息（特别是相关系数表）录入 Excel 文件中，为元分析做好准备。接着，根据研究者感兴趣的问题提出相关假设，通过专业的元分析处理软件进行假设检验，并获得最终的研究结果。

第三，问卷调查法。针对本书的第三个研究问题，笔者采用二阶段配对问卷调查方式展开研究。通过甄选国内外权威核心期刊中使用的成熟量表，特别是在中国背景下使用的研究量表，根据本研究的实际需要采用"翻译—回译"法对量表进行多轮校正，力争在保留量表原有意思基础上实现通俗易懂。问卷调查法采用领导—下属配对的跨时点研究设计，从设计上避免同源方法偏误问题，并且确保研究设计的科学性和严谨性。

第四，数据分析方法。对本书元分析部分的数据，笔者采用专门的元分析程序 HSMA2.0[①] 对主效应和调节效应进行检验，并运用 CMA3.3 软件[②] 对元分析结果可靠性进行发表性偏误分析。对本书的问卷调查部分的数据，笔者结合 SPSS23.0 和 Mplus8.3 等多种统计分析工具对获取的有效样本进行基本描述性分析、信效度分析和相关分析，而运用 Mplus8.3 分析软件主要解决验证性因子分析和跨层次的结构方程模型分析。

第四节　本书的拟创新点

在组织行为研究领域中，员工主动担责的研究仍处于探索阶段，许多有价值的研究问题有待深入挖掘。针对现有员工主动担责研究存在的不足，本书从多个角度探讨了员工主动担责的形成机制，本书的可能创新点可以归纳为如下四个方面：

第一，系统地探讨了员工人口统计学特征与员工主动担责的关系。首

[①] HSMA 2.0=Hunter–Schmidt Meta–analysis 2.0，是由亨特和施密特基于 Excel 开发的元分析工具，使用需付费。

[②] CMA=Comprehensive Meta–Analysis，是一款由 Biostat 公司开发的元分析工具。详情可访问官网：www.meta–analysis.com。

先，针对学界中有学者呼吁系统探讨人口统计学特征与员工主动担责的关系。员工的人口统计学特征是企业管理者决策中最直接且重要的指标，然而，现有学者的矛盾性研究成果不利于企业管理者理解人口统计学特征与员工主动担责的关系，更不能为企业管理者提供有价值的参考。因此，本书采用元分析方法，剔除抽样误差和测量误差等人为干扰因素对人口统计学特征与员工主动担责相关关系结论的影响，得出了人口统计学特征与员工主动担责之间的真实效应值，并且通过发表性偏误分析，确保研究结论的可靠性，为后面探讨主动担责形成机制中控制变量选取提供依据。此外，本书还分析了研究特征对人口统计学特征与员工主动担责关系的调节效应。不仅检验了发表状态和员工主动担责的评分方式对人口统计学特征和主动性人格与员工主动担责关系的调节作用，为现有实证研究结论中矛盾性结果提供可能解释，还特别从样本来源的文化背景，对比了中国文化背景和非中国文化背景下，员工人口统计学特征与员工主动担责的关系，这一点是现有员工主动担责研究中从未探讨过的。通过研究特征的调节效应分析，丰富现有员工主动担责的元分析，从而获得更稳定可靠的研究结论，以指导企业管理实践。

第二，揭示了主动性人格对员工主动担责作用机制的"黑箱"。本书首先用元分析解释了主动性人格与员工主动担责关系存在矛盾性结果的可能原因，同时运用元分析结果构建的相关矩阵，检验了角色宽度效能感和变革责任知觉在主动性人格与员工主动担责之间所起的中介作用，进而丰富主动性人格与员工主动担责作用机制的研究。

第三，揭示了员工自恋对员工主动担责作用机制的"黑箱"。近来，自恋人格在组织行为学的研究中备受关注。虽然有学者指出，自恋会影响员工主动担责，但是鲜有学者系统研究自恋是如何影响员工主动担责的。通过实证研究，本研究尝试揭开自恋对员工主动担责作用路径的"黑箱", 具有一定的开创性。研究自恋对员工主动担责的影响既有助于丰富和完善人格对员工主动担责的影响研究, 又能拓展自恋人格在组织行为领域的研究。

第四, 立足中国组织情景, 探讨了共享型领导对员工主动担责的影响机制。本书以中国企业工作团队为研究对象, 从员工和团队两个研究层面, 构建了共享型领导对员工主动担责影响的多层次影响模型, 深入揭示团队共享型领导对员工主动担责作用路径的"黑箱", 同时还检验了团队共享型领导对自恋与员工主动担责中介机制的调节作用。在互联网时代, 组织朝着扁平化方向发展, 组织对团队工作方式的依赖, 自我管理团队的涌现, 如何有效管理团队也成为学界和业界共同关注的焦点。与传统自上而下的领导方式不同, 共享型领导是一种水平的领导方式。对共享型领导与员工主动担责关系的研究, 有助于理解水平型领导方式对员工行为的影响, 同时也丰富了领导力与员工主动担责关系的研究。

第二章 理论基础与文献综述

针对前文提出的研究问题，本章将对本书的理论基础及所涉及的核心变量进行系统回顾，以期为构建员工主动担责形成机制的理论模型奠定基础。

第一节 相关理论的回顾

一、主动行为激励模型

在前人研究成果的基础上，学者帕克等构建了员工主动行为激励模型（Model of Proactive Motivation）[①]，如图 2-1 所示。该模型将主动行为看作一个目标驱动的过程。

---

① PARKER S K，BINDL U K，STRAUSS K．Making Things Happen：A Model of Proactive Motivation［J］．*Journal of Management*，2010，36（4）：827-856．

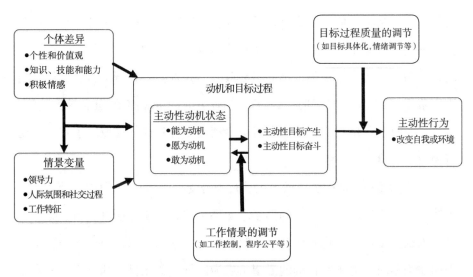

图 2-1 主动行为激励模型

资料来源：根据 Parker 等（2010：830）整理得来，有调整。

从模型可知，个体因素（如人格、价值观等）和情景因素（如领导力、组织氛围等）这些远端前因（distal causes）通过近端前因（proximal cause）（如动机）作用于个体的主动性行为。该模型识别了诱发个体主动性行为的三种动机，即"能为动机"（can do motivation）、"愿为动机"（reason to motivation）和"敢为动机"（energized to motivation）。

"能为动机"包括效能感（我能做吗？）、控制评价（可行吗？）和行动代价知觉（有多危险？）。效能感反映了个体在发起主动性目标和处理随后结果时表现出的自信程度。效能感能够增强个体的韧性和克服障碍的意愿。例如，Morrison 和 Phelps 证实员工的一般效能感与员工主动担责正相关[1]。此外，也有学者证实角色宽度效能感是员工主动担责产生的重

---

① MORRISON E W，PHELPS C C. Taking charge at work：Extrarole efforts to initiate workplace change［J］. *Academy of Management Journal*，1999，42（4）：403-419.

要前因①。控制感是与效能感相近的概念，反映个体相信紧急关头的行动会带来期望的结果。例如，弗里斯和费伊发现，控制评估高的个体更加主动，因为他们责任心更强，不会轻易放弃，并且会寻找行动机会，对成功满怀希望。②行动代价感知是指执行某项任务时的负面感受，如害怕失败等。从成本—收益角度来看，员工是否会主动改变自我或环境取决于其对主动行为成本的感知。

"愿为动机"是指个体做出主动行为是受某些内在动机驱使。换言之，个体主动行为反映了其内心的渴望。如果个体有"能为动机"却不愿意去做，那么主动性行为也不会产生。解释力水平理论表明，当目标是面向未来而非当前时，对未来目标的渴望（或为何行动）比目标的可行性（或如何行动）更重要。

与"可为动机"和"愿为动机"这类理性动机不同，"敢为动机"与个体的积极的核心情感状态有关。核心情感是指个体短暂的初级情感，同时包含情感效价和激活。积极情感既可以激活行为倾向，也可能有效地促进个体努力实现主动性目标。

总之，主动行为激励模型整合了许多其他理论，从而构建了以"动机"为核心解释机制的理论模型，即个体因素和情景因素通过诱发个体"能为""愿为"和"敢为"这三种动机，进而激发个体的主动性行为。

二、社会认知理论

美国学者班杜拉在其著作 *Social Foundations of Thought and Action： A*

① PARKER S K, WILLIAMS H M, TURNER N. Modeling the Antecedents of Proactive Behavior at Work ［J］. *Journal of Applied Psychology*，2006，91（3）：636–652.

② FRESE M, FAY D. Personal initiative： An active performance concept for work in the 21st century ［J］. *Research in Organizational Behavior*，2001（23）：133–187.

Social Cognitive Theory 一书中对社会认知理论进行了系统阐述。[①] 该理论的主要思想是：人类的行为是个体行为、认知和外部环境三个因素相互作用的结果。Bandura 在该书中还指出，这三个因素不会同时或者以相同强度影响彼此，它们也不会立即影响彼此。[②]

Bandura 的社会认知理论突破了以"环境决定行为"为核心的传统行为理论。该理论的三个方面与组织非常相关，即：（1）个体通过模拟来形成认知、社交和行为胜任力；（2）人们形成对自己能力的信念，以便他们有效地利用自己的知识、技能和能力；（3）通过目标系统来激励。社会认知理论强调人类自我引导(self-direction)和自我激励(self-motivation)的能力。人们倾向于自我引导，他们采用内在绩效标准，监督自我的行为，并自我激励以确保实现最终目标。通过自我评估过程，人们保持行为与自我内在标准一致。通过自我奖励过程，人们获得正向强化或负向强化。

社会认知理论可以用于解释人们如何主导和掌控自己的生活。人们在自我发展、适应和重塑过程中展现出积极角色，成为变革的因素。人们的自我效能可以在多方面影响他们生活。例如自我效能感影响人们如何探寻和学习新技巧和能力。而且，自我效能感高的个体往往专注于如何掌控任务，努力克服实现目标过程中的各种障碍。本书运用社会认知理论来解释员工的个体特质如何影响员工主动担责。

---

① BANDURA A. *Social foundations of thought and action: a social cognitive theory* ［M］. NJ: Prentice-Hall，1986.

② 班杜拉. 思想和行动的社会基础：社会认知论［M］. 林颖，王小明，胡谊，等译. 华东师范大学出版社，2011：32.

三、特质激活理论

学者泰德和古特曼[①]在前人研究基础上提出了"特质激活"（trait activation）的概念，旨在解释人格特质与情景二者之间的关系，即人格特质需要在与特质相关的情景线索中才会被唤醒。在此基础上，学者 Tett 和 Burnett[②]提出了"特质激活理论"，即一个有关工作绩效的人 - 情景互动模型，为具体的人格在特定工作中预测绩效奠定了基础。Tett 等[③]又在现有模型的基础上提出了个体内外部动机驱动个体行为的心理机制，进一步完善了该理论。

该理论的核心逻辑是：首先，潜藏于个体内部的特质在适宜的工作情境下可被激活；其次，这种被激活的特质可促使个体表达出相应的工作行为；再次，在整个特质激活过程中，个体会获得一种内在满足感，这种内在满足感与由工作绩效带来的外部满足感一起作用于个体的工作行为。此外，个体调整后的工作行为则会反作用于环绕在个体周围的工作情境，从而增强或减弱情境对特质的激活程度，从而增强或减弱情境对特质的激活程度，以及特质和工作行为之间的关系。

近些年，特质激活理论被广泛地运用与组织行为学等领域的研究，并得到了有效的实证检验。[④]例如，领导风格与员工行为之间的关系等，因

---

① TETT R P，GUTERMAN H A. Situation trait relevance, trait expression, and cross-situational consistency: Testing a principle of trait activation［J］. *Journal of Research in Personality*，2000，34（4）：397–423.

② TETT R P，Burnett D D. A personality trait–based interactionist model of job performance［J］. *Journal of Applied psychology*，2003，88（3）：500–518.

③ TETT R P，SIMONET D V，WALSER B，et al. *Trait activation theory*［M］//N.CHRISIANSEN，R TETT. Handbook of personality at work. New York，NY：Routledge，2013：71–100.

④ 刘玉新，陈晨，朱楠，等. 何以近朱者赤、近墨者黑？特质激活理论的缘起、现状和未来［J］. 心理科学进展，2020，28（1）：161–177.

为领导风格也是一种重要的工作情景。因此，本文在"员工自恋与共享型领导对员工主动担责的多层次影响"的研究中就运用了特质激活理论。

四、自我一致性理论

学者 Korman 提出自我一致性理论（self-consistency theory）的研究框架 ①，该理论框架的核心观点包括：（1）个体长久形成的自我概念会影响当前自己的胜任力感知，进而影响其工作表现与工作满意度；（2）基于任务的自尊或社会影响力下形成的自尊会对个体当前的胜任力产生直接影响，也会进一步影响其工作表现与工作满意度；（3）个体稳定自我概念特征与外部赋予个体的自我概念会交互作用，对个体当前的自尊状态产生影响。接着，学者 Dipboye 对该理论进行了完善，对未来使用该理论开展研究在方法论和构念改进等方面提出了建设性意见。②

自我一致性理论框架表明，随着人们在某个领域的自尊发生变化，我们的行为也会发生变化，以便以与我们的自我认知一致的方式行事。③近些年，学者开始运用自我一致性理论来解释一些组织行为领域的研究现象。例如，有学者运用自我一致性理论的框架解释工作场所中负面流言通过负向影响员工基于组织的自尊，进而对员工的组织公民行为产生负向影响。④

---

① KORMAN A K. Toward an hypothesis of work behavior [J]. *Journal of Applied Psychology*, 1970, 54（1, Pt. 1）：31–41.

② DIPBOYE R L. A critical review of Korman's self–consistency theory of work motivation and occupational choice [J]. *Organizational Behavior and Human Performance*, 1977, 18（1）：108–126.

③ FERRIS D L, BROWN D J, LIAN H, et al. When does self–esteem relate to deviant behavior? The role of contingencies of self–worth [J]. *Journal of Applied Psychology*, 2009, 94（5）：1345–1353.

④ WU L–Z, BIRTCH T A, CHIANG F F, et al. Perceptions of negative workplace gossip: A self–consistency theory framework [J]. *Journal of Management*, 2018, 44（5）：1873–1898.

第二节　相关文献回顾

一、主动性人格

（一）主动性人格的概念与测量

1. 主动性人格的定义

主动性人格（proactive personality），也有学者译作"前瞻性人格"[1]，是学者 Bateman 和 Crant 在探讨组织行为中的员工主动性问题时提出的概念[2]。他们将主动性人格定义为：个体采取主动行为影响周围环境的一种稳定的倾向。学者富勒和马勒认为，主动性人格源于互动论（interactionism）和社会认知理论。[3] 互动论认为，环境与人是相互影响的，而社会认知理论则进一步表明人、环境与行为是持续互相影响的。因此，主动性个体通常具有如下特点：（1）喜欢主动改变或影响环境，较少受环境的约束；（2）善于识别和把握有利机会，主动出击，并带来有意义和价值的改变。与之相反，不主动的个人则往往被动地对环境做出反应，消极地去适应环境，甚至很容易被环境所塑造。此外，不主动的个体识别机会的能力较差，更不用说抓住机会来做出改变。

---

① 刘云. 前瞻性人格对员工变革行为的影响——心理安全氛围的调节作用 [J]. 软科学，2013，27（5）：108-112.

② BATEMAN T S, CRANT J M. The proactive component of organizational behavior: A measure and correlates [J]. *Journal of Organizational Behavior*，1993，14（2）：103-118.

③ FULLER B, MARLER L E. Change driven by nature: A meta-analytic review of the proactive personality literature [J]. *Journal of Vocational Behavior*，2009，75（3）：329-345.

2. 主动性人格的测量

学者 Bateman 和 Crant 在研究人格与主动性行为影响时提出"主动性人格"这一构念，并通过正式的量表开发程序编制了主动性人格量表。[①]他们从 47 个原始题项中筛选出 27 个最能代表主动性人格的题项作为原始问卷，对 282 个学生样本做预测试，通过探索性因素分析，最终得到一个由 17 个题项构成的单一维度的主动性人格量表。题项如"如果我看到我不喜欢的东西，我就改造它""我喜欢挑战现状""如果我相信某个想法，没有什么能阻止我去实现它"等。随后，二位学者分别通过 130 名本科生和 148 名 MBA 学生样本检验了该量表的信效度，结果表明该量表具有较好的信度、聚合效度、区分效度、预测效度。与此同时，两位学者进一步探讨了主动性人格与"大五"人格因素的关系，发现主动性人格与尽责性、外向性呈正相关，而与情绪稳定性、宜人性、开放性无关。[②]一些学者还使用过主动性人格的简版量表，如表 2-1 所示。此外，学者克拉斯、博复生、雷蒙兹总结了主动性人格的简版量表在不同文化研究中的使用情况。[③]

---

① BATEMAN T S, CRANT J M. The proactive component of organizational behavior: A measure and correlates [J]. *Journal of Organizational Behavior*, 1993, 14 (2): 103-118.

② 刘密, 龙立荣, 祖伟. 主动性人格的研究现状与展望 [J]. 心理科学进展, 2007, 15 (2): 333-337.

③ CLAES R, BEHEYDT C, LEMMENS B. Unidimensionality of abbreviated proactive personality scales across cultures [J]. *Applied Psychology*, 2005, 54 (4): 476-489.

表 2-1 主动性人格的量表的使用情况

17 个题项 原始量表	10 个题项 简版量表	6 个题项 量表	5 个题项 量表	4 个题项 量表
Bateman & Crant （1993）	Kammeyer & Wanberg（2003）、Seibert，Crant，& Kraimer（1999）、Seibert，Kraimer，& Crant,（2001）	Parker （1998）	Kickul & Gundry （2002）	Parker & Sprigg （1999）
1 我不停地寻找新方法来提升我的生活	√			
2 我驱使自己变得与众不同				
3 我倾向于让其他人主动启用新项目				
4 无论我身在何方，我都是建设性变革的重要力量	√			
5 我喜欢面对和克服对我想法的阻碍			√	
6 看到我的想法成为现实最让人兴奋	√		√	
7 如果我看到我不喜欢的东西，我就改造它	√	√		
8 如果我认定了某个目标，无论成功概率大小，我会尽力去实现它	√	√		√
9 即使有人反对，我也喜欢成为我想法的拥护者	√	√		√
10 我善于捕捉机遇	√	√	√	
11 我总是寻求更好的做事方式	√	√		√
12 如果我相信某个想法，没有什么能阻止我去实现它	√	√		√
13 我喜欢挑战现状			√	
14 当我遇到问题时，我都会直面它				
15 我擅长将危机转为机遇				
16 我能在他人之前发现一个好机会	√		√	
17 如果我看到有人身陷困境，我会尽全力帮助他们				

资料来源：引自 Claes，Beheydt，and Lemments。[1]

① CLAES R，BEHEYDT C，LEMMENS B. Unidimensionality of abbreviated proactive personality scales across cultures［J］. *Applied Psychology*，2005，54（4）：476–489.

（二）主动性人格的影响结果

随着无边界或易变性职业（protean career）的出现，个体要想获得成功，必须在工作中应该表现积极。[①] 由此，有大量研究探讨了主动性人格与职业成功相关变量之间的关系，而且发现了主动性人格往往会带来积极的结果。从已有研究来看，主动性人格带来的积极结果包括个体职业生涯成功、工作绩效、员工主动性行为等，这些研究表明主动性人格存在和研究的价值。

1. 主动性人格与职业生涯成功

职业生涯成功（career success）是指个人在工作经历中逐渐积累和获得的积极的心理感受以及与工作相关的成就。[②] 通常，职业生涯成功包括客观职业生涯成功与主观职业生涯成功两类。所谓客观职业生涯成功，是指从工作中获得的客观的可观察的职业成果，通常用薪资水平和晋升次数来衡量；而主观职业生涯成功是指个体根据自己的职业目标所做出的积极主观评价及感受，主要通过职业满意度指标来衡量。[③]

主动性人格对员工职业生涯成功具有显著正向影响。已有研究表明，主动性人格与员工客观职业成功正相关。[④] 另外，通过元分析方法，有学者发现，主动性人格对员工主观职业成功相关的真实效应值比客观职业成功

[①] SEIBERT S E, KRAIMER M L, CRANT J M. What do proactive people do? A longitudinal model linking proactive personality and career success [J]. *Personnel Psychology*, 2001, 54（4）: 845-874.

[②] Seibert S E, CRANT J M, KRAIMER M L. Proactive personality and career success [J]. *Journal of applied psychology*, 1999, 84（3）: 416-427.

[③] BALLOUT H I. Career success: The effects of human capital, person-environment fit and organizational support [J]. *Journal of Managerial Psychology*, 2007, 22（8）: 741-765.

[④] BYRNE Z S, DIK B J, CHIABURU D S. Alternatives to traditional mentoring in fostering career success [J]. *Journal of Vocational Behavior*, 2008, 72（3）: 429-442.

的真实效应值高[①②]，表明主动性人格与员工主观职业成功的相关性更强。

2. 主动性人格与工作绩效

根据竞争性流动观点，工作绩效在个体职业生涯成功中扮演着重要角色。换言之，职业成功离不开员工自身良好的工作绩效。学者克仁特对131名房地产员工研究发现，拥有主动性人格的员工比那些被动的员工在工作中往往业绩表现得更加出色。[③]因为拥有主动性人格的员工会创造和把握有助于提升工作绩效的环境。例如，学者汤普森从社会资本角度认为，主动性个体在工作上获得成功的一个重要方式是关系构建。[④]换言之，主动性个体会采取一些措施来建立良好的工作关系，即主动性个体倾向于寻找同盟来支持其个人主动性，并且与拥有较高权力、较多信息资源的人建立关系。良好的关系既有利于个体更好地开展工作（如更容易获得支持），又能为员工在领导和同事间树立良好形象，进而正向影响其工作绩效评定。

3. 主动性人格与员工主动性行为

主动性人格与员工职业生涯成功相关的一个潜在解释是拥有主动性人格的员工在工作中更可能做出主动性行为[⑤]。主动性行为是指个体自发的、

---

① FULLER B, MARLER L E. Change driven by nature: A meta-analytic review of the proactive personality literature [J]. *Journal of Vocational Behavior*, 2009, 75（3）: 329-345.

② NG T W, EBY L T, SORENSEN K L, et al. Predictors of objective and subjective career success: A meta - analysis [J]. *Personnel Psychology*, 2005, 58（2）: 367-408.

③ CRANT J M. The proactive personality scale and objective job performance among real estate agents [J]. *Journal of Applied Psychology*, 1995, 80（4）: 532-537.

④ THOMPSON J A. Proactive personality and job performance: a social capital perspective [J]. *Journal of Applied Psychology*, 2005, 90（5）: 1011-1017.

⑤ SEIBERT S E, KRAIMER M L, CRANT J M. What do proactive people do? A longitudinal model linking proactive personality and career success [J]. *Personnel Psychology*, 2001, 54（4）: 845-874.

面向变革和面向未来的行为[①]，囊括了诸如建言（voice）、主动担责（taking charge）、创造力（creativity）、个体能动性（personal initiative）等构念。从职业生涯成功来看，主动性行为有助于提升绩效，进而导致个体职业成功。已有大量实证研究结果表明，员工主动性人格是其做出主动性行为的一个重要前因。[②③④]

二、共享型领导

（一）共享型领导的概念与测量

1.共享型领导的定义

共享型领导（Shared Leadership）是指领导职能能够被有效地共享或者在群体中能得到有效地分布，而非集中于某个被任命的领导。[⑤] 其理论根植于行为科学的权力理论，即领导任务的扩散给组织成员带来一种主人翁感觉以及责任意识，因此权力分享可以增加组织承诺和团队效率。在20世纪90年代中期，这种新型领导被正式命名为"共享型领导"，以区别

---

① PARKER S K, COLLINS C G. Taking Stock: Integrating and Differentiating Multiple Proactive Behaviors [J]. *Journal of Management*, 2010, 36（3）: 633–662.

② GRANT A M, ASHFORD S J. The dynamics of proactivity at work [J]. *Research in Organizational Behavior*, 2008（28）: 3–34.

③ PARKER S K, WILLIAMS H M, TURNER N. Modeling the Antecedents of Proactive Behavior at Work [J]. *Journal of Applied Psychology*, 2006, 91（3）: 636–652.

④ FULLER B, MARLER L E. Change driven by nature: A meta–analytic review of the proactive personality literature [J]. *Journal of Vocational Behavior*, 2009, 75（3）: 329–345.

⑤ CARSON J B, TESLUK P E, MARRONE J A. Shared Leadership in Teams: An Investigation of Antecedent Conditions and Performance [J]. *Academy of Management Journal*, 2007, 50（5）: 1217–1234.

于传统的垂直领导模式。

在共享型领导研究的早期阶段，学者 Lave 和 Wenger 强调领导的社会过程，认为它是所处环境中动态、多方位的集体活动。① 后来学者吸收传统垂直领导理论研究，进一步补充和完善了这种新的领导模式。学者皮尔斯和西姆斯认为，共享型领导是由团队成员与被委派的团队领导者一起承担领导责任的过程。② 共享型领导不再像传统垂直领导方式那样依赖于个体领导的智慧并通过上下级关系对团队施加影响③，而是依赖于团队智慧与集体决策；领导责任也不再是由一个人来承担，而是由组织或团队成员或者其中数人一起分担领导功能，从而确保团队交流、融合与协调。

总之，共享型领导是由多个人承担领导责任，依赖于成员的影响力推动组织活动实施，而不是靠职位或者上级权威来影响员工行为。在这种领导模式下，领导与被领导的关系不再有很强的权力距离，其他成员不再是传统意义上被领导的角色，拥有了更多参与性、平等与民主色彩，组织成功不再依赖于领导个人，更多依于团队整体。

2.共享型领导的内涵

共享型领导正式提出的时间并不长，还存在一些与之相近的概念，包括替代领导、共享治理、共同领导与分布式领导。为了更好地理解共享型

---

① LAVE J, WENGER E. *Situated learning: legitimate peripheral participation* [M]. Cambridge, UK: Cambridge University Press, 1991.

② PEARCE C L, SIMS JR H P. Vertical versus shared leadership as predictors of the effectiveness of change management teams: An examination of aversive, directive, transactional, transformational, and empowering leader behaviors [J]. *Group dynamics: Theory, research, and practice*, 2002, 6 (2): 172–197.

③ SIVASUBRAMANIAM N, MURRY W D, AVOLIO B J, et al. A longitudinal model of the effects of team leadership and group potency on group performance [J]. *Group & Organization Management*, 2002, 27 (1): 66–96.

领导的内涵，以下将对它们进行比较和区分。

共享型领导与替代领导。二者都强调了领导力的扩散，即领导不再局限于某个中心人物身上，但替代领导更多强调极端情况下领导职能的缺失并不会影响团队工作的开展，而共享型领导模式下领导职能并没有丧失，而是以参与决策的方式由全体成员或者多人承担。

共同领导（co-leadership）关注两个同时承担一个领导职位的情况。共同领导起初研究具有师徒关系的团队。[①] 由于师徒之间存在指导与被指导的关系，在这一点上共同领导又被认为是传统垂直领导方式的一种。与此同时，共同领导强调由两人一起承担领导责任，因此也有人提出共享型领导这一特殊表现形式。不过，就领导产生基础而言，共同领导并没有脱离传统领导的产生方式；共享领导则不同，它来源于团队成员的授权以及对其他成员的影响。[②] 总之，共同领导强调成员对关系组合承担领导责任与义务，共享型领导更多偏向领导的责任与义务由团队成员一起承担。

分布式领导（distributed leadership）理论认为，在某种程度领导被群体的几个人承担或者领导功能由几个人承担，不同的人在不同的时候承担领导责任。[③] 笔者认为，这种理解与共享型领导没有明显的区别。最近的分布式领导研究借助社会网理论，分析了领导影响力在群体关系网络中的

① PONTE P R. Nurse-physician co-leadership: A model of interdisciplinary practice governance [J]. *JONA: The Journal of Nursing Administration*, 2004, 34 (11): 481-484.

② SIVASUBRAMANIAM N, MURRY W D, AVOLIO B J, et al. A longitudinal model of the effects of team leadership and group potency on group performance [J]. *Group & Organization Management*, 2002, 27 (1): 66-96.

③ YUKL G, GORDON A, TABER T. A hierarchical taxonomy of leadership behavior: Integrating a half century of behavior research [J]. *Journal of Leadership & Organizational Studies*, 2002, 9 (1): 15-32.

分布状态。^①这种思路与传统领导模式一样，还是将焦点放在中心领导人物上，中心—边缘网络位置能更好地描述它的扩散范围，是对以往领导模式极好的定量分析。

3. 共享型领导的测量

关于共享型领导结构，学者之间没有形成统一的认识。回顾以往文献对共享型领导结构维度划分，主要存在两种视角：第一种视角是传统垂直领导维度的直接应用，以 Pearce 等人的观点最具有代表性。他们认为共享型领导同样存在五种领导行为类型：指示型（directive）、交易型（transactional）、变革型（transformational）、授权型（empowering）和防范型（aversive），只是这些行为测量指向全体团队成员，而不是单个领导。第二种视角是基于共享型领导的内涵，构建其特有的构成要素。例如，Porter-O'Grady 认为共享型领导由责任义务、平等、合作搭档与所有权四个部分构成。^②Wood 和 Fields 认为共享型领导包括影响、指导、协调与交流四个方面。^③此外，Hiller 等人开发了一个四维度 25 个题项的共享型领导量表，包含"计划和组织""解决问题""支持和关怀"和"培养与指导"这四个维度。^④

共享型领导行为的具体测量，与人们对其结构维度的认识紧密相连。目前存在两种方式：第一，以问卷的方法直接测量。皮尔斯、刘和阿拉维

① MEHRA A, SMITH B R, DIXON A L, et al. Distributed leadership in teams: The network of leadership perceptions and team performance [J]. *The Leadership Quarterly*, 2006, 17（3）: 232–245.

② PORTER-O' GRADY T. Is shared governance still relevant? [J]. *JONA: The Journal of Nursing Administration*, 2001, 31（10）: 468–473.

③ SHANE WOOD M, FIELDS D. Exploring the impact of shared leadership on management team member job outcomes [J]. *Baltic Journal of Management*, 2007, 2（3）: 251–272.

④ HILLER N J, DAY D V, VANCE R J. Collective enactment of leadership roles and team effectiveness: A field study [J]. *The Leadership Quarterly*, 2006, 17（4）: 387–397.

在对领导测量项目进行全面检测后，发现该量表具有很强的测量效果。[①]
因此，共享型领导各个维度的测量项目可以根据垂直领导形式下的指示型、
交易型、变革型、授权型及防范型维度测量做一些适度的修改，如将"团
队领导者"调整为"团队成员"，然后累加到团队水平来对共享型领导进
行测量。[②] 又如，Hiller 等人从角色视角定义共享型领导，并开发了一个四
维度 25 个题项的四维度共享型领导量表。[③]

第二，采用社会网络方法对领导的网络中心性进行测量，即通过基
于视觉分析定性编码的领导网络图进行测量（如图 2-2 所示）。梅赫尔
等人创建的这种方法主要基于领导分布与领导程度两个方面来测量组织
领导共享的状况，采用网络分析法来测量共享领导，在团队内形成一个
共享领导的整体模式，同时也克服了问卷测量法将影响力限定在一些特
定行为上的缺陷。[④] 但是，国内学者孙利平、凌文辁和方俐洛指出，由于
社会网络分析强调对整体模式的把握，共享领导的含义缺乏可操作性，
可能一定程度上测得了一些本来不属于领导影响力的内容。[⑤]

---

① PEARCE C L, YOO Y, ALAVI M. Leadership, social work, and virtual teams ［M］//R. E.
RIGGIO, S. SMITH-ORR. *Improving Leadership in Nonprofit Organizations*. SanFrancisco. Jossey-Bass.
2004: 180-203.

② ENSLEY M D, HMIELESKI K M, PEARCE C L. The importance of vertical and shared
leadership within new venture top management teams: Implications for the performance of startups ［J］.
The Leadership Quarterly, 2006, 17（3）: 217-231.

③ HILLER N J, DAY D V, VANCE R J. Collective enactment of leadership roles and team
effectiveness: A field study ［J］. *The Leadership Quarterly*, 2006, 17（4）: 387-397.

④ MEHRA A, SMITH B R, DIXON A L, et al. Distributed leadership in teams: The network of
leadership perceptions and team performance ［J］. *The Leadership Quarterly*, 2006, 17（3）: 232-245.

⑤ 孙利平, 凌文辁, 方俐洛. 团队中的共享领导: 领导研究的新视角 ［J］. 软科学,
2009, 23（11）: 83-86.

低等水平共享式领导　　　中等水平共享式领导　　　高等水平共享式领导

图2-2　社会网络表现共享型领导状况示意图

资料来源：Carson、Tesluk 和 Marrone。①

（二）共享型领导的影响结果

目前，共享型领导的影响结果包括两个方面：一是对个体的影响，二是对群体或团队的影响。

1.共享领导对团队的影响

共享型领导对团队或群体的影响，包括对群体心理、群体行为和团队效率的影响。

首先，共享型领导对群体心理的影响。学者 Cox，Pearce 和 Perry 认为共享领导对群体心理会产生影响，同时也有学者认为群体心理反过来也会影响共享领导的产生。② 共享领导对群体心理的影响主要是从认知与情感态度两个方面分析：一是共享型领导对群体认知的影响。由于共享型领导

---

① CARSON J B, TESLUK P E, MARRONE J A. Shared Leadership in Teams：An Investigation of Antecedent Conditions and Performance ［J］. *Academy of Management Journal*，2007，50（5）：1217-1234.

② COX J F，PEARCE C L，PERRY M L. *Toward a model of shared leadership and distributed influence in the innovation process：How shared leadership can enhance new product development team dynamics and effectiveness* ［M］//Shared leadership：Reframing the hows and whys of leadership. LA：SAGE Publications Inc. 2003：48-76.

强调与成员分享领导的权力与责任，增加员工参与性、自主性、主人翁意识，从而有利于提升团队成员间信任。[①] 二是共享型领导对群体情感态度的影响。由于共享型领导比其他领导类型更能满足员工高层次的需求，如自我实现需求、权力需求等，从而有利于提高团队凝聚力与理想共享。[②③]

其次，共享型领导对群体行为的影响。学者 Pearce 和 Sims 认为共享型领导对群体行为或者个体行为会产生影响，同时群体行为状况反过来也会影响共享型领导产生的可能性。[④] 共享领导对群体行为的影响，主要从内在驱动和外在驱动两种视角进行研究。内在驱动行为是指由个体内在动机与需求自发驱动的行为，外在驱动行为是指由外部压力或者影响驱动的行为。就具体行为而言，可以从员工额外努力、动机、互动频次与质量、生产积极性、出勤率、任务协调、公民行为以及网络行为来判断共享型领导对群体行为的影响效率。尽管如此，共享型领导与这些群体行为之间的关系更多是理论上的分析，还缺乏充分的实证研究。

最后，共享型领导对团队效率或绩效的影响。学者考克斯等人指出，评价共享型领导对群体效率的影响效果，取决于结果被评价的情况，并且

---

① DRESCHER M A, KORSGAARD M A, WELPE I M, et al. The dynamics of shared leadership: building trust and enhancing performance [J]. *Journal of Applied Psychology*, 2014, 99（5）: 771–783.

② MEHRA A, SMITH B R, DIXON A L, et al. Distributed leadership in teams: The network of leadership perceptions and team performance [J]. *The Leadership Quarterly*, 2006, 17（3）: 232–245.

③ SERBAN A, ROBERTS A J. Exploring antecedents and outcomes of shared leadership in a creative context: A mixed-methods approach [J]. *The Leadership Quarterly*, 2016, 27（2）: 181–199.

④ PEARCE C L, SIMS JR H P. Vertical versus shared leadership as predictors of the effectiveness of change management teams: An examination of aversive, directive, transactional, transformational, and empowering leader behaviors [J]. *Group dynamics: Theory, research, and practice*, 2002, 6（2）: 172–197.

有学者认为群体效率状况反过来也会影响共享领导产生的可能性。[①] 学者探讨共享型领导对群体效率的影响，主要采用定性与定量两种评价方法：一是定性评价。主要依据个体或者群体对效率的评价，主要以绩效、创造力以及动力等作为效率评价的内容，分析共享型领导的影响。实证研究结果表明共享型领导有利于团队生存能力提升，经理、顾客与群体自我对群体效率评价等级的提高 [②]，团队绩效的提升 [③]，团队产出的增加 [④]，团队动力（能力和社会整合与问题解决质量）提升 [⑤]。二是定量评价。主要通过实际数据来评价群体效率，主要以现金流、销售额及增长率等为评价内容，分析共享型领导的影响。艾斯利等人通过文献研究法认为共享型领导有利于现金流、增长率以及资产回报率增加，实证研究结果也表明共享领导有利于增长率的提升与团队销售额的增加。[⑥]

---

① COX J F, PEARCE C L, PERRY M L. *Toward a model of shared leadership and distributed influence in the innovation process: How shared leadership can enhance new product development team dynamics and effectiveness* [M] //Shared leadership: Reframing the hows and whys of leadership. LA: SAGE Publications Inc. 2003: 48−76.

② PEARCE C L, SIMS JR H P. Vertical versus shared leadership as predictors of the effectiveness of change management teams: An examination of aversive, directive, transactional, transformational, and empowering leader behaviors [J]. *Group dynamics: Theory, research, and practice*, 2002, 6（2）: 172−197.

③ CARSON J B, TESLUK P E, MARRONE J A. Shared Leadership in Teams: An Investigation of Antecedent Conditions and Performance [J]. *Academy of Management Journal*, 2007, 50（5）: 1217−1234.

④ 蒿坡，龙立荣. 化被动为主动：共享型领导对员工主动变革行为的影响及作用机制研究 [J]. 管理工程学报，2020，34（2）: 11−20.

⑤ ENSLEY M D, HMIELESKI K M, PEARCE C L. The importance of vertical and shared leadership within new venture top management teams: Implications for the performance of startups [J]. *The Leadership Quarterly*, 2006, 17（3）: 217−231.

⑥ ENSLEY M D, HMIELESKI K M, PEARCE C L. The importance of vertical and shared leadership within new venture top management teams: Implications for the performance of startups [J]. *The Leadership Quarterly*, 2006, 17（3）: 217−231.

2. 共享型领导对个体的影响

国内学者接园、孙晓敏和费蕾诗梳理发现，与共享型领导对群体影响的研究相比，共享型领导对个体的影响的研究则相对较少。[①]一个重要的原因是共享型领导通常被视为一个团队层面的构念。对个体而言，共享型领导能影响个体的动机、态度和行为。

首先，共享型领导会影响个体的工作动机。学者克努和维尔塔宁研究发现，共享型领导会激发个体的工作动机和发展意愿。[②]其次，共享型领导影响个体的态度。例如学者霍克和科兹洛夫斯基研究发现，共享型领导能够提升团队成员的情感承诺。[③]还有，博格曼、伦奇和斯莫尔等人证实，共享型领导能够提升团队成员的满意度。[④]因为团队成员能够参与到团队决策过程中。最后，共享型领导对员工行为的影响。国内学者梅会英研究发现，共享交易型、共享变革型领导和共享授权型领导对员工创新行为均具有显著正向影响，而且这三种分享型领导均通过增加员工心理授权来促进员工创新。[⑤]此外，学者刘松波等研究发现，共享型领导能够提升团队成员的学习效率。[⑥]

---

① 接园，孙晓敏，费蕾诗. 共享领导的研究回顾与展望［J］. 软科学，2016，30（6）：79-82.

② KONU A，VIITANEN E. Shared leadership in Finnish social and health care［J］. *Leadership in Health Services*，2008，21（1）：28-40.

③ HOCH J E，KOZLOWSKI S W. Leading virtual teams：Hierarchical leadership，structural supports，and shared team leadership［J］. *Journal of applied psychology*，2014，99（3）：390-403.

④ BERGMAN J Z，RENTSCH J R，SMALL E E，et al. The shared leadership process in decision-making teams［J］. *The Journal of Social Psychology*，2012，152（1）：17-42.

⑤ 梅会英. 共享领导风格对员工创新行为的影响机制研究［D］. 成都：西南财经大学，2011.

⑥ LIU S，HU J，LI Y，et al. Examining the cross-level relationship between shared leadership and learning in teams：Evidence from China［J］. *The Leadership Quarterly*，2014，25（2）：282-295.

三、自恋人格

（一）自恋人格的概念与测量

1. 自恋人格的定义

"自恋"（Narcissism）一词最早由学者哈维洛克·艾利斯于 1898 年引入心理学，该学者将"自恋"定义为一种沉迷于自我赞赏的情感倾向。[①]随后，精神分析学派创始人弗洛伊德于 1914 年开始系统研究"自恋"人格，并将自恋视为一种具有临床意义的人格障碍。[②]按美国精神病协会 1980 年发布的自恋人格诊断标准（DSM-III），自恋人格的个体在临床上往往表现出行为模式夸张、高赞赏需要、权力感、缺乏同理心等九大特征。[③]在临床上，自恋被视为一种病态，因为它经常与负面的社会事件相联系，所以与马基雅维利主义和神经质并称为个体的三大"黑暗特质"（dark trait）。

然而，随着对自恋研究的深入，社会心理学家们逐渐发现自恋特征远比人们所想象的普遍，许多正常人也拥有着自恋的特质。于是，产生了大量非临床意义的自恋研究，特别是对自恋内涵的挖掘。例如学者埃蒙斯通过重复以往对于自恋研究的结论发现了自恋人格的四个独立维度：剥削/权欲，领导/威权，优越/自大，自我欣赏。其中剥削/权欲最能代表自恋的负面、病态一面。[④]与此同期，学者拉斯金和特里通过三个独立的研究

---

① ELLIS H. Auto-erotism: A psychological study [J]. *Alienist and Neurologist*, 1898（19）：260-299.

② FREUD S. *On narcissism: An introduction* [M]//Sandler J,Person E & Fonagy P. Freud's "On narcissism: An introduction. New Haven, CT: Yale University Press, 1914.

③ 何宁, 谷渊博. 自恋与决策的研究现状及展望 [J]. 心理科学进展, 2012, 20（7）：1089-1097.

④ EMMONS R A. Narcissism: Theory and measurement [J]. *Journal of Personality and Social Psychology*, 1987, 52（1）：11-17.

发现了一个七维度的自恋人格：威权（表现为支配、独断、领导力和自信）、表现欲（寻求轰动、外倾性、缺乏对冲动的控制）、优越性（自信与自我膨胀）、虚荣（感觉自己很受欢迎）、剥削（叛逆、敌意、缺乏考虑和不宽容）、权欲（拥有不凡的抱负、对于权力的渴望、支配性、缺乏自我控制）、自我满足（专断、独立、自信以及成就需要）。[①] 从这些研究可以看出，自恋是一个内涵丰富的人格构念，自恋人格中也有积极的成分。例如学者罗德沃特和埃丁思就认为自恋传递着夸张、重要和独特积极自我概念。[②] 又如，学者温克通过主成分分析发现自恋包含两个维度：脆弱—敏感和自大—表现。[③] 脆弱—敏感包含公开表现时缺乏自信，捉摸不定的沮丧和缺乏工作动力；而自大—表现代表自大，爱表现，自我重要性以及对于受到他人关注和尊敬的需要。此外，有元分析研究表明，虽然自恋会与外倾性有着比较高的正相关性（$r=0.49$, $N=18274$）[④]，然而自恋与人们所熟悉的"大五"人格依旧有着明显的区别。

"自恋"概念源自西方，但是自恋问题并非西方独有。例如，日本学者福西崇史（Fukunishi）的一项针对美国、中国和日本学生的自恋问题跨文化研究表明，东方集体主义文化下的中国人比西方个体主义文化下的美

① RASKIN R, TERRY H. A principal-components analysis of the Narcissistic Personality Inventory and further evidence of its construct validity [J]. *Journal of Personality and Social Psychology*, 1988, 54 (5): 890-902.

② RHODEWALT F, EDDINGS S K. Narcissus reflects: Memory distortion in response to ego-relevant feedback among high-and low-narcissistic men [J]. *Journal of Research in Personality*, 2002, 36 (2): 97-116.

③ WINK P. Two faces of narcissism [J]. *Journal of Personality and Social Psychology*, 1991, 61 (4): 590-597.

④ TRZESNIEWSKI K H, DONNELLAN M B, ROBINS R W. Is "Generation Me" really more narcissistic than previous generations? [J]. *Journal of Personality*, 2008, 76 (4): 903-918.

国人更为自恋。①

2. 自恋人格的测量

一个影响学者们加深理解自恋的重要因素便是缺乏一个有效的测量工具。在过去的这些年中，组织行为学和心理学领域开发了如下几个量表来测量一般人群自恋的程度：拉斯金和霍尔将"自恋"视为一种个体与个体之间存在差异的人格特质，并开发了后来广为大众所应用的自恋特质量表（Narcissistic Personality Inventory，NPI-40），此量表表现出良好的内部一致性。② 拉斯金和特里通过主成分分析确定了七个维度的量表：威权（8个条目，如"我认为自己是一个好的领导"），表现欲（7个条目，如"我会抓住一切机会表现自己"），优越性（5个条目，如"我是一个十分出色的人"），虚荣（3个条目，如"我喜欢观察我的身体"），剥削（5个条目，如"我发现控制别人很容易"），权欲（6个条目，如"我永远不会满足于我现在所拥有的一切"），自我满足（6个条目，如"我很少依赖于他人完成任务"）。③

随后，学者艾姆斯、罗斯和安德森对 Raskin 和 Hall（1979）的 NPI-40 量表进一步精简，将 40 项缩短为 16 项短版量表（即 NPI-16）。并且在此研究中，NPI-16 的信度为 0.72，NPI-40 的信度为 0.84，二者之间的相关为 0.9（$p<0.001$）。④ 近些年还有组织行为学者对 NPI-16 进行了更为

---

① 何宁，谷渊博. 自恋与决策的研究现状及展望［J］. 心理科学进展，2012，20（7）：1089-1097.

② RASKIN R N，HALL C S. A narcissistic personality inventory［J］. *Psychological reports*，1979，45（2）：590.

③ RASKIN R，TERRY H. A principal-components analysis of the Narcissistic Personality Inventory and further evidence of its construct validity［J］. *Journal of Personality and Social Psychology*，1988，54（5）：890-902.

④ AMES D R，ROSE P，ANDERSON C P. The NPI-16 as a short measure of narcissism［J］. *Journal of Research in Personality*，2006，40（4）：440-450.

精简的提炼，例如，学者琼斯和保卢斯在系统研究马基雅维利主义、自恋和神经质这三类所谓"黑暗"人格时，进一步将自恋量表缩短为9个题项，并且证实短板量表依旧具有良好的信效度。^①

（二）自恋人格的影响结果

本书重点关注自恋在组织行为研究领域的研究。通过回顾以往的文献，笔者发现学者们大体上从三个主要方面探讨了自恋可能给个体在组织中带来的影响：自恋与领导行为、自恋与偏差行为、自恋与积极行为。

1. 自恋与领导行为。自恋最初作为一种心理学的构念时，其往往被视为领导成功的关键因素。^② 自恋中的某些特征（如自信、兴奋、有抱负）可能解释了自恋者对于获取领导角色的倾向。^③ 已有学者的研究也证实了自恋与领导力有正向相关，其中学者 Harms 等的研究发现自恋会积极预测领导力的发展^④，而 Judge 等则发现自恋与变革型领导正相关^⑤。与此同时，也有研究发现了自恋与领导之间存在负向关系，例如耐威克等就发现自恋

---

① JONES D N, PAULHUS D L. Introducing the short Dark Triad （SD3）：a brief measure of dark personality traits［J］. *Assessment*，2014，21（1）：28–41.

② ROSENTHAL S A, PITTINSKY T L. Narcissistic leadership［J］. *The Leadership Quarterly*，2006，17（6）：617–633.

③ GALVIN B M, WALDMAN D A, BALTHAZARD P. Visionary communication qualities as mediators of the relationship between narcissism and attributions of leader charisma［J］. *Personnel Psychology*，2010，63（3）：509–537.

④ HARMS P D, SPAIN S M, HANNAH S T. Leader development and the dark side of personality ［J］. *The leadership quarterly*，2011，22（3）：495–509.

⑤ JUDGE T A, LEPINE J A, RICH B L. Loving yourself abundantly：relationship of the narcissistic personality to self- and other perceptions of workplace deviance，leadership，and task and contextual performance［J］. *Journal of Applied Psychology*，2006，91（4）：762–776.

的领导会降低团队的信息交换，进而最终损害团队的绩效。①

2. 自恋与偏差行为。不少实证研究均表明一些具有自恋特质的个体会更倾向于参与工作场所中的偏差行为。②③Grijalva 等指出，自恋往往与进攻性正相关，而与同情心负相关，高自恋的个体会将偏差行为作为释放进攻性和获取报复的途径。④此外，自恋的个体倾向于有着较高的自尊，但这种自尊并非是基于现实而是比较脆弱的自尊，常常会随着情景而波动。⑤自恋者需要不断通过外界肯定来维护自我特权感，其行为目的也是在于维护积极的自我概念。⑥因此，当自恋的个体从外界接收到负面的评价时，他们往往会给予愤怒或者进攻性的回应。⑦也就是说，自恋个体受到外界刺激时容易做出偏差行为。例如，学者 Penney 和 Spector 证实，员工自恋

① NEVICKA B, DE HOOGH A H, VAN VIANEN A E, et al. All I need is a stage to shine: Narcissists' leader emergence and performance [J]. *The Leadership Quarterly*, 2011, 22 (5): 910–925.

② GRIJALVA E, HARMS P D, NEWMAN D A, et al. Narcissism and leadership: A meta - analytic review of linear and nonlinear relationships [J]. *Personnel Psychology*, 2015, 68 (1): 1–47.

③ O'BOYLE E H, FORSYTH D R, BANKS G C, et al. A meta–analysis of the Dark Triad and work behavior: a social exchange perspective [J]. *Journal of Applied Psychology*, 2012, 97 (3): 557–579.

④ GRIJALVA E, HARMS P D, NEWMAN D A, et al. Narcissism and leadership: A meta - analytic review of linear and nonlinear relationships [J]. *Personnel Psychology*, 2015, 68 (1): 1–47.

⑤ GARDNER D G, PIERCE J L. A question of false self - esteem [J]. *Journal of Managerial Psychology*, 2011, 26 (8): 682–699.

⑥ 何宁，谷渊博. 自恋与决策的研究现状及展望 [J]. 心理科学进展，2012, 20 (7): 1089–1097.

⑦ RASKIN R, TERRY H. A principal–components analysis of the Narcissistic Personality Inventory and further evidence of its construct validity [J]. *Journal of Personality and Social Psychology*, 1988, 54 (5): 890–902.

作用于愤怒，进而导致员工的反生产行为。[①]

3. 自恋与积极行为。相对于自恋的负向结果而言，自恋的积极结果研究比较少。近来，学者们研究发现，自恋的个体并非总是会做出消极的行为。学者 Campbell 和 Campbell（2009）的情景强化模型就指出，自恋者的积极自我概念、情感和自我增强需要有时反而有助于其行为表现。[②]Judge，Piccolo 和 Kosalka 对自恋人格进行了客观中立的评价，并指出自恋者也有其自身优势，就是通过自身影响他人。[③]有学者发现，自恋的员工在工作中表现出更多主动性行为。[④]

总的来讲，自恋这一特质作为一个多维度的构念，其给个体带来的结果并非单纯的好与坏。其所包涵的自信、领导力往往会给予其自我提升的积极效应；而剥削、脆弱、缺乏自我控制则会造成个体"毒性"的一面。因此，本书将重点关注自恋人格中威权和优越性对员工积极行为的影响。

---

① PENNEY L M, SPECTOR P E. Narcissism and counterproductive work behavior: Do bigger egos mean bigger problems? [J]. *International Journal of selection and Assessment*, 2002, 10（1–2）: 126–134.

② CAMPBELL W K, CAMPBELL S M. On the Self–regulatory Dynamics Created by the Peculiar Benefits and Costs of Narcissism: A Contextual Reinforcement Model and Examination of Leadership [J]. *Self and Identity*, 2009, 8（2–3）: 214–232.

③ JUDGE T A, PICCOLO R F, KOSALKA T. The bright and dark sides of leader traits: A review and theoretical extension of the leader trait paradigm[J]. *The Leadership Quarterly*, 2009, 20（6）: 855–875.

④ HOWELL T M. *Big fish in a new pond : how self–perceived status influences newcomer change oriented behaviors* [D]. Austin: The University of Texas at Austin, 2014.

四、角色宽度效能感

（一）角色宽度效能感的概念与测量

1. 角色宽度效能感的定义

基于阿尔伯特·班杜拉（Albert Bandura）提出的社会认知理论，学者 Parker 在研究员工主动性行为时发展出"角色宽度效能感"这一构念。该学者将"角色宽度效能感"界定为：个体对自己能够扮演超出传统岗位描述的更宽泛和更积极角色的自信程度。[①] 从该定义可以看出，与一般自我效能感不同，角色宽度效能感是基于角色角度的定义。因此，角色宽度效能感更加具体。由于组织中每个岗位都有相关具体的岗位或职位描述，规定了一个人应该做什么和不应该做什么。通常，在相对稳定的环境中，这种传统的做法是可行且有效的。然而，随着外部环境的变化，特别是环境中不确定因素的增加，企业管理者几乎不可能预期和控制所有未知因素，因而对员工限定得过于死板，不利于调动员工工作积极性，更不利于组织在变化的环境中的生存与发展。而当组织面临挑战和机遇时，员工有时必须跳出组织给予角色限定的条条框框，才可能有效地完成企业使命。

Parker 还指出，角色宽度效能感反映了个体在接受组织分配的需要整合和人际沟通类任务时所展现出的自信程度。[②] 从互动的角度，整合和人际沟通需要个体的大量精力投入，对个体来说往往具有一定的挑战性。从社会认知视角，个体的自我效能感能够增强个体对环境的控制感，从而让个体在面

---

① PARKER S K. Enhancing role breadth self-efficacy: the roles of job enrichment and other organizational interventions [J]. *Journal of Aapplied Psychology*, 1998, 83（6）: 835-852.

② PARKER S K. Enhancing role breadth self-efficacy: the roles of job enrichment and other organizational interventions [J]. *Journal of Aapplied Psychology*, 1998, 83（6）: 835-852.

临挑战性目标时更能坚持。① 当然，学者 Parker 已经对角色宽度效能感与一般自我效能感和自尊等概念进行了比较和区分，特别指出角色宽度效能感不是一种个体特质，也不是稳定不变的，而是会随时间发生变化的构念。②

2. 角色宽度效能感的测量

角色宽度效能感的提出者 Parker 在 1998 年还开发了一个十个题项的单维度量表，如表 2-2 所示。从该量表可以看出，该量表能够较好地反映角色宽度效能感的内涵。Parker（1998）分别用一个横截面研究和一个纵向研究检验了员工角色宽度效能感量表的信效度及角色宽度效能感的影响因素。首先，通过对一家玻璃制造企业的 669 名员工进行调查，运用验证性因子分析证实，角色宽度效能感不同于主动性人格和自尊，表明角色宽度效能感是一个独立的构念，其内部一致性信度为 0.98。然后，通过跨时点的纵向研究设计对英国一家汽车制造和组装的家族企业员工调查，获得 459 个有效样本，经检验发现两个时点角色宽度效能感的内部一致性信度分别为 0.95 和 0.96。研究结果表明，角色宽度效能感是一个状态构念，比人格变量更具柔性。当然，也有学者在实证研究过程中选取角色宽度效能感量表中标准化因子载荷较高的若干题项作为测项，例如 Parker 等③、Chen 等④，不过角色宽度效能感的内部一致性仍比较高。

---

① SONNENTAG S, SPYCHALA A. Job control and job stressors as predictors of proactive work behavior: Is role breadth self-efficacy the link? [J]. *Human Performance*, 2012, 25（5）: 412-431.

② PARKER S K. Enhancing role breadth self-efficacy: the roles of job enrichment and other organizational interventions [J]. *Journal of Aapplied Psychology*, 1998, 83（6）: 835-852.

③ PARKER S K, WILLIAMS H M, TURNER N. Modeling the Antecedents of Proactive Behavior at Work [J]. *Journal of Applied Psychology*, 2006, 91（3）: 636-652.

④ CHEN Z-J. *A contingency model of empowering leadership on employee proactive behavior: team power distance climate and individual power distance belief as the moderators* [D]. Hong Kong: Hong Kong University of Science and Technology, 2011.

表 2-2　角色宽度效能感的测量量表

Parker（1998）原始量表	Parker 等（2006）、Chen 等（2011）简版量表
1. 分析工作顽疾，并寻找解决对策	√
2. 在会议上向公司高层展示自己的工作	√
3. 为我的工作领域设计新的流程	√
5. 写有关自己工作领域花钱提案	
6. 为公司发展战略建言献策	
7. 帮助设定你所在领域的目标	√
8. 与公司以外的人（如顾客）接触和探讨问题	√
9. 在一群同事面前展示信息	√
10. 拜访其他部门的人，并建议不同的做事方法	√

（二）角色宽度效能感的影响因素

现有研究中专门探讨员工角色宽度效能前因的研究数量不多，角色宽度效能感通常被认为是员工做出角色外行为或主动性行为的重要前因变量。角色宽度效能感是自我效能感的特殊形式，而自我效能感是社会认知理论的重要组成部分。如前所述，角色宽度效能感是一个随时间变化的动态构念，而非个体稳定的特质变量。按照社会认知视角，影响个体自我效能感的既包括个体因素，也包含环境或情景因素。因此，本书也从个体因素和情景因素两个方面梳理角色宽度效能感的影响因素。总体而言，情景因素对个体角色宽度效能感的研究比个体因素对个体角色宽度效能感的因素要丰富。

首先，从个体因素来看，包括个体特质、认知和情感。在人格特质对员工角色宽度效能感的影响的研究中，主动性人格是被探讨最多的。[1][2] 主动

---

① PARKER S K, COLLINS C G. Taking Stock: Integrating and Differentiating Multiple Proactive Behaviors [J]. *Journal of Management*, 2010, 36（3）: 633-662.

② PARKER S K, WILLIAMS H M, TURNER N. Modeling the Antecedents of Proactive Behavior at Work [J]. *Journal of Applied Psychology*, 2006, 91（3）: 636-652.

性人格的个体勇于挑战现状和打破常规，因此拥有主动性人格的个体更可能超越组织设定的角色限制。其次，影响员工角色宽度效能感的还有个体的认知。学者 Zhang，Law 和 Lin 研究证实，资质过高感（overqualification）会增加个体角色宽度效能感。[①] 资质过高感是指员工拥有的学历、技能、工作经验和能力超出工作需要的情形。[②] 资质过高感的员工可能寻求更宽泛的工作任务，并且根据自己知识、技能和经验胜任的情况评估这样做的可行性。因此，资质过高感的员工角色宽度效能感更高。而且，资质过高感会让员工感觉自己拥有更多资源，如技能水平和工作控制感等。此外，学者莱贝尔还指出，个体高唤醒的负面情绪（如愤怒）会增加个体的角色宽度效能感，因为这类情绪会让个体充满能量与斗志。[③]

其次，由于员工角色宽度效能感并非个体稳定的特质变量，容易受到外部环境的影响，因此情景因素也是影响员工角色宽度效能感的重要因素。现有研究证实影响员工角色宽度效能感的情景因素包括组织的人力资源管理实践（包括岗位设计和人力资源管理实践系统）。某些特定的工作设计能为提升个体角色宽度效能感提供机会。例如学者 Parker 等研究发现，改善团队能促进扩宽狭窄的工作边界，让员工在工作决策和处理工作问题上有更大的发挥空间。[④] 同时，工作丰富化也会增加个体对

---

① ZHANG M J，LAW K S，LIN B. You think you are big fish in a small pond？Perceived overqualification，goal orientations，and proactivity at work［J］. *Journal of Organizational Behavior*，2016，37（1）：61-84.

② ERDOGAN B，BAUER T N. Perceived overqualification and its outcomes：The moderating role of empowerment［J］. *Journal of Applied Psychology*，2009，94（2）：557-565.

③ LEBEL R D. Moving beyond fight and flight：A contingent model of how the emotional regulation of anger and fear sparks proactivity［J］. *Academy of Management Review*，2017，42（2）：190-206.

④ PARKER S K. Enhancing role breadth self-efficacy：the roles of job enrichment and other organizational interventions［J］. *Journal of Aapplied Psychology*，1998，83（6）：835-852.

工作的控制感，而对工作的控制的自信程度是角色宽度效能感的重要内容。已有学者证实，工作控制对员工角色宽度效能感有显著影响。[1][2] 此外，通过相关的训练和工作场合的沟通都能提升员工角色宽度效能感[3]，因为角色宽度效能感包含人际关系。国内学者李新珠（2015）以中国银行员工为样本，研究发现企业的高承诺人力资源管理系统有助于提升员工角色宽度效能感。[4] 高承诺人力资源管理系统让员工拥有更多参与企业决策的机会，大大提升了员工的积极性，因此员工也更愿意做出超出角色要求并对企业有利的事情。领导力是影响员工角色宽度效能感的又一个重要因素。例如，学者李绍龙及其合作者运用自我文化表征理论解释了授权型领导对员工角色宽度效能感的影响。[5] 此外，学者黄勇和彭纪生还证实，主管信任和同事信任也能够提升员工的角色宽度效能感。就是说，工作场合中人际信任也能够提升员工角色宽度效能感。[6]

（三）角色宽度效能感的影响结果

由于角色宽度效能感本身是学者 Parker 及其同事为探讨主动性行为的

---

① SONNENTAG S, SPYCHALA A. Job control and job stressors as predictors of proactive work behavior: Is role breadth self-efficacy the link? [J]. *Human Performance*, 2012, 25（5）: 412–431.

② GRANT A M, ASHFORD S J. The dynamics of proactivity at work [J]. *Research in Organizational Behavior*, 2008（28）: 3–34.

③ AXTELL C M, PARKER S K. Promoting role breadth self-efficacy through involvement, work redesign and training [J]. *Human Relations*, 2003, 56（1）: 113–131.

④ 李新珠. 高承诺人力资源管理对员工主动行为影响研究 [D]. 武汉大学, 2015.

⑤ LI S-L, HE W, YAM K C, et al. When and why empowering leadership increases followers' taking charge: A multilevel examination in China [J]. *Asia Pacific Journal of Management*, 2015, 32（3）: 645–670.

⑥ 黄勇, 彭纪生. 组织内信任对员工负责行为的影响——角色宽度自我效能感的中介作用 [J]. 软科学, 2015（1）: 74–77.

影响因素而提出的构念。① 因此，现有研究中员工角色宽度效能感的影响结果主要以员工行为和工作表现为主。例如，已有学者证实，员工角色宽度效能感对员工主动性行为具有独特的预测效果，因为主动性行为往往需要员工跨越工作边界，而这种行为本身具有风险性，所以员工在做出主动性行为时既需要对实施该行为抱有信心，又能够承担该行为可能的后果的责任。②③

根据期望理论，只有当个体期望并且认为自己有能力完成某项特定任务时，他们才可能实现这种期望。员工角色宽度效能感代表着员工的"可为动机"，也就是"我能够做吗？"。基于这个逻辑，许多研究发现，角色宽度效能感与主动性行为正相关。④⑤ 还有学者研究了角色宽度效能感对某类具体的主动性行为的影响。例如学者麦卡利斯特等人证实角色宽度效能感对员工主动担责有显著正向影响。⑥ 还有学者指出，角色宽度效能感

---

① PARKER S K. Enhancing role breadth self-efficacy: the roles of job enrichment and other organizational interventions [J]. *Journal of Aapplied Psychology*, 1998, 83 (6): 835–852.

② PARKER S K, WILLIAMS H M, TURNER N. Modeling the Antecedents of Proactive Behavior at Work [J]. *Journal of Applied Psychology*, 2006, 91 (3): 636–652.

③ FULLER B, MARLER L E. Change driven by nature: A meta-analytic review of the proactive personality literature [J]. *Journal of Vocational Behavior*, 2009, 75 (3): 329–345.

④ FULLER J B, MARLER L E, HESTER K. Promoting felt responsibility for constructive change and proactive behavior: Exploring aspects of an elaborated model of work design [J]. *Journal of Organizational Behavior: The International Journal of Industrial, Occupational and Organizational Psychology and Behavior*, 2006, 27 (8): 1089–1120.

⑤ PARKER S K. Enhancing role breadth self-efficacy: the roles of job enrichment and other organizational interventions [J]. *Journal of Aapplied Psychology*, 1998, 83 (6): 835–852.

⑥ MCALLISTER D J, KAMDAR D, MORRISON E W, et al. Disentangling role perceptions: How perceived role breadth, discretion, instrumentality, and efficacy relate to helping and taking charge [J]. *Journal of Applied Psychology*, 2007, 92 (5): 1200–1211.

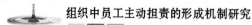
对个体创新行为、问题预防有显著影响。① 此外，还有研究发现，角色宽度效能感高的员工的工作绩效更加突出，例如格里芬及其合作者发现，角色宽度效能感对员工主动性任务绩效具有良好的预测作用。②

值得一提的是，角色宽度效能感作为个体因素和情景因素对员工主动性行为影响的中介机制的研究比较多。按照 Parker 等的主动性行为激励模型，角色宽度效能是个体做出主动性行为的重要中介机制。③ 许多实证研究也证实了这条因果路径。例如，Parker 等证实角色宽度效能感在主动性人格与员工主动性工作行为之间起完全中介作用④；还有学者邓·哈托格和贝尔斯查克发现，角色宽度效能感在变革型领导与员工主动性行为之间起中介作用⑤。此外，还有学者证实授权型领导也可以通过角色宽度效能感来影响员工主动担责。⑥⑦ 可见，角色宽度效能感不仅是员工主动性行

① PARKER S K, COLLINS C G. Taking Stock: Integrating and Differentiating Multiple Proactive Behaviors [J]. *Journal of Management*, 2010, 36（3）: 633–662.

② GRIFFIN M A, NEAL A, PARKER S K. A New Model of Work Role Performance: Positive Behavior in Uncertain and Interdependent Contexts [J]. *Academy of Management Journal*, 2007, 50（2）: 327–347.

③ PARKER S K, BINDL U K, STRAUSS K. Making Things Happen: A Model of Proactive Motivation [J]. *Journal of Management*, 2010, 36（4）: 827–856.

④ PARKER S K, WILLIAMS H M, TURNER N. Modeling the Antecedents of Proactive Behavior at Work [J]. *Journal of Applied Psychology*, 2006, 91（3）: 636–652.

⑤ DEN HARTOG D N, BELSCHAK F D. When does transformational leadership enhance employee proactive behavior? The role of autonomy and role breadth self-efficacy [J]. *Journal of Applied Psychology*, 2012, 97（1）: 194.

⑥ LI S–L, HE W, YAM K C, et al. When and why empowering leadership increases followers' taking charge: A multilevel examination in China [J]. *Asia Pacific Journal of Management*, 2015, 32（3）: 645–670.

⑦ CHEN Z–J. *A contingency model of empowering leadership on employee proactive behavior: team power distance climate and individual power distance belief as the moderators* [D]. Hong Kong: Hong Kong University of Science and Technology, 2011.

为一个重要前因变量，而且是解释其他远端前因变量对员工主动性行为影响的重要中介机制。

五、变革责任知觉

（一）变革责任知觉的概念与测量

学者 Morrison 和 Phelps 在研究员工主动担责时，引入了"建设性变革知觉"（felt obligation for constructive change）这一概念，用以描述"个体对自己能够推动组织开展建设性变革的一种信念"。[①] 该构念强调个体事前责任意识而非事后责任意识。根据学者 Parker 等的研究可知，变革责任知觉是一种可塑的心理状态，反映个体愿意投入更多精力到工作中的意愿。[②] 拥有变革责任知觉的个体往往不会简单地循规蹈矩地开展工作，而是会根据现实环境的要求来不断改进工作方式，提升工作效率。

关于变革知觉的测量，最早有 Morrison 和 Phelps 基于前人研究开发的 5 个题项的量表[③]，后来国内学者 Liang 等在开展中国组织情景中的员工建言研究时，开发了适合中国组织情景的含有 5 个题项的变革责任知觉量表，并在后续员工主动行为相关研究中被广泛使用。[④]

① MORRISON E W，PHELPS C C. Taking charge at work：Extrarole efforts to initiate workplace change ［J］. *Academy of Management Journal*，1999，42（4）：403–419.

② PARKER S K，WILLIAMS H M，TURNER N. Modeling the Antecedents of Proactive Behavior at Work ［J］. *Journal of Applied Psychology*，2006，91（3）：636–652.

③ MORRISON E W，PHELPS C C. Taking charge at work：Extrarole efforts to initiate workplace change ［J］. *Academy of Management Journal*，1999，42（4）：403–419.

④ LIANG J，FARH C I，FARH J–L. Psychological antecedents of promotive and prohibitive voice：A two–wave examination ［J］. *Academy of Management Journal*，2012，55（1）：71–92.

（二）变革责任知觉的影响因素

关于变革责任知觉的影响因素的研究还相当缺乏。大体而言，已有影响变革责任知觉的前因聚焦在个体因素、情景因素两个方面。

首先是个体因素，主要是个体特质或人格特征，比如主动性人格。例如，Parker等研究证实，主动性人格对员工变革责任知觉具有显著正向影响。[①] 拥有主动性人格的个体总是更容易觉察出环境中的变化，并且做出主动反映，因此这类个体随时准备着应对来自环境的挑战。

其次是情景因素，主要是工作特征和领导方式。工作特征会对员工变革责任知觉产生直接影响。例如有学者已证实，工作主动性会正向影响员工变革责任知觉。[②] 工作自主性赋予员工在开展工作过程中更多灵活性，员工对工作拥有更多控制感，能够根据自己开展工作的需要选择更高效的解决办法。因此，工作自主性能够有效提升员工变革责任知觉。与工作特征类似，领导方式也被认为是提升员工变革责任知觉的重要手段。例如，已有学者证实变革型领导[③]、真实型领导[④]、服务型领导[⑤]等领导方式均能

① PARKER S K, WILLIAMS H M, TURNER N. Modeling the Antecedents of Proactive Behavior at Work [J]. *Journal of Applied Psychology*, 2006, 91（3）: 636–652.

② PARKER S K, WILLIAMS H M, TURNER N. Modeling the Antecedents of Proactive Behavior at Work [J]. *Journal of Applied Psychology*, 2006, 91（3）: 636–652.

③ LóPEZ-DOMíNGUEZ M, ENACHE M, SALLAN J M, et al. Transformational leadership as an antecedent of change-oriented organizational citizenship behavior [J]. *Journal of Business Research*, 2013, 66（10）: 2147–2152.

④ 吴士健, 杜梦贞, 张洁. 真实型领导对员工越轨创新行为的影响——组织自尊与建设性责任认知的链式中介作用及差错反感文化的调节作用 [J]. 科技进步与对策, 2020, 37（13）: 141–150.

⑤ ARAIN G A, HAMEED I, CRAWSHAW J R. Servant leadership and follower voice: The roles of follower felt responsibility for constructive change and avoidance-approach motivation [J]. *European Journal of Work and Organizational Psychology*, 2019, 28（4）: 555–565.

有效提升员工变革责任知觉。此外，学者颜爱民和郝迎春还发现，上级发展性反馈能够有助于提升员工变革责任知觉，进而增加员工建言。①

（三）变革责任知觉的影响结果

变革责任知觉的影响结果主要聚焦在员工主动行为领域，包括建言行为、员工主动担责等。例如，已有实证研究证实变革责任知觉不仅会促进员工建言，而且对于员工抑制性建言也有很强的预测作用。②③此外，在员工主动担责领域的相关研究中，也有不少学者证实变革责任知觉是员工主动担责产生的一个重要诱因。④⑤⑥

六、基于组织的自尊

（一）基于组织的自尊的概念与测量

1. 基于组织的自尊的定义

基于组织的自尊（Organizational-Based Self-Esteem，OBSE）是学者

① 颜爱民，郝迎春. 上级发展性反馈对员工建言的影响——基于建设性责任知觉视角 [J]. 华东经济管理，2020，34（5）：113-120.

② LIANG J，FARH C I，FARH J-L. Psychological antecedents of promotive and prohibitive voice：A two-wave examination [J]. *Academy of Management Journal*，2012，55（1）：71-92.

③ 刘生敏，廖建桥. 中国员工真能被"领"开言路吗：真实型领导对员工抑制性建言的影响 [J]. 商业经济与管理，2015（6）：58-68.

④ MORRISON E W，PHELPS C C. Taking charge at work：Extrarole efforts to initiate workplace change [J]. *Academy of Management Journal*，1999，42（4）：403-419.

⑤ CHOI J N. Change - oriented organizational citizenship behavior：effects of work environment characteristics and intervening psychological processes [J]. *Journal of Organizational Behavior*，2007，28（4）：467-484.

⑥ VADERA A K，PRATT M G，MISHRA P. Constructive deviance in organizations：Integrating and moving forward [J]. *Journal of Management*，2013，39（5）：1221-1276.

Pierce 及其合作者将"自尊"概念引入组织行为研究而发展出了一个特定构念，用以刻画组织成员对通过组织情境下角色能够满足他们需要的相信程度。① 从某种程度来讲，基于组织的自尊反映了员工作为特定组织成员的自我感知价值。通常，基于组织的自尊高的员工往往认为自己在组织内是重要的、有意义的、有效率和有价值的。

通过剖析基于组织的自尊的定义，其内涵可概括出三个方面：一是它是从组织情境发展而来的。自尊是多面的，可以是整体自尊，也可以是基于某个具体对象的自尊（如组织或工作等）；二是它基于员工的主观感知。也就是说，基于组织的自尊是由于个体主观感知而非客观实际存在的，因而可能出现个体感知的价值与组织的实际价值相背离的现象；三是它反映员工相对组织的价值，即员工对自己内化于组织的能力、重要性和意义的判断。此外，Pierce 等还特别强调，基于组织的自尊是在自尊概念的基础上提出的。但是，二者之间还是存在显著区别的。具体而言：（1）二者内涵范围不同。自尊是一个更为宽泛的概念，而基于组织的自尊是自尊的一种特定形式。也可以说，基于组织的自尊是整体自尊的一个构成要素。（2）二者的稳定性不同。个体的自尊一般相对比较稳定，它的形成很大程度上取决于个体的童年及社会化经历，而基于组织的自尊是基于组织情境的，它依赖于员工在特定组织中的经历，会随着组织情境的变化而改变。（3）二者的预测能力不同。② 皮尔斯和加德纳还指出，基于组织的自尊较

---

① PIERCE J L, GARDNER D G, CUMMINGS L L, et al. Organization-based self-esteem: Construct definition, measurement, and validation[J]. *Academy of Management Journal*, 1989, 32(3): 622-648.

② PIERCE J L, GARDNER D G, CUMMINGS L L, et al. Organization-based self-esteem: Construct definition, measurement, and validation[J]. *Academy of Management Journal*, 1989, 32(3): 622-648.

整体自尊能更好地预测组织相关的行为，如组织承诺、工作满意度等。[①]
通过比较基于组织自尊和自尊的关系，有助于正确理解基于组织的自尊的
内涵。[②] 基于中西文化差异，国内学者潘孝富等人提出了华人组织情景的
基于组织的自尊，并将其定义为"员工作为特定组织成员而感受到他人或
社会的尊重，从而获得基于组织的自豪感与有价值感"。[③] 该定义更加强
调基于组织的自尊中的"关系自我"和"集体自我"的内涵。此外，国内
学者陆欣欣和涂乙冬就"基于组织的自尊"这一构念的适应性和情景化问
题进行了系统探讨。[④]

2. 基于组织的自尊的测量

Pierce 等开发的 OBSE 的单维度测量量表包括 10 个题项，如表 2-3 所示。
由于该量表内部一致性较好，因此被广泛用于不同国家中员工基于组织自
尊的问题，包括美国、印度、埃及、韩国、日本、中国台湾、香港、新加
坡、澳大利亚等。不过，由于研究需要，一些学者也采用了简版 OBSE 量
表，即选取因子载荷较大的若干题项来测量员工基于组织的自尊，如梁建
等人 [⑤]。当然，由于文化背景的差异，一些学者也尝试通过修正方式开发

---

① PIERCE J L, GARDNER D G. Self-esteem within the work and organizational context: A review of the organization-based self-esteem literature [J]. *Journal of Management*, 2004, 30 (5): 591-622.

② 宝贡敏, 徐碧祥. 基于组织的自尊(OBSE)理论研究述评[J]. 重庆大学学报(社会科学版), 2006 (5): 40-46.

③ 潘孝富, 秦启文, 张永红, 等. 组织心理所有权、基于组织的自尊对积极组织行为的影响 [J]. 心理科学, 2012, 35 (3): 718-724.

④ 陆欣欣, 涂乙冬. 基于组织的自尊的情境化与适用性[J]. 心理科学进展, 2014, 22 (1): 130-138.

⑤ LIANG J, FARH C I, FARH J-L. Psychological antecedents of promotive and prohibitive voice: A two-wave examination [J]. *Academy of Management Journal*, 2012, 55 (1): 71-92.

符合本国国情的 OBSE 量表。例如，学者松田、皮尔斯和石川以 1562 名日本员工为例，对 10 个题项的 OBSE 量表进行修正，获得了一个 8 个题项单维度量表，并且证实该量表在日本文化背景中具有良好的信效度。① 此外，国内学者潘孝富通过探索性因子分析将 OBSE 分为自豪感和价值感两个维度，获得了一个 7 个题项的量表。② 总而言之，Pierce 等开发的 10 个题项量表使用最为广泛，并且学者 Pierce 和 Garder 回顾发现，10 个题项的量表内部一致性在 0.82~0.95 之间③。

表 2-3　基于组织的自尊的测量量表

Pierce et al.（1989）原始量表	Liang，Farh andFarh（2012）的简化量表	Matsuda，Pierce，and Ishikawa（2011）的简化量表
1. 我在组织中很有分量	√	√
2. 组织很信赖我	√	
3. 在组织里，我是个有用的人	√	√
4. 组织很重视我	√	√
5. 组织对我很信任	√	√
6. 我对组织的发展有一定的影响		√
7. 在组织里，我是个有价值的人	√	√
8. 我与同事很合拍		√
9. 在组织里，我是个有效率的人	√	√
10. 组织离不开我		

资料来源：笔者整理得来。

①　MATSUDA Y，PIERCE J L，ISHIKAWA R．Development and validation of the Japanese version of organization-based self-esteem scale［J］．*Journal of Occupational Health*，2011，53（3）：188-196.

②　潘孝富，秦启文，张永红，等. 组织心理所有权、基于组织的自尊对积极组织行为的影响［J］．心理科学，2012，35（3）：718-724.

③　PIERCE J L，GARDNER D G．Self-esteem within the work and organizational context：A review of the organization-based self-esteem literature［J］．*Journal of Management*，2004，30（5）：591-622.

（二）基于组织的自尊的影响因素

自 1989 年学者 Pierce 及其同事提出"基于组织的自尊（OBSE）"这一构念以来，相关的研究如雨后春笋般不断涌现。目前，基于组织的自尊的研究已经比较成熟了，已形成大量的实证研究及若干综述性研究。国外学者 Pierce 和 Gardner[1] 和国内学者宝贡敏和徐碧洋[2]、尹奎、刘永仁和刘蒙[3] 等对基于组织的自尊的研究进行了比较系统的梳理。参考上述学者对基于组织的自尊的梳理，围绕本书的研究问题需要，本书仅从个体特质与领导风格两个方面来梳理 OBSE 的研究成果，以期为本书后续研究奠定理论基础。

基于组织的自尊是一个状态变量，不同类型的个体在基于组织的自尊上存在差异。然而，现有研究中探讨人格特质与基于组织自尊的实证研究并不多。具体而言，包括如下三个方面的研究：

1. 核心自我评价与员工基于组织的自尊的关系。以 236 名美国矿厂工人为例，学者 Pierce 和 Gardner 研究发现，核心自我评价中的一般自我效能感、整体自尊和控制点这些人格特质对员工基于组织的自尊具有正向影响。[4] 关于整体自尊与基于组织的自尊的关系，学者 Pierce 和 Gardner（2004）

---

[1]　PIERCE J L, GARDNER D G. Self-esteem within the work and organizational context: A review of the organization-based self-esteem literature [J]. *Journal of Management*, 2004, 30（5）: 591-622.

[2]　宝贡敏, 徐碧祥. 基于组织的自尊（OBSE）理论研究述评 [J]. 重庆大学学报（社会科学版）, 2006（5）: 40-46.

[3]　尹奎, 刘永仁, 刘蒙. 基于组织的自尊（OBSE）研究现状与未来展望 [J]. 中国人力资源开发, 2014（5）: 38-47.

[4]　PIERCE J L, GARDNER D G. Relationships of personality and job characteristics with organization - based self - esteem [J]. *Journal of Managerial Psychology*, 2009, 24（5）: 392-409.

总结发现，来自不同国家和地区（如美国、中东、英国、墨西哥等）的不同样本都证实，整体自尊（global self-esteem）与基于组织的自尊正相关，并且美国样本自尊与基于组织自尊的相关系数在 0.17 ~ 0.56 之间。[①]

2. 坚韧性与基于组织的自尊的关系。坚韧性（hardiness）是指个体身处险境时的生存勇气（existential courage），强调个体自信和自恃。学者格尔巴尼和沃森通过对 159 名伊朗管理者研究发现，坚韧性与管理者基于组织的自尊显著正相关。也就是说，坚韧性越强的个人越认为自己在组织中是有价值的。[②]

3. "黑暗"人格与员工基于组织的自尊的关系。学者 Gardner 和 Pierce 研究了自恋与员工基于组织自尊的关系。通过研究，两位学者发现，自恋与员工基于组织的自尊之间正相关（$r=0.23$，$p<0.01$）[③]，表明自恋人格对员工基于组织的自尊具有显著正向影响。而且，两位学者还发现自恋量表与基于组织自尊的量表相互独立，表明自恋与基于组织的自尊是两个不同的构念。此外，学者韦基奥发现，马基雅维利主义特质的个体基于组织的自尊较低，即马基雅维利主义与基于组织的自尊之间负相关。[④]

———————————

① PIERCE J L, GARDNER D G. Self-esteem within the work and organizational context：A review of the organization-based self-esteem literature ［J］. *Journal of Management*，2004，30（5）：591-622.

② GHORBANI N, WATSON P. Hardiness scales in Iranian managers：Evidence of incremental validity in relationships with the five factor model and with organizational and psychological adjustment ［J］. *Psychological Reports*，2005，96（3）：775-781.

③ GARDNER D G, PIERCE J L. A question of false self - esteem ［J］. *Journal of Managerial Psychology*，2011，26（8）：682-699.

④ VECCHIO R P. Negative emotion in the workplace：Employee jealousy and envy ［J］. *International Journal of Stress Management*，2000，7（3）：161-179.

（三）基于组织的自尊的影响结果

基于组织的自尊是反映了员工如何看待在组织中的自我，这种认知状态对员工的态度、动机和行为均会产生重要影响。学者 Pierce 和 Gardner 梳理已有研究发现，员工基于组织的自尊能够提升员工组织承诺、组织认同和工作满意度，增加员工的工作投入，并降低员工的离职倾向。[①] 由于本书旨在探讨员工基于组织的自尊对员工主动担责的影响，因此本书将重点介绍员工基于组织的自尊对员工行为和工作绩效的影响。学者们经常从自我一致性理论、自我增强理论和社会交换理论视角来解释员工基于组织的自尊对员工工作绩效和行为的关系。

1. 基于组织的自尊与工作绩效的关系。根据自我一致性理论和自我增强理论，保持较高绩效水平是员工体现和维持高水平自尊的一种重要途径。学者 Pierce 等证实基于组织的自尊与员工绩效正相关。[②] 此外，也有不少学者通过纵向研究发现，员工基于组织的自尊对其绩效评估具有显著正向影响，如 Pierce 等发现间隔八个月，员工基于组织的自尊与领导评价下属绩效有显著正向影响（$r=0.21$）。[③] 同样，学者加德纳、凡·戴恩和皮尔斯三位学者研究发现，员工基于组织的自尊与其年终绩效正相关

---

① PIERCE J L, GARDNER D G. Self-esteem within the work and organizational context: A review of the organization-based self-esteem literature [J]. *Journal of Management*, 2004, 30（5）: 591-622.

② PIERCE J L, GARDNER D G, CUMMINGS L L, et al. Organization-based self-esteem: Construct definition, measurement, and validation [J]. *Academy of Management Journal*, 1989, 32（3）: 622-648.

③ PIERCE J L, GARDNER D G, DUNHAM R B, et al. Moderation by organization-based self-esteem of role condition-employee response relationships [J]. *Academy of Management Journal*, 1993, 36（2）: 271-288.

（r=0.37）。① 此外，学者鲍林等人通过荟萃分析发现，员工基于组织的自尊与工作绩效之间正相关稳定，二者之间相关关系的真实效应值为 0.38（$CI_{95\%}$=［0.23,0.39］），并且其80%可信区间不含0，表明二者之间不存在调节变量。②

2. 基于组织的自尊与员工行为的关系。基于组织的自尊能预测员工的组织公民行为、主动性行为、创新行为等。

首先，基于组织的自尊与员工组织公民行为的关系。学者 Tang 和 Ibrahim 研究发现，基于组织的自尊对员工利他和顺从这两类组织公民行为具有显著正向影响，这是因为基于组织的自尊高的员工的利他动机和尽责性更高。并且，该学者在跨文化样本研究中进一步证实了这一结论。③

其次，基于组织的自尊与员工主动性行为的关系。基于组织的自尊对员工建言、员工主动担责等主动性行为均有正向影响。第一，基于组织的自尊与建言的关系。学者佩恩研究发现，基于组织的自尊高的员工更倾向于表达不同意见，而基于组织的自尊低的员工则更多选择沉默策略。④ 同样，学者 Liang，Farh 和 Farh 研究发现，基于组织的自尊与员工促进性建

① GARDNER D G, VAN DYNE L, PIERCE J L. The effects of pay level on organization - based self - esteem and performance: A field study［J］. *Journal of Occupational and Organizational Psychology*, 2004, 77（3）: 307–322.

② BOWLING N A, ESCHLEMAN K J, WANG Q, et al. A meta - analysis of the predictors and consequences of organization - based self - esteem［J］. *Journal of Occupational and Organizational Psychology*, 2010, 83（3）: 601–626.

③ TANG T L-P, IBRAHIM A H S. Antecedents of organizational citizenship behavior revisited: Public personnel in the United States and in the Middle East［J］. *Public Personnel Management*, 1998, 27（4）: 529–550.

④ PAYNE H J. The role of organization–based self–esteem in employee dissent expression［J］. *Communication Research Reports*, 2007, 24（3）: 235–240.

言正相关。[①] 第二，基于组织的自尊与员工主动担责的关系。学者陈志俊研究证实，员工基于组织的自尊比员工角色宽度效能感对员工主动担责的影响更强。[②] 也就是说，那些认为自己在组织、部门或团队中越重要的员工，越可能做出有利于团队运行的变革行为。按照自我一致性理论，基于组织的自尊高的员工通过在工作中表现出主动担责来体现出自己在组织中的重要性。

最后，基于组织的自尊与员工创新行为的关系。基于组织的自尊高的员工往往自我概念更积极，通常会认为自己有创造性完成任务的能力，并且他们更愿意承担伴随创新的响应风险。通过创新、高效的方式完成组织任务能够更好地体现员工在组织或团队中的工作效率和价值。国内学者陶建宏、师萍和段伟宇以电子通信制造企业员工为样本，证实自我领导可以通过员工基于组织的自尊来促进员工创新行为。[③]

第三节　现有研究述评

通过回顾主动性人格、自恋人格、共享型领导、角色宽度效能感以及员工基于组织的自尊等相关理论的研究现状，本书首先发现，学界普遍认为主动性人格对员工主动担责有积极正向影响，但是现有实证研究

---

① LIANG J, FARH C I, FARH J-L. Psychological antecedents of promotive and prohibitive voice: A two-wave examination [J]. *Academy of Management Journal*, 2012, 55 (1): 71-92.

② CHEN Z-J. *A contingency model of empowering leadership on employee proactive behavior: team power distance climate and individual power distance belief as the moderators* [D]. Hong Kong: Hong Kong University of Science and Technology, 2011.

③ 陶建宏，师萍，段伟宇. 自我领导与组织自尊对员工创新行为影响的实证研究——基于电子通讯、制造企业的数据 [J]. 研究与发展管理，2014，26 (3)：52-61.

的结论并不一致，而且学者对主动性人格对员工主动担责影响机制的探讨相对较少。

其次，虽然有少数学者指出，员工主动担责与员工自恋有关，然而很少有学者系统探讨员工自恋与员工主动担责的关系，特别是有关自恋对员工主动担责作用机制尚不明确，值得引起思考和研究。

最后，笔者通过文献梳理后发现，相较于传统垂直型领导对员工主动担责的影响，共享型领导与员工主动担责的关系还没有相关的实证研究。随着组织面临环境不确定性的增加，自我管理团队的产生，共享型领导开始涌现，那么以角色定义的共享型领导能否有效激发员工主动担责，其背后的作用机制均值得探讨。与此同时，共享型领导能否有效激发自恋的员工主动担责，也有待进一步探讨。

第三章　组织中员工主动担责形成机制的理论模型构建

针对本书的研究问题、理论基础和相关文献综述，本章将分别构建员工的人口统计学特征、主动性人格、自恋人格和共享型领导与员工主动担责关系的理论模型。

第一节　人口统计学特征与员工主动担责关系的概念模型

一、人口统计特征与员工主动担责的主效应假设

（一）性别与员工主动担责的关系

性别是学者开展员工主动担责实证研究时最常用的控制变量之一。因为性别差异是导致个体行为差异的一个重要因素。根据社会角色理论（Social role theory），男女在生理上的差异导致了劳动分工，进而使得男女在社会

中所扮演的角色存在差异。[①] 具体而言，男性通常比女性体格更强、力量更大。男女性别角色的差异导致社会对男女的行为期望存在差异，或产生性别刻板印象，例如"男主外，女主内"就是典型的性别刻板印象。

同样，组织中的领导者对男女员工在行为上的期望也存在差异。[②] 例如，学者斯坦珀和凡·戴恩研究发现，领导者往往期望男性在与控制、自信和能力等有关的方面表现出主动，而期望女性员工在表达友好、关心他人和跟情感表达相关的一类行为中展现出积极主动。[③] 类似地，基德尔和帕克斯也指出，领导者可能期望男性员工和女性员工做出不同种类的主动性行为。[④] 由于员工主动担责是一种具有挑战性和变革导向的角色外行为，而组织在担当和有作为上往往对男性寄予了更高的期望。而且，男性在从事有挑战性任务时的心理阻力更少。由此，本书提出如下假设：

H1：与女性员工相比，男性员工在工作中会表现出更多的主动担责。

（二）年龄与员工主动担责的关系

年龄是另一个员工主动担责实证研究中常见的控制变量。格兰特和阿

---

① EAGLY A H, WOOD W. The origins of sex differences in human behavior: Evolved dispositions versus social roles [J]. *American Psychologist*, 1999, 54 (6): 408–423.

② KIDDER D L, PARKS J M. The good soldier: who is s (he)? [J]. *Journal of Organizational Behavior: The International Journal of Industrial, Occupational and Organizational Psychology and Behavior*, 2001, 22 (8): 939–959.

③ STAMPER C L, VAN DYNE L. Diversity at Work: Do Men and Women Differ in their Organizational Citizenship Behavior? [J]. *Performance Improvement Quarterly*, 1999, 12 (1): 59–76.

④ KIDDER D L, PARKS J M. The good soldier: who is s (he)? [J]. *Journal of Organizational Behavior: The International Journal of Industrial, Occupational and Organizational Psychology and Behavior*, 2001, 22 (8): 939–959.

什福德指出，与年轻员工相比，年长员工可能拥有更多有效地实施主动性行为的知识、技能和能力。[①] 例如，已有学者研究证实，年长员工更愿意建言。[②③] 因为随着年龄的增长，个体的社会阅历和经验都会增加，心智也更加成熟，这些社会阅历和经验都是个体能在工作中担责的必要条件。学者 Greller 和 Simpson 研究发现，老龄员工的工作绩效未必比年轻员工差，因为他们长期积累的技能和经验能够弥补年龄增长导致生产力的下降。而且，年长员工的丰富经验能让他们更快速地发现工作中存在的问题，并凭借自己的智慧和判断帮助解决问题。[④] 国内学者段锦云、张晨、徐悦的一项人口统计学特征与员工建言行为关系的元分析研究也证实，年龄越大的员工越敢于建言。[⑤] 由此，本研究提出如下假设：

H2: 员工年龄与员工主动担责之间正相关，即随着员工年龄的增加，其做出主动担责行为的可能性越高。

（三）受教育程度与员工主动担责的关系

受教育程度是指员工接受正规教育获得相关学历的等级。通常，主动

---

① GRANT A M, ASHFORD S J. The dynamics of proactivity at work [J]. *Research in Organizational Behavior*, 2008（28）: 3–34.

② DETERT J R, BURRIS E R. Leadership behavior and employee voice: Is the door really open? [J]. *Academy of Management Journal*, 2007, 50（4）: 869–884.

③ TANGIRALA S, RAMANUJAM R. Exploring nonlinearity in employee voice: The effects of personal control and organizational identification [J]. *Academy of Management Journal*, 2008, 51（6）: 1189–1203.

④ GRELLER M M, SIMPSON P. In Search of Late Career: A Review of Contemporary Social Science Research Applicable to the Understanding of Late Career [J]. *Human Resource Management Review*, 1999, 9（3）: 309–347.

⑤ 段锦云, 晨张, 悦徐. 员工建言行为的人口统计特征元分析 [J]. 心理科学与进展, 2016, 24（10）: 1568–1582.

性行为需要人们思考新的问题，而这个思考过程需要一定的知识和技能。而教育能够为个体提供基本的知识和技能（如解决问题的技能）来增加个体的主动性行为。凡·戴恩和勒平研究发现，受教育水平能够促进员工建言和提出反传统的想法。[①]

从人力资本的角度来看，受教育程度是另外一种经常被人们提及的人力资本投入。[②]正式的教育有可能给个体带来增强主动担责所必需的深层的分析知识。员工在现实世界的经历会补充其在学校获取的知识。在某种程度上，受教育水平会决定员工获得工作的类型。例如，个体能否从事高技能岗位的工作很大程度上取决于其接受过的正规教育的水平。主动担责通常需要员工具备较高的知识水平，因为具备较高知识水平的员工往往更容易发现工作中存在的问题，也更有能力解决问题。由此，本书提出如下假设：

H3：受教育程度与员工主动担责之间正相关，即员工的受教育程度越高，其做出主动担责行为的可能性越大。

（四）组织任期与员工主动担责的关系

本研究将组织任期定义为员工在某个组织中被雇佣的时长。[③]虽然组织任期可能与岗位任期、团队任期和层级水平这些变量之间存在正相关关系，但是本研究认为组织任期与它们存在差异。例如，员工在某个组织中工作了很长时间，他们的岗位任期或团队任期可能很短，特别是在调动频繁或按资历晋升的组织中尤其明显。同样，组织任期与层级水平也存在差

① VAN DYNE L, LEPINE J A. Helping and voice extra-role behaviors: Evidence of construct and predictive validity [J]. *Academy of Management Journal*, 1998, 41 (1): 108-119.

② NG T W H, FELDMAN D C. Organizational Tenure and Job Performance [J]. *Journal of Management: Official Journal of the Southern Management Association*, 2010, 36 (5): 1220-1250.

③ MCENRUE M P. Length of experience and the performance of managers in the establishment phase of their careers [J]. *Academy of Management Journal*, 1988, 31 (1): 175-185.

异。尽管在国企中公务员的晋升通常按资排辈，但是组织任期长的员工不一定占据组织高层岗位。此外，有些研究也将组织任期与工作经验挂钩。工作经验是指个体经验与从事某些工作相关的事件的总和。因此，许多学者将组织任期看作工作经验测量的一个指标。然而，组织任期与工作经验并不是对等的两个概念。具体而言，一是个体的工作经验不仅可以在较长的组织任期中获得，还可以通过短期工作培训或岗位轮换的方式获取；二是两个组织任期相同的员工所积累的工作经验可能不同。①

根据工作嵌入理论（job embeddedness theory），随着员工组织在任期的增长，其嵌入组织越深，以致与组织休戚与共，因为他们的职业发展与工作保障全部依赖组织可持续的发展。此外，人力资本理论也认为，组织任期长的员工的绩效会更好。因为他们在职业生涯过程中积累了大量与工作相关的知识。而这些知识是员工实施主动担责行为的重要资本，因为组织任期越长的员工，对组织的工作方式越了解，也更容易知道工作程序中可能存在的问题。同时，一些学者认为，新进员工一般对组织或规范相关的复杂关系知之甚少，他们对组织正式或非正式的文化和目标也不太熟悉。② 因此，新进员工不大可能有心理授权的感知或者内在动机去做超出角色规范的事情。换言之，他们做出主动担责行为的可能性较低。国内学者刘智强、葛靓、王凤娟的一项元分析研究发现：组织任期与员工创新行为显著正相关。③ 由此，本书提出如下假设：

---

① NG T W H, FELDMAN D C. Organizational Tenure and Job Performance [J]. *Journal of Management: Official Journal of the Southern Management Association*, 2010, 36（5）: 1220-1250.

② VADERA A K, PRATT M G, MISHRA P. Constructive deviance in organizations: Integrating and moving forward [J]. *Journal of Management*, 2013, 39（5）: 1221-1276.

③ 刘智强，葛靓，王凤娟. 组织任期与员工创新：基于地位属性和文化差异的元分析 [J]. 南开管理评论，2015，18（6）: 4-15.

H4：员工组织任期与员工主动担责之间正相关，即随着员工进入组织的时间越长，员工做出主动担责的可能性越大。

（五）组织地位与员工主动担责的关系

组织地位与员工主动担责的关系与组织任期与主动担责的关系类似。但是，组织地位与组织任期不同，它既可以源于客观的组织上的正式规定，也可以源于他人主观的非正式认可。① 本研究关注的组织地位（hierarchical position）属于前者，也就是员工在组织网络中由其嵌入位置所决定的职位和职级。它不一定与组织任期存在必然的对应关系。Vadera 等人认为，在组织中处于较低层级的员工可能对组织规范有相对简单而死板的看法，并且可能认为自己与位高权重的人相比更加脆弱。因此，他们不可能做出任何偏离组织规范的行为，因为他们害怕受到惩罚。②

孔子在《论语·泰伯》中说到"不在其位，不谋其政"，与这句话对应的是"在其位，谋其政"，也就是说一个人所处的位置决定了他（她）所应当承担的责任和义务。段锦云等通过元分析研究发现，组织中职位高的个体（如管理者）注重控制感和自主权，更有可能做出变革型组织公民行为（如建言），而职位低的员工（如基层员工）更看重与领导和同事的关系，因此行为上通常比较中规中矩。③ 可见，一个人在组织中所处的位置对其行为会产生直接影响。从个体职业发展中的心理状态来看，伴随员工的职

① 刘智强，李超，廖建桥，等. 组织中地位、地位赋予方式与员工创造性产出——来自国有企事业单位的实证研究 [J]. 管理世界，2015（3）：86–101，87–88.

② VADERA A K, PRATT M G, MISHRA P. Constructive deviance in organizations：Integrating and moving forward [J]. Journal of Management，2013，39（5）：1221–1276.

③ 段锦云，晨张，悦徐. 员工建言行为的人口统计特征元分析 [J]. 心理科学与进展，2016，24（10）：1568–1582.

位升迁，他们提升组织效能的责任意识也越来越强，并且会致力于通过建设性变革来改善组织环境。[1]此外，职位越高的员工通常拥有的权力也越大，因此在做出主动担责行为时的效能感也会越强，害怕担当风险也相对较弱。已有学者证实，员工组织地位对其主动担责具有显著正向影响。[2][3]由此，本书提出如下假设：

H5：员工组织地位与员工主动担责之间正相关，即组织地位越高的员工越可能实施主动担责行为。

二、研究特征的调节效应假设

元分析除了要估计变量间相关的真实效应值之外，还有一项重要任务是对现有研究中矛盾性的结论给出可能的合理解释，即挖掘可能存在的调节变量。因为主动担责与员工建言一样，既属于主动性工作行为，也属于变革型组织公民行为。所以，本研究借鉴国内学者段锦云、张晨和徐悦人口统计学特征与员工建言的元分析时所用的调节变量，包括发表状态、评分方式和文化背景。[4]这些调节变量是通过对纳入元分析的文献分类和编码所获取。通过文献的特点挖掘研究矛盾性结论产生的根源，是当前元分

① FULLER J B, MARLER L E, HESTER K. Promoting felt responsibility for constructive change and proactive behavior: Exploring aspects of an elaborated model of work design [J]. *Journal of Organizational Behavior: The International Journal of Industrial, Occupational and Organizational Psychology and Behavior*, 2006, 27（8）: 1089-1120.

② MORRISON E W, PHELPS C C. Taking charge at work: Extrarole efforts to initiate workplace change [J]. *Academy of Management Journal*, 1999, 42（4）: 403-419.

③ FULLER B, MARLER L E. Change driven by nature: A meta-analytic review of the proactive personality literature [J]. *Journal of Vocational Behavior*, 2009, 75（3）: 329-345.

④ 段锦云, 晨张, 悦徐. 员工建言行为的人口统计特征元分析 [J]. 心理科学与进展, 2016, 24（10）: 1568-1582.

析调节变量分析中常见的方式。就发表状态而言，本研究将正式发表在相关期刊上的论文或著作中的文章归为发表文献，而将会议论文、工作论文或硕博论文归为未发表文献。就评分方式而言，本研究将员工主动担责由主管或同事评价的归为他评文献，而由受访样本自己对主动担责评分的文献归为自评文献。就文化背景而言，本研究将样本来自中国（含香港）的研究归为中国文化背景的文献，而将样本来自中国以外的以美国、德国等欧美国家为主的研究归为非中国文化背景的文献。

（一）发表状态

文献的发表状态是研究者做元分析时经常考虑的调节变量。一般而言，变量间关系显著的研究更容易发表，而结果不显著的研究通常不容易发表。而且，在做元分析时，必须考虑发表性偏误问题。通过观察发现，无论是发表的文献，还是未发表的文献，人口统计学特征与员工主动担责关系有正有负，结论也并非全部显著。例如，以性别为例，用数字 0 和 1 分别代表"女性"和"男性"，已发表文献中，学者 Choi 和 Li 等发现，性别与员工主动担责显著正相关，或者说，男性比女性更可能做出主动担责行为 [1][2]；也有研究发现，性别与员工主动担责负相关，例如 Li 等 [3]、Love

① CHOI J N. Change - oriented organizational citizenship behavior: effects of work environment characteristics and intervening psychological processes [J]. *Journal of Organizational Behavior*, 2007, 28（4）: 467–484.

② LI R, ZHANG Z Y, TIAN X M. Can self-sacrificial leadership promote subordinate taking charge? The mediating role of organizational identification and the moderating role of risk aversion [J]. *Journal of Organizational Behavior*, 2016, 14（3）: 214–216.

③ LI S-L, HE W, YAM K C, et al. When and why empowering leadership increases followers' taking charge: A multilevel examination in China [J]. *Asia Pacific Journal of Management*, 2015, 32（3）: 645–670.

和 Dustin[①]、Grant，Parker 和 Collins[②] 等，表明女性员工比男性员工更容易做出主动担责行为；与此同时，也有研究发现，性别与员工主动担责不相关，如 Kim 和 Liu[③]、李绍龙、龙立荣和朱其权[④]、Morrison 和 Phelps[⑤] 等，即男性与女性在主动担责上没有差别。在未发表的文献中，多数学者发现性别与员工主动担责不相关，如 Marler[⑥] 和 Chen[⑦] 的研究。员工年龄、受教育程度、组织任期和组织地位与员工主动担责的实证研究中均存在类似的情况。由此，本研究提出如下假设：

H6（a）：纳入元分析文献的发表状态不同，员工性别对员工主动担责的影响存在显著差异；

H6（b）：纳入元分析文献的发表状态不同，员工年龄对员工主动担

---

① LOVE M S, DUSTIN S L. An investigation of coworker relationships and psychological collectivism on employee propensity to take charge [J]. *The International Journal of Human Resource Management*，2014，25（9）：1208–1226.

② GRANT A M, PARKER S, COLLINS C. Getting credit for proactive behavior: Supervisor reactions depend on what you value and how you feel [J]. *Personnel Psychology*，2009，62（1）：31–55.

③ KIM T-Y, LIU Z. Taking charge and employee outcomes: the moderating effect of emotional competence [J]. *The International Journal of Human Resource Management*，2017，28（5）：775–793.

④ 李绍龙，龙立荣，朱其权. 同心求变：参与型领导对员工主动变革行为的影响机制研究 [J]. 预测，2015，34（3）：1–7.

⑤ MORRISON E W, PHELPS C C. Taking charge at work: Extrarole efforts to initiate workplace change [J]. *Academy of Management Journal*，1999，42（4）：403–419.

⑥ MARLER L E. Proactive behavior: A selection perspective [J]. *Dissertations & Theses – Gradworks*，2008.

⑦ CHEN Z-J. *A contingency model of empowering leadership on employee proactive behavior: team power distance climate and individual power distance belief as the moderators* [D]. Hong Kong: Hong Kong University of Science and Technology，2011.

责的影响存在显著差异；

H6（c）：纳入元分析文献的发表状态不同，员工受教育程度对员工主动担责的影响存在显著差异；

H6（d）：纳入元分析文献的发表状态不同，员工组织任期对员工主动担责的影响存在显著差异；

H6（e）：纳入元分析文献的发表状态不同，员工组织地位对员工主动担责的影响存在显著差异。

（二）员工主动担责的评分方式

核心变量的评价主体，或数据来源，也是影响问卷调查类实证研究结果的一个常见因素。从纳入元分析的文献来看，员工主动担责的评价主体主要包括三种：自评、领导评价和同事评价。但是，由于采用同事评价员工主动担责行为的文献偏少（仅有2篇），所以本研究将领导评价和同事评价的文献统统划入"他评"文献。学者 Van Dyne 和 LePine 指出，在对员工角色外行为进行评价时，自评方式比他评方式更可能存在自我报告偏差或社会期许效应。① 同时，从研究设计来看，采用自评方式还会带来共同方法偏误的问题。国内学者段锦云等在研究人口统计学与员工建言元分析时，考虑了数据来源这一研究特征的调节作用。② 综上所述，本研究提出如下假设：

H7（a）：员工主动担责的评价主体不同，员工性别对员工主动担责的影响存在显著差异；

---

① VAN DYNE L，LEPINE J A．Helping and voice extra-role behaviors：Evidence of construct and predictive validity［J］．*Academy of Management Journal*，1998，41（1）：108-119．

② 段锦云，晨张，悦徐. 员工建言行为的人口统计特征元分析［J］. 心理科学与进展，2016，24（10）：1568-1582.

H7（b）：员工主动担责的评价主体不同，员工年龄对员工主动担责的影响存在显著差异；

H7（c）：员工主动担责的评价主体不同，员工受教育程度对员工主动担责的影响存在显著差异；

H7（d）：员工主动担责的评价主体不同，员工组织任期对员工主动担责的影响存在显著差异；

H7（e）：员工主动担责的评价主体不同，员工组织地位对员工主动担责的影响存在显著差异。

（三）文化背景

由于本元分析仅纳入了中文和英文员工主动担责的实证研究，因此样本所处的文化背景可能是现有实证研究结论矛盾产生的又一个可能原因。文化既是人类通过共同历史体验和解决问题过程而逐渐形成的意识系统，又能够影响人类的信念和情绪以及塑造组织氛围，而这二者能影响个体的行为。这也是不同文化背景下人们的行为方式存在差异的重要原因。例如，中国文化强调人情、面子和和谐，这些文化特点可能阻碍员工主动担责。[①]学者郑伯埙等指出，中国传统衍生出的儒家家长制文化使得人们的权力距离导向较高，而且中国文化背景下员工的传统性也较高，这些因素会抑制员工主动担责。[②]然而，与此同时，中国人的集体主义意识较强，往往会将集体利益放在个体利益之上。Chen指出，集体主义文化下的个体更

---

① LEUNG K, CHEN Z, ZHOU F, et al. The role of relational orientation as measured by face and renqing in innovative behavior in China: An indigenous analysis [J]. *Asia Pacific Journal of Management*, 2014, 31（1）: 105-126.

② 郑伯埙，周丽芳，黄敏萍，等. 家长式领导的三元模式：中国大陆企业组织的证据 [J]. 本土心理学研究，2003（20）: 209-252.

可能出于保护集体利益的目的而做出主动担责行为。① 例如，学者 Love 和 Dustin 发现心理集体主义越高的员工做出主动担责的倾向越高。② 与之相反，西方文化强调个体主义，权力距离导向低，因此员工主动做出优化和改善组织或部门工作流程的角色外行为的可能性更高。③ 可见，中西文化中均存在员工主动担责，但是可能存在差异。

以性别为例，国内学者秦启文和周永康调查研究发现，中国男人最重要的特征包括有创造性、有幽默感、自立、精干等，女性最重要的特征包括善良、贤淑、温柔、文雅等。同样，美国学者罗森·克兰兹等人将美国人性别刻板印象内容概括如下：男性具有主动、支配、独立、富于逻辑、喜欢冒险等特征，女性则善解人意、想象丰富、对安全有强烈需要等。④Hofstede 的跨文化差异研究表明，中西文化在权力距离、不确定性规避、个体主义/集体主义、男性化/女性化和长期导向/短期导向上存在差异。⑤ 这些文化上的差异会导致不同人行为上存在差异，这可能是员工人口统计学特征与员工主动担责之间相关关系研究结论存在差异的原因。由此，本

① CHEN Z-J. *A contingency model of empowering leadership on employee proactive behavior: team power distance climate and individual power distance belief as the moderators* [D]. Hong Kong: Hong Kong University of Science and Technology, 2011.

② LOVE M S, DUSTIN S L. An investigation of coworker relationships and psychological collectivism on employee propensity to take charge [J]. *The International Journal of Human Resource Management*, 2014, 25 (9): 1208-1226.

③ CHEN Z-J. *A contingency model of empowering leadership on employee proactive behavior: team power distance climate and individual power distance belief as the moderators* [D]. Hong Kong: Hong Kong University of Science and Technology, 2011.

④ 秦启文，周永康. 角色学导论 [M]. 北京：中国社会科学出版社，2011.

⑤ HOFSTEDE G. *Culture's consequences: Comparing values, behaviors, institutions and organizations across nations* [M]. LA: Sage publications, 2001.

书提出如下假设：

H8（a）：样本来源的文化背景不同，性别对员工主动担责的影响存在显著差异；

H8（b）：样本来源的文化背景不同，年龄对员工主动担责的影响存在显著差异；

H8（c）：样本来源的文化背景不同，受教育程度对员工主动担责的影响存在显著差异；

H8（d）：样本来源的文化背景不同，组织任期对员工主动担责的影响存在显著差异；

H8（e）：样本来源的文化背景不同，员工组织地位对员工主动担责的影响存在显著差异。

综上所述，本节的概念模型如图 3-1 所示。

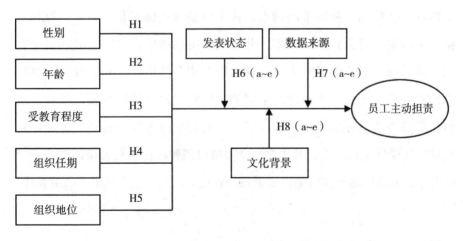

图 3-1 人口统计特征与员工主动担责关系的研究模型

第二节　主动性人格对员工主动担责影响的理论模型

上一节构建了员工人口统计学特征与员工主动担责相关关系的理论模型，为研究员工主动担责控制变量选取提供依据。本节将在上一节元分析的基础上，进一步探讨主动性人格对员工主动担责的影响，并检验员工角色宽度效能感的中介效应。有别于上一节人口统计学特征与员工主动担责的元分析，本节将元分析与路径分析法相结合，检验"主动性人格→角色宽度效能感→员工主动担责"这条因果链。

一、主动性人格与员工主动担责的关系

学者 Bateman 和 Crant 提出"主动性人格"这一构念，用以刻画人们通过识别和抓住机会来影响周围环境的一种稳定倾向。[1] 主动性人格强的个体较少会受到不利环境的约束，善于识别和把握不利环境下的有利机会，采取主动行为去推动改变，并且他们更加相信自己能够成功引导有意义的变革，即他们通常将自己视为组织使命的传达者和发现并解决问题的先导者。相反，主动性人格弱的个体则表现出截然相反的特点。他们往往被动地对环境做出反应，面对不利环境时采取消极适应态度，甚至甘愿接受环境的塑造，因此他们也很难识别和抓住机会去做出改变。[2][3]换言之，主动性的个体可能感到更强的胜任力，行动上表现出"命由我造"

① BATEMAN T S, CRANT J M. The proactive component of organizational behavior: A measure and correlates [J]. *Journal of Organizational Behavior*, 1993, 14（2）: 103–118.

② PARKER S K, BINDL U K, STRAUSS K. Making Things Happen: A Model of Proactive Motivation [J]. *Journal of Management*, 2010, 36（4）: 827–856.

③ 刘云. 前瞻性人格对员工变革行为的影响——心理安全氛围的调节作用 [J]. 软科学, 2013, 27（5）: 108–112.

（self –determined），而不主动的个体则常对自身持怀疑态度，行动上表现出"听天由命"。

员工主动担责是员工自发做出有利组织、部门或团队工作流程改善的一类变革导向行为。因为它的本身具有一定风险性，所以员工在做出主动担责行为时，既会考虑自己做出该行为的成功的可能性，又会考虑实施该行为可能带来的结果。① 然而，主动性人格的员工不仅喜欢挑战现状，而且善于寻找和捕捉机会。当遭遇问题时，他们更多是思考如何改变现状。已有研究证实，主动性人格与员工主动性行为正相关，如员工建言②、变革行为③④、创新行为⑤⑥⑦。由此，本书提出如下假设：

H9：主动性人格对员工主动担责具有正向影响，即工主动性人格越强，越可能做出主动担责行为。

---

① MORRISON E W, PHELPS C C. Taking charge at work：Extrarole efforts to initiate workplace change [J]. *Academy of Management Journal*, 1999, 42（4）：403–419.

② FULLER B, MARLER L E. Change driven by nature：A meta–analytic review of the proactive personality literature [J]. *Journal of Vocational Behavior*, 2009, 75（3）：329–345.

③ CHOI J N. Change - oriented organizational citizenship behavior：effects of work environment characteristics and intervening psychological processes [J]. *Journal of Organizational Behavior*, 2007, 28（4）：467–484.

④ 刘云. 前瞻性人格对员工变革行为的影响——心理安全氛围的调节作用 [J]. 软科学, 2013, 27（5）：108–112.

⑤ 逄键涛，温珂. 主动性人格对员工创新行为的影响与机制[J]. 科研管理, 2017, 38（1）：12–20.

⑥ 张振刚，余传鹏，李云健. 主动性人格、知识分享与员工创新行为关系研究[J]. 管理评论, 2016, 28（4）：123–133.

⑦ 周愉凡，张建卫，张晨宇，等. 主动性人格对研发人员创新行为的作用机理——基于特质激活与资源保存理论整合性视角 [J]. 软科学, 2020, 34（7）：33–37.

二、角色宽度效能感的中介作用

根据 Morrison 和 Phelps 的研究，员工主动担责是员工自发地去挑战现状，并为组织、部门或团队带来有益的改变。[①] 他们还指出，员工主动担责时往往会考虑实施该行为成功的可能性。也就是说，员工是否会主动担责取决于他们是否感到自己能够成功实施该行为。而不同类型的人对实施主动担责这类有风险性的变革行为的感知不同。由前文可知，主动性人格的个体善于把握机会和勇于挑战现状，因此拥有主动性人格的员工更可能主动去改变和影响环境。[②③]

根据社会认知理论，主动性人格的个体更可能在工作中主动担责与他们的认知动机有关。[④] "能为动机"，或者说"我能否这样做？"，是影响员工主动性行为的重要因素。[⑤⑥] 毕竟工作主动不是被所有人欢迎的，因此个体需要对自己成功实施主动担责的能力以及有能力应对主动担责可能带来的后果充满信心。角色宽度效能感就是个体重要的"能为动机"中的一种。它是学者 Parker 提出来用以描述人们对自己能够扮演超出传统岗

① MORRISON E W, PHELPS C C. Taking charge at work: Extrarole efforts to initiate workplace change [J]. *Academy of Management Journal*, 1999, 42 (4): 403–419.

② PARKER S K, BINDL U K, STRAUSS K. Making Things Happen: A Model of Proactive Motivation [J]. *Journal of Management*, 2010, 36 (4): 827–856.

③ 刘云. 前瞻性人格对员工变革行为的影响——心理安全氛围的调节作用 [J]. 软科学, 2013, 27 (5): 108–112.

④ PARKER S K, WILLIAMS H M, TURNER N. Modeling the Antecedents of Proactive Behavior at Work [J]. *Journal of Applied Psychology*, 2006, 91 (3): 636–652.

⑤ PARKER S K, BINDL U K, STRAUSS K. Making Things Happen: A Model of Proactive Motivation [J]. *Journal of Management*, 2010, 36 (4): 827–856.

⑥ FULLER B, MARLER L E. Change driven by nature: A meta-analytic review of the proactive personality literature [J]. *Journal of Vocational Behavior*, 2009, 75 (3): 329–345.

位描述的更宽泛和更积极角色的自信程度。① 由于当前工作环境的不确定性和主动担责的风险性，如果员工没有一定程度的角色宽度效能感，那么他们很难跨出组织岗位设定，做出对组织有利的建设性变革行为。学者Sonentag 和 Spychala 指出，角色宽度效能感高的员工往往能够更有效地完成挑战性的任务，表现更加努力，并且愿意承担责任。② 已有研究表明，员工角色宽度效能感对员工主动担责③、主动性工作绩效④ 等均有显著的正向影响。此外，已有学者指出，主动性人格会通过员工的认知状态对员工主动担责产生影响。⑤⑥ 可见，主动性人格个体的角色外"能为"状态更强，进而会做出更多的主动担责行为。由此，本研究提出如下假设：

H10（a）：角色宽度效能感对员工主动担责有显著正向影响。

H10（b）：角色宽度效能感在主动性人格与员工主动担责之间起中介作用。

---

① PARKER S K. Enhancing role breadth self-efficacy: the roles of job enrichment and other organizational interventions [J]. *Journal of Aapplied Psychology*, 1998, 83（6）: 835–852.

② SONNENTAG S, SPYCHALA A. Job control and job stressors as predictors of proactive work behavior: Is role breadth self-efficacy the link? [J]. *Human Performance*, 2012, 25（5）: 412–431.

③ FULLER J B, MARLER L E, HESTER K. Bridge building within the province of proactivity [J]. *Journal of Organizational Behavior*, 2012, 33（8）: 1053–1070.

④ GRIFFIN M A, NEAL A, PARKER S K. A New Model of Work Role Performance: Positive Behavior in Uncertain and Interdependent Contexts [J]. *Academy of Management Journal*, 2007, 50（2）: 327–347.

⑤ PARKER S K, BINDL U K, STRAUSS K. Making Things Happen: A Model of Proactive Motivation [J]. *Journal of Management*, 2010, 36（4）: 827–856.

⑥ PARKER S K, WILLIAMS H M, TURNER N. Modeling the Antecedents of Proactive Behavior at Work [J]. *Journal of Applied Psychology*, 2006, 91（3）: 636–652.

三、变革责任知觉的中介作用

员工在工作中展现出主动担责行为的另一个可能原因是建设性变革责任知觉的驱动。换言之，当员工感觉对现有工作中一些流程不进行积极优化的话，组织运行效率会较低，最终会影响组织效益。变革责任知觉是指个体对自己能够推动组织开展建设性变革的一种信念，属于个体认知层面的变量。该概念是学者 Morrison 和 Phelps 研究组织中员工主动担责时提出来的 [1]，后续也不断有学者证实变革责任知觉对员工展现出的主动担责行为具有显著正向影响 [2][3][4]。

根据学者 Parker 等（2010）提出的主动行为激励模型 [5]，该模型认为人格是员工主动担责的一个远端前置变量，在二者之间存在潜在解释机制。于是，本书进一步提出员工变革责任知觉在主动性人格与员工主动担责之间起中介作用。理由如下：首先，拥有主动性人格的个体更容易

① MORRISON E W, PHELPS C C. Taking charge at work: Extrarole efforts to initiate workplace change [J]. *Academy of Management Journal*, 1999, 42 (4): 403–419.

② FULLER J B, MARLER L E, HESTER K. Promoting felt responsibility for constructive change and proactive behavior: Exploring aspects of an elaborated model of work design [J]. *Journal of Organizational Behavior: The International Journal of Industrial, Occupational and Organizational Psychology and Behavior*, 2006, 27 (8): 1089–1120.

③ CHOI J N. Change - oriented organizational citizenship behavior: effects of work environment characteristics and intervening psychological processes [J]. *Journal of Organizational Behavior*, 2007, 28 (4): 467–484.

④ LóPEZ-DOMíNGUEZ M, ENACHE M, SALLAN J M, et al. Transformational leadership as an antecedent of change-oriented organizational citizenship behavior [J]. *Journal of Business Research*, 2013, 66 (10): 2147–2152.

⑤ PARKER S K, BINDL U K, STRAUSS K. Making Things Happen: A Model of Proactive Motivation [J]. *Journal of Management*, 2010, 36 (4): 827–856.

觉察出自己周围环境中的变化，也更愿意接受来自环境中的各种挑战。因此，主动性人格的个体更容易产生变革责任知觉。其次，主动行为激励模型已指出，变革责任知觉是能够解释员工主动担责诱因的一种重要心理机制，即该模型中的"愿为动机"（reason to motivation）。已有多篇实证研究证实，变革责任知觉是员工主动行为与其前因变量之间的一个重要解释机制。①②③ 综上所述，本书提出如下假设：

H11（a）：变革责任知觉对员工主动担责有显著正向影响。

H11（b）：变革责任知觉在主动性人格与员工主动担责之间起中介作用。

四、研究特征的调节作用

与上一节研究特征对人口统计特征与员工主动担责的调节效应假设一样，本研究也认为发表状态、员工主动担责的评分方式会影响主动性人格和角色宽度效能感与员工主动担责的相关关系。学者 Fuller 和 Marler 在做主动性人格元分析研究时也考量了研究设计中是否存在同源方法偏误对主动性人格与员工主动性行为和工作绩效相关关系的调节效应。④

---

① CHOI J N. Change - oriented organizational citizenship behavior: effects of work environment characteristics and intervening psychological processes [J]. *Journal of Organizational Behavior*, 2007, 28（4）: 467–484.

② PARKER S K, WILLIAMS H M, TURNER N. Modeling the Antecedents of Proactive Behavior at Work [J]. *Journal of Applied Psychology*, 2006, 91（3）: 636–652.

③ LóPEZ–DOMíNGUEZ M, ENACHE M, SALLAN J M, et al. Transformational leadership as an antecedent of change–oriented organizational citizenship behavior [J]. *Journal of Business Research*, 2013, 66（10）: 2147–2152.

④ FULLER B, MARLER L E. Change driven by nature: A meta–analytic review of the proactive personality literature [J]. *Journal of Vocational Behavior*, 2009, 75（3）: 329–345.

首先，从文献发表状态来看，已发表文献中学者 Fuller 等证实主动性人格与员工主动担责之间正相关[①]，而 Fuller 研究主动担责与员工绩效评估关系时，却发现主动性人格与员工主动担责不相关[②]，而在未发表文献中学者 Marler 和 Lim 均发现主动性人格与员工主动担责之间不相关[③④]。同样，虽然大多数研究证实角色宽度效能感与员工主动担责正相关，但是学者 Marler 却发现二者之间不相关[⑤]。

其次，从员工主动担责的评分方式来看，当采用自评时，由于主动性人格也是采用自评打分，由此会造成过高的社会期许效应和同源方法偏误问题。由文献可知，采用自评的主动性人格与员工主动担责的相关系数均较高，如 Zhang 对 197 个样本的研究发现主动性人格与员工主动担责的相关系数为 0.50[⑥]，相关性强度较高；而采用他评时，二者的相关系数则相对较低，如 Chen 对 397 个样本研究发现二者相关系数为 0.13[⑦]。同样的

① FULLER J B, MARLER L E, HESTER K. Bridge building within the province of proactivity [J]. *Journal of Organizational Behavior*, 2012, 33（8）：1053–1070.

② FULLER B, MARLER L E, HESTER K, et al. Leader reactions to follower proactive behavior: Giving credit when credit is due [J]. *Human Relations*, 2015, 68（6）：879–898.

③ LIM S H A. *Taking charge: examining antecedents, moderators, and consequences* [D]. Pennsy Lvania: The Pennsylvania State University, 2009.

④ MARLER L E. Proactive behavior: A selection perspective [J]. *Dissertations & Theses – Gradworks*, 2008.

⑤ MARLER L E. Proactive behavior: A selection perspective [J]. *Dissertations & Theses – Gradworks*, 2008.

⑥ ZHANG Y. *The relationship between organizational authority–control and employees' proactive behavior : the moderating role of individual proactive personality* [D]. Hong Kong: City University of Hong Kong, 2009.

⑦ CHEN Z–J. *A contingency model of empowering leadership on employee proactive behavior: team power distance climate and individual power distance belief as the moderators* [D]. Hong Kong: Hong Kong University of Science and Technology, 2011.

情况在角色宽度效能感与员工主动担责的关系上存在。例如，从文献发表状态来看，学者 Marler 发现角色宽度效能感与员工主动担责之间相关不显著[①]，而大部分已发表的文献则证明二者之间显著相关[②③]。又如，从员工主动担责的评分方式来看，当采用自评时，黄勇和彭纪生以 394 个样本为例，发现角色宽度效能感与员工主动担责的相关系数为 0.56[④]；而采用他评时，学者 Chen 以 397 个样本为例，发现二者之间相关系数为 0.19[⑤]。这表明员工主动担责的评分方式也会导致样本量相近的研究的结论之间存在较大差异。

最后，从样本来源的文化背景来看，东西方文化存在显著差异。如前所述，根据霍夫斯泰德的跨文化研究成果可知，中国文化有强调高权力距离、崇尚集体主义且欣赏环境的不确定性的文化特征，而西方文化则有强调低权力距离、崇尚个体主义，且不太欣赏环境的不确定性的文化特征。我们认为，文化差异也会调节主动性人格和角色宽度效能感与员工主动担责之间的关系。由此，本书提出如下假设：

H12（a）：纳入元分析文献的发表状态会调节主动性人格与员工主动

---

① MARLER L E. Proactive behavior: A selection perspective [J]. *Dissertations & Theses – Gradworks*, 2008.

② FULLER J B, MARLER L E, HESTER K. Bridge building within the province of proactivity [J]. *Journal of Organizational Behavior*, 2012, 33（8）: 1053–1070.

③ FULLER B, MARLER L E, HESTER K, et al. Leader reactions to follower proactive behavior: Giving credit when credit is due [J]. *Human Relations*, 2015, 68（6）: 879–898.

④ 黄勇, 彭纪生. 组织内信任对员工负责行为的影响——角色宽度自我效能感的中介作用 [J]. 软科学, 2015（1）: 74–77.

⑤ CHEN Z–J. *A contingency model of empowering leadership on employee proactive behavior: team power distance climate and individual power distance belief as the moderators* [D]. Hong Kong: Hong Kong University of Science and Technology, 2011.

担责之间的正相关关系，即文献发表状态会导致主动性人格与员工主动担责相关关系存在显著差异。

H12（b）：纳入元分析文献的发表状态会调节角色宽度效能感与员工主动担责之间的正相关关系，即文献发表状态会导致角色宽度效能感与员工主动担责相关关系存在显著差异。

H13（a）：员工主动担责的评分主体不同时，主动性人格对员工主动担责的影响存在显著差异。

H13（b）：员工主动担责的评分主体不同时，角色宽度效能感对员工主动担责的影响存在显著差异。

H14（a）：样本来源的文化背景不同时，主动性人格对员工主动担责的影响存在显著差异。

H14（b）：样本来源的文化背景不同时，角色宽度效能感对员工主动担责的影响存在显著差异。

基于上述推导，本书构建了主动性人格对员工主动担责影响的概念模型，如图 3-2 所示。

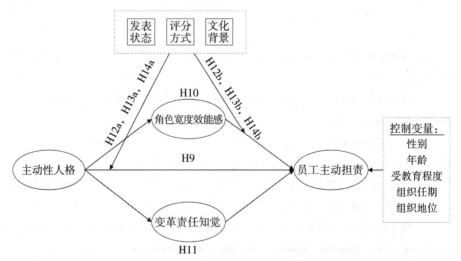

图 3-2　主动性人格对员工主动担责影响的研究模型

第三节　员工自恋与共享型领导对员工主动担责影响的理论模型

上一节探讨了主动性人格对员工主动担责的作用机制，发现主动性人格的员工之所以更可能做出主动担责，是因为角色宽度效能感的作用。然而，如第二章员工主动担责文献综述所述，现有的研究大多探讨积极人格与员工主动担责的关系，特别是主动性人格的影响，很少关注其他类型人格对员工主动担责的影响。近来，组织行为研究领域对所谓的"黑暗"人格中的自恋在组织中的作用非常关注[1][2][3]，特别是领导者自恋的研究[4]。随着个性的解放，人们对自恋有了越来越深入的了解，发现自恋人格的个体也存在积极一面。正如学者 Holtzman 所说："有时，即使最黑暗的人格也会闪光"。[5] 自恋的优势在于自恋者夸大自己观点的重要性会增加自己的领袖魅力，还有自恋者采取大胆、直接、冒险的行动会使追随者注意到他们的远见和领导力。[6]

---

① BLAIR C A, HOFFMAN B J, HELLAND K R. Narcissism in organizations: A multisource appraisal reflects different perspectives [J]. *Human Performance*, 2008, 21 (3): 254–276.

② CAMPBELL W K, HOFFMAN B J, CAMPBELL S M, et al. Narcissism in organizational contexts [J]. *Human Resource Management Review*, 2010, 21 (4): 268–284.

③ 时光磊，凌文辁，李明，等. 组织情境下自恋问题研究 [J]. 中国人力资源开发，2012 (6): 10–4, 80.

④ 黄攸立，李璐. 组织中的自恋型领导研究述评 [J]. 外国经济与管理，2014, 36 (7): 24–33.

⑤ HOLTZMAN N S. Facing a psychopath: Detecting the dark triad from emotionally-neutral faces, using prototypes from the Personality Faceaurus [J]. *Journal of Research in Personality*, 2011, 45 (6): 648–654.

⑥ 秦峰，许芳. 马基雅维利主义者的工作绩效和职业成功——基于工作场所的元分析 [J]. 心理科学进展，2013, 21 (9): 1542–1553.

员工之所以做出主动性行为，一个可能的原因是主动性行为能为他们带来职业成功。①然而，学者 Lim 指出，员工在工作中主动担责另一个方面可能是这样做能够体现员工在组织中的重要性。②换言之，员工主动担责是自我展现的一种重要方式。按照 Parker 等的主动行为激励模型，个体做出主动性行为除了受"能为"动机影响外，还可能受到"愿为"动机的影响，也就是个体做出主动性行为的原因动机。③虽然已有学者指出，自恋的员工在工作中也可能展现出主动担责。然而，目前学界很少有学者系统探讨自恋对员工主动担责的影响及作用机制。因此，对自恋与员工主动担责关系的深入探讨有助于丰富现有人格对员工主动担责关系的研究。本书认为，自恋的个体之所以主动担责，是因为自恋个体往往看重自己的重要性，而与员工在组织中的重要性相关的构念是基于组织的自尊。基于这层逻辑，本研究将探讨基于组织的自尊在员工自恋与员工主动担责之间的关系。

　　当然，并非所有主动性人格的个体都会主动担责，因为人格对行为的作用也受到环境的影响。按照学者 Tett 和 Burnett 的特质激活理论，人格特质需要通过与特质相关的情境和暗示来激活才能展现出来。④因此，本研究还将考虑能够引发自恋员工做出主动担责的情景因素。因为自恋的个体喜欢让别人看到自己的优势和引领作用，而且"威权"（authority）是

　　① FULLER B, MARLER L E. Change driven by nature: A meta-analytic review of the proactive personality literature [J]. *Journal of Vocational Behavior*, 2009, 75（3）: 329-345.

　　② LIM S H A. *Taking charge: examining antecedents, moderators, and consequences* [D]. Pennsy Lvania: The Pennsylvania State University, 2009.

　　③ PARKER S K, BINDL U K, STRAUSS K. Making Things Happen: A Model of Proactive Motivation [J]. *Journal of Management*, 2010, 36（4）: 827-856.

　　④ Tett R P, Burnett D D. A personality trait-based interactionist model of job performance [J]. *Journal of Applied Psychology*, 2003, 88（3）: 500-517.

自恋的一个重要维度。[①] 威权反映一种地位。前文关于人口统计特征与员工主动担责关系的元分析已证实：组织地位与员工主动担责正相关。根据刘智强等的观点，组织地位既可以是组织设计赋予的实际职位，也可以是个体感知。[②] 领导方式是影响员工主动担责情景变量中讨论最多的。那么，如果有一种领导方式能够赋予员工领导职能的话，员工是否会更愿意主动担责？本书基于两点理由考量共享型领导：一是它是一种区别与传统垂直型领导的领导方式，特别在组织扁平化的背景下，有研究表明共享型领导能够提升团队效率。那么，共享型领导是否会激发员工主动担责？与此同时，自恋与共享型领导的交互作用是如何作用于员工主动担责的？这也是本研究力图回答的问题。

一、员工自恋与员工主动担责的关系

自恋是指个体对自我的重要性、权力和成功的夸大感知。[③] 自恋的个体不仅认为自己知识更渊博、能力比他人强，还更喜欢竞争，并且相信自己有控制他人和环境的权力。[④]

自恋与自我增强（self-enhancement）有关，并且自恋个体对自己的能

---

① RASKIN R，TERRY H. A principal-components analysis of the Narcissistic Personality Inventory and further evidence of its construct validity ［J］. *Journal of Personality and Social Psychology*，1988，54（5）：890-902.

② 刘智强，李超，廖建桥，等. 组织中地位、地位赋予方式与员工创造性产出——来自国有企事业单位的实证研究 ［J］. 管理世界，2015（3）：86-101，87-88.

③ BLAIR C A，HOFFMAN B J，HELLAND K R. Narcissism in organizations：A multisource appraisal reflects different perspectives ［J］. *Human Performance*，2008，21（3）：254-276.

④ RHODEWALT F，EDDINGS S K. Narcissus reflects：Memory distortion in response to ego-relevant feedback among high-and low-narcissistic men ［J］. *Journal of Research in Personality*，2002，36（2）：97-116.

力抱有较高自信。例如，学者 Wallance 和 Baumesiter 指出，自恋的员工之所以表现好，是因为他们认为其他人会注意到。① 由此可见，自恋个体可能认为自身拥有更强的胜任力。已有研究表明，当团队合作时，自恋的个体更勇于发言，认为他们正在参与有益的建言。因为自恋的员工可能认为，只有他们具有主动担责的能力，而其他人则需要听从他们的。② 此外，自恋的员工也更果断，认为他们正在促进组织的积极改变。同样，也有研究探讨员工自恋与员工主动担责之间的关系，如 Judge，LePine 和 Rich 研究发现，自恋的员工可能表现出更多的角色外行为。③ 又如学者 Howell 也证实员工自恋与同事评价的员工主动性行为之间显著正相关。④ 基于上述理由，本研究提出如下假设：

H15: 员工自恋对员工主动担责具有正向影响。

二、共享型领导与员工基于组织的自尊的关系

共享型领导是指领导角色被团队成员非正式地使用或定制的过程⑤，

① WALLACE H M, BAUMEISTER R F. The performance of narcissists rises and falls with perceived opportunity for glory [J]. *Journal of Personality and Social Psychology*, 2002, 82 (5): 819–834.

② LIM S H A. *Taking charge: examining antecedents, moderators, and consequences* [D]. Pennsy Lvania: The Pennsylvania State University, 2009.

③ JUDGE T A, LEPINE J A, RICH B L. Loving yourself abundantly: relationship of the narcissistic personality to self- and other perceptions of workplace deviance, leadership, and task and contextual performance [J]. *Journal of Applied Psychology*, 2006, 91 (4): 762–776.

④ HOWELL T M. *Big fish in a new pond : how self-perceived status influences newcomer change oriented behaviors* [D]. Austin: The University of Texas at Austin, 2014.

⑤ HILLER N J, DAY D V, VANCE R J. Collective enactment of leadership roles and team effectiveness: A field study [J]. *The Leadership Quarterly*, 2006, 17 (4): 387–397.

包括设定组织目标和决定如何有效分配、通过团队力量有效地解决问题、支持和关怀彼此、为新进成员提供发展和指导上的帮助以及相互学习。共享型领导体现领导力的非正式和水平性，关注垂直型领导角色在团队成员间的共享，强调成员间相互影响和集体角色定制。从某种程度上来讲，共享型领导是团队成员自我领导的一种表现。^① 按照 Manz 提出的自我领导理论，自我领导影响个体行为是通过自我指导与自我激励过程反映的。^② 当领导职能在团队中被共享时，团队成员能够参与团队决策，能够利用团队资源规划团队任务，团队成员会拥有较高责任意识，从而会为实现团队或组织目标而不断贡献自己的力量。相反，当团队共享型领导水平较低时，也就是权力集中于团队领导一人之手，团队成员完全听从团队领导命令行事，自主性较低，长此以往，员工会感觉自己就像企业的一个零部件，无法真实地感受到自己在组织中的重要性和价值。学者陶建宏、师萍和段伟宇以电子通信制造企业为例，研究发现自我领导能够提升员工基于组织的自尊。^③ 基于以上推理，本书提出如下假设：

H16：共享型领导对员工基于组织的自尊具有正向影响。

三、基于组织的自尊的中介作用

基于组织的自尊反映了员工对于特定组织的一种积极的认知取向。基于组织的自尊高的员工往往与组织所期望的工作行为和工作结果有着

---

① 蒿坡，龙立荣. 共享型领导的概念、测量与作用机制 [J]. 管理评论，2017，29（5）：87-101.

② MANZ C C. Self-leadership：Toward an expanded theory of self-influence processes in organizations [J]. *Academy of Management Review*，1986，11（3）：585-600.

③ 陶建宏，师萍，段伟宇. 自我领导与组织自尊对员工创新行为影响的实证研究——基于电子通讯、制造企业的数据 [J]. 研究与发展管理，2014，26（3）：52-61.

积极的联系。自我增强理论认为,人们有保护和增强自我观念的基本需要。[①]而自恋的个体往往对自我的重要性、权力和成功有夸大感知[②],并认为自己知识更渊博、能力比他人强。已有研究证实,自恋与自尊之间正相关[③],也就是说,自恋的个体拥有更高的自尊心。类似地,自恋的个体会夸大自己在组织或团队中的重要性,从而他们基于组织的自尊也越高。学者 Garder 和 Pierce 认为,自恋个体有持续地被欣赏和受尊重的需要,因此他们更容易看重自己在组织中的地位和作用。[④]

自尊对个体行为有显著影响。例如学者 Van Dyne 和 LePine 认为,自尊心较低的个体会怀疑自己的能力和特长,因此在行为上会表现得保守。[⑤]为了避免失败进一步损害自我观念,自尊较低的员工往往会放弃表现得过于主动。与之相反,具有较高组织自尊的个体会较少受到情景限制,更可能表现出主动和果断。例如,Rank 等人就认为低组织自尊的员工常常会怀疑自己的努力是否能够带来对组织有价值的新颖想法,还会怀疑自己实施新颖想法的能力。[⑥]学者 Chen 和 Aryee 的研究也表明,基于组织的自尊高

① SEDIKIDES C, GAERTNER L, TOGUCHI Y. Pancultural self-enhancement [J]. *Journal of Personality and Social Psychology*, 2003, 84(1): 60-79.

② BLAIR C A, HOFFMAN B J, HELLAND K R. Narcissism in organizations: A multisource appraisal reflects different perspectives [J]. *Human Performance*, 2008, 21(3): 254-276.

③ RASKIN R, TERRY H. A principal-components analysis of the Narcissistic Personality Inventory and further evidence of its construct validity [J]. *Journal of Personality and Social Psychology*, 1988, 54(5): 890-902.

④ GARDNER D G, PIERCE J L. A question of false self - esteem [J]. *Journal of Managerial Psychology*, 2011, 26(8): 682-699.

⑤ VAN DYNE L, LEPINE J A. Helping and voice extra-role behaviors: Evidence of construct and predictive validity [J]. *Academy of Management Journal*, 1998, 41(1): 108-119.

⑥ RANK J, NELSON N E, ALLEN T D, et al. Leadership predictors of innovation and task performance: Subordinates' self - esteem and self - presentation as moderators [J]. *Journal of Occupational and Organizational Psychology*, 2009, 82(3): 465-489.

的员工有着更加积极的自我认知能力，往往将自己看作是高胜任力员工，能创造性地完成组织的任务。而且，与基于组织的自尊较低的员工相比，他们更愿意承担风险以从事更多的创新行为并获取更大的组织利益。实证结果也表明组织自尊会显著影响员工创新行为。[①] 基于组织的自尊是成员所参与组织角色中相信自己可以最大限度满足组织需求的自信。Pierce 等也发现，基于组织的自尊越高的员工越可能认为自己在组织中更重要、更有效率和更有价值。[②]

基于组织的自尊作为员工的自我领导概念在组织中的体现，它反映了员工对自己在组织中地位的判断和认知。对于员工个体创新行为的影响过程而言，它是个体对自我创新潜能的肯定和自信的表现，它能够为员工个体创新行为的发生过程提供另外一种思考的方向。基于组织的自尊越高的员工更能感知到他们在组织内的价值，也更敢于冒险和创新。相反，那些基于组织的自尊越低的员工则认为自己在组织中可有可无、不重要且价值被低估。由此，本研究提出如下假设：

H17：基于组织的自尊在员工自恋与员工主动担责之间起中介作用。

与此同时，本书借鉴 Chen 和 Kanfer 的研究"授权型领导对团队成员主动性行为作用的多水平研究"框架来解释共享型领导对员工主动担责的影响。[③] 此外，本书还考量了员工基于组织的自尊的中介作用。

---

① XIONG CHEN Z, ARYEE S. Delegation and employee work outcomes: An examination of the cultural context of mediating processes in China [J]. *Academy of Management Journal*, 2007, 50 (1): 226–238.

② PIERCE J L, GARDNER D G, CUMMINGS L L, et al. Organization-based self-esteem: Construct definition, measurement, and validation [J]. *Academy of Management Journal*, 1989, 32 (3): 622–648.

③ CHEN G, KANFER R. Toward a systems theory of motivated behavior in work teams [J]. *Research in Organizational Behavior*, 2006, 27: 223–267.

员工基于组织的自尊是个体动机状态，本书认为员工基于组织的自尊会在共享型领导与员工主动担责之间起中介作用是基于如下几点理由：一是 Parker，Bindl 和 Strauss 的主动行为激励模型指出，个体做出主动性行为是因为他们受动机驱使，而且其背后的动机会受到外部环境的影响。[①] 共享型领导能为团队中员工提供必要的社会情绪资源和工作自主性，而这些资源和自主性又会增强团队成员对自己在团队中重要性的看法，即提升员工基于组织的自尊。二是根据自我一致理论，人们有维持行为与总的自我看法一致的需要。[②] 自尊与行为有关是因为个体在执行某项任务或从事某份工作时会注重自我形象和行为的一致性，同时个体会选择与其自我认知一致的方式来履行工作或任务角色。员工主动担责是个体工作表现的一个重要方面，它能反映个体在团队或组织中的重要性。因此，基于组织自尊越高的员工在工作中越可能展现出主动担责。三是自我增强理论认为，人们都有保护和增强自我形象的需要。基于组织自尊低的员工会怀疑自己的能力和专长，因此他们会选择在工作中尽量不表现出主动，以避免对自我形象的损害。与之相反，基于组织的自尊高的员工会在工作中表现得更加自信、主动和果决。

已有研究表明，员工基于组织的自尊在授权型领导与员工创造力之间发挥中介作用。[③] 例如 Chen 和 Aryee 发现员工基于组织的自尊在授

① PARKER S K, BINDL U K, STRAUSS K. Making Things Happen：A Model of Proactive Motivation [J]. *Journal of Management*，2010，36（4）：827–856.

② CHEN Z–J. *A contingency model of empowering leadership on employee proactive behavior：team power distance climate and individual power distance belief as the moderators* [D]. Hong Kong：Hong Kong University of Science and Technology，2011.

③ CHEN Z–J. *A contingency model of empowering leadership on employee proactive behavior：team power distance climate and individual power distance belief as the moderators* [D]. Hong Kong：Hong Kong University of Science and Technology，2011.

权与员工绩效（如创新）之间起部分中介作用[①]，还有 Cohen-Meiter，Carmeli 和 Waldman 证实员工基于组织的自尊在授权型领导的"增强工作意义"这一维度对员工创造力影响中起部分中介作用。[②] 按照 Pearce 等提出的共享型领导的内涵，授权是共享型领导的一个维度。[③] 因此，本书提出如下假设：

H18: 基于组织的自尊在共享型领导与员工主动担责之间起中介作用。

四、共享型领导的调节作用

本书研究的共享型领导是一个团队层面的构念，反映领导角色在团队中被共享的状态。根据 Tett 和 Burnett 提出的特质激活理论（the principle of trait activation），人格特质对行为的影响需要与该特质相关的情景或暗示激发才能够起作用。[④] 因此，在情景中能否有机会观察到与给定特质相关的行为主要取决于情景的强度以及情景与特质的相关度。特质激活理论还认为，个体寻找能够使其特质得到表达线索（如任务、同事和组织线索）以满足内部动机。[⑤] 自恋的员工注重自身的权威性和领导作用，而团队的

[①] XIONG CHEN Z, ARYEE S. Delegation and employee work outcomes: An examination of the cultural context of mediating processes in China [J]. *Academy of Management Journal*, 2007, 50（1）: 226–238.

[②] COHEN-MEITAR R, CARMELI A, WALDMAN D A. Linking meaningfulness in the workplace to employee creativity: The intervening role of organizational identification and positive psychological experiences [J]. *Creativity Research Journal*, 2009, 21（4）: 361–375.

[③] PEARCE C L, CONGER J A. *All those years ago* [M] // C L Pearce, and J AConger. Shared leadership: Reframing the hows and whys of leadership. 2003: 1–18.

[④] Tett R P, Burnett D D. A personality trait-based interactionist model of job performance [J]. *Journal of Applied Psychology*, 2003, 88（3）: 500–517.

[⑤] 周冉，段锦云，田晓明. 情境相关性及其对"特质－工作结果"的调节作用 [J]. 心理科学进展, 2011, 19（1）: 132–141.

共享型领导正好为其赋予了领导角色，进而会满足其基于组织自尊的需要。也就是说，共享型领导会增强员工自恋与员工基于组织自尊的关系。相反，在领导力共享程度低的团队中，权力往往集中于领导手中，自恋员工往往会感觉压迫，自己的优势难有发挥之地，进而会觉得自己在组织中并没有那么重要。而且，Garder 和 Pierce 指出，自恋者基于组织的自尊往往比较脆弱。[①] 共享型领导程度低的团队中，自恋员工基于组织的自尊会下降。由此，本研究提出如下假设：

H19：团队的共享型领导会调节员工自恋与员工基于组织的自尊之间的正向关系，即当团队的共享型领导程度越高时，员工自恋对员工基于组织的自尊的正向影响越强。

结合 H16 和 H18，本书借鉴 Chen 和 Kanfer 的多层次模型，提出一个跨层级的被调节中介模型。[②] 由此，本研究提出如下假设：

H20：团队的共享型领导会调节员工基于组织的自尊在员工自恋与员工主动担责之间的中介效应，即与共享型领导程度较低的团队相比，共享型领导程度较高团队中员工基于组织的自尊在员工自恋与员工主动担责之间的中介效应更大。

基于上述分析，本节构建了员工自恋与共享型领导对员工主动担责影响的多层次模型，如图 3-3 所示。

① GARDNER D G, PIERCE J L. A question of false self - esteem [J]. *Journal of Managerial Psychology*, 2011, 26（8）：682-699.

② CHEN G, KANFER R. Toward a systems theory of motivated behavior in work teams [J]. *Research in Organizational Behavior*, 2006, 27：223-267.

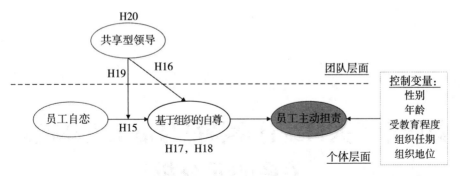

图 3-3　员工自恋与共享型领导对员工主动担责影响的多层次研究模型

注：白框内的变量为员工评价，灰框是领导评价。

本章小结

为了具体阐述本书研究问题，为后续定量研究奠定理论基础，本章对本书的理论基础和研究问题中所涉及的核心变量的国内外研究现状进行系统综述。

首先，本章对主动行为激励模型、社会认知理论和特质激活理论等核心理论的基本思想和核心概念进行系统介绍。

然后，本章依次对本书涉及的主动性人格、自恋人格、共享型领导、角色宽度效能感和基于组织的自尊等核心构念国内外研究现状和进展进行梳理，包括概念界定、测量方式与影响因素和结果，并对这些变量与员工主动担责的关系进行述评。通过对这些变量的综述，为后续主动性人格、员工自恋和共享型领导对员工主动担责影响的定量研究打下理论基础。

最后，本章对主动性人格、自恋人格和共享型领导与员工主动担责的关系进行了述评，既进一步明晰了研究问题，又为下一章构建员工主动担责形成机制的理论模型奠定基础。

第四章　人口统计学特征与员工主动担责关系的元分析

　　本章研究的目的是运用元分析方法估计员工的性别、年龄、受教育程度、组织任期和组织地位等人口统计学特征与员工主动担责的相关关系的真实效应值，尝试从文献的发表状态、员工主动担责的评分方式和样本的文化背景三个方面来探索现有员工人口统计学特征与员工主动担责实证研究中矛盾性研究结论的解释，并为未来员工主动担责前因的研究中控制变量的选取提供依据。

　　按照国内学者魏江、赵立龙和冯军政归纳的"七步走"元分析操作流程，即"第一步：研究问题提出与假设→第二步：数据准备→第三步：计算平均效应值→第四步：修正统计偏误及假设检验→第五步：调节效应分析→第六步：发表偏误分析→第七步：解释元分析研究结果"。[①] 本章内容由四个部分组成：一是理论模型与假设，即通过相关理论论证性别、年

---

　　① 魏江，赵立龙，冯军政. 管理学领域中元分析研究现状评述及实施过程［J］. 浙江大学学报（人文社会科学版），2012，42（5）：144–156.

龄、受教育程度、组织任期和组织地位等人口统计学特征与员工主动担责的关系，并提出研究假设；二是研究方法，即元分析的数据准备过程，包括文献检索、筛选、编码等；三是数据分析与假设检验，包括元分析步骤中的计算平均效应值、修正统计偏误和假设检验、调节效应分析和发表性偏误分析；四是讨论元分析结果。

第一节 研究方法

元分析（Meta-analysis）或称"荟萃分析"，是一种定量的文献综述方法，其思想最早源于"统计学之父"卡尔·皮尔逊（Karl Pearson）。他曾于 1904 年在探究死亡率（mortality）与接种伤寒疫苗之间的关系时，尝试用平均的方式对 11 个小样本研究的相关系数进行处理。后来，这种组合（combining）和聚合（pooling）研究的思想在物理学和社会学中被广泛使用。随后，美国教育心理学家格拉斯首次提出"Meta-analysis"这一术语，并将元分析定义为"为了整合研究发现而对多个单独的实证研究进行整理和数据分析的定量文献综述方法"。[①] 元分析如今已成为一门热门的整合已有实证研究成果的统计研究工具，涉及诸如教育学、心理学、社会学、医学、管理学等学科领域。近来，国内学者也开始关注元分析方法，并对

---

① GLASS G V. Primary, secondary, and meta-analysis of research［J］. *Educational Researcher*, 1976, 5（10）: 3-8.

该方法管理学中的应用进行系统介绍。[1][2][3][4]

目前，元分析方法分三大流派，如表4-1所示：第一派是描述性学派，代表人物是 Glass 等。该学派的方法具有三个主要特点：一是强调效应值而非显著水平；二是接受表面的效应值方差；三是在研究编码上有很强的经验性。第二派是针对抽样误差修正的学派，代表人物是 Hedges 和 Olkin、Hunter 和 Schmidt 等。该学派主要考虑如何修正抽样误差的问题。第三派是心理测量元分析学派，代表人物是 Schmidt 和 Hunter 等，所以该方法也被称为"Hunter-Schmidt 元分析范式"。该学派同时修正抽样误差和其他干扰因素对实证研究结果的影响，进而确保研究结果的科学性。本书中所使用的是第三派的元分析研究方法，因为本书中涉及变量的测量误差问题。更重要的是，学者 Hunter 和 Schmidt 代表的心理测量学派的元分析方式具有悠久的历史，而且在心理学和管理学的元分析研究中被广泛地运用。国内学者王拥军和俞国良对 Hunter-Schmidt 元分析范式进行了系统介绍。[5] 国内学者高昂运用 Hunter 和 Schmidt 的元分析方法分析了华人组织中家长式领导的有效性问题。[6]

---

① 魏江，赵立龙，冯军政. 管理学领域中元分析研究现状评述及实施过程 [J]. 浙江大学学报（人文社会科学版），2012，42（5）：144-156.

② 王永贵，张言彩. 元分析方法在国内外经济管理研究中的应用比较 [J]. 经济管理，2012（4）：182-190.

③ 张翼，樊耘，赵菁. 国外管理学研究中的元分析评介 [J]. 外国经济与管理，2009（7）：1-8.

④ 毛良斌，郑全全. 元分析的特点、方法及其应用的现状分析 [J]. 应用心理学，2005（4）：354-359.

⑤ 王拥军，俞国良. Hunter-Schmidt 元分析范式：特征和应用 [J]. 心理科学，2010（2）：406-408.

⑥ 高昂. 华人组织中家长式领导有效性研究 [D]. 北京：清华大学，2013.

表 4-1　元分析流派

学派	代表人物及方法
描述性学派	Glass 法（Glass，McGaw 和 Smith，1981）、研 究 效 应 法（Bangert-Browns，Kulik 和 Kulik，1983）
针对抽样误差修正的学派	基于同质性检验的方法（Hedges 和 Olkin，1985）、Bare-Bones 法（Hunter 和 Schmidt，2004）和 SEM 法（Cheung，2008）
心理测量学派	Schmidt-Hunter 法（Schmidt 和 Hunter，1977，1990a，2004）

资料来源：根据 Schmidt 和 Hunter（pp.464-476）整理得来。①

一、文献整理

（一）文献检索

在确定研究问题后，笔者按照如下三个步骤对含有相关效应值的员工主动担责文献进行了系统全面的检索。

首先，对已发表纸质或电子版期刊文献进行检索。笔者以员工主动担责、负责行为、主动变革行为、主动性行为、taking charge、taking charge behavior、change-oriented OCB、proactive behavior、proactive work behavior 等为关键词和题目搜索了 CNKI 中国知网学术文献总库、万方数据资源系统、维普中文科技期刊数据库等中文权威学术数据库，以及 EBSCO、JSTOR、Science Direct、SAGE、Emerald 等外文期刊数据库。

其次，对未发表的国内外硕博论文及相关会议论文进行检索。笔者再次以员工主动担责、负责行为、主动变革行为、主动性行为、taking charge、taking charge behavior、change-oriented OCB、proactive behavior、proactive work behavior 等为关键词，通过读秀学术搜索、ProQuest 学位论文、

---

① SCHMIDT F L，HUNTER J E. *Methods of meta-analysis：Correcting error and bias in research findings*［M］. 3rd ed. LA：Sage，2015.

Academy of Management conference proceeding（美国管理学会论文集）以及
Google Scholar 等检索途径，进一步补充和完善文献收集工作，尽量降低因
为"文件抽屉问题"（file drawer problem）而导致发表性偏倚（Publication
bias）问题，即因为研究结果未获得验证或保密等原因没有正式发表的文献。

最后，笔者对综述类文章、经典专著文献和研究手册进行系统整理，
对这些文献后面列出的参考文献进行分析，对上述两个步骤中未检索到的
参考文献再以手动方式检索，从而确保最终纳入元分析样本量足够全面。

（二）文献筛选

文献收集完后，本研究采用如下几条标准来筛选纳入最终元分析的文
献。[①]具体而言，包括如下五个方面：

第一，所有研究必须为实证类研究，并且通过自评打分或领导打分的
方式测量主动担责。并且，笔者剔除了测量主动担责意愿的研究，因为本
研究关注的是主动担责的具体行为。

第二，本书仅纳入了报告有相关系数表或能够转换为相关系数效应值
（如 t 值、z 值等）的研究。因为相关系数是本研究进行元分析的数据来源。

第三，笔者全面检查了员工主动担责的测量，确保每个研究实际测
量的是员工主动担责。值得注意的是，本研究还将测量项中有超过三分
之二是测量主动担责的实证研究也纳入最终元分析中。这种做法是借鉴
Chamberlin，Newton 和 LePine 的元分析处理技巧。[②]

---

① HUNTER J E, SCHMIDT F L. *Methods of meta-analysis：Correcting error and bias in research findings* ［M］. 2nd ed. LA：Sage，2004.

② CHAMBERLIN M，NEWTON D W，LEPINE J A. A Meta - Analysis of Voice and its Promotive and Prohibitive Forms：Identification of Key Associations，Distinctions，and Future Research Directions ［J］. *Personnel Psychology*，2017，70（1）：11-71.

第四，本研究剔除了团队层面和纵向的主动担责研究。因为本研究中绝大多数研究集中在个体层面，因此为了确保研究的可靠性，本研究不考虑团队主动担责的实证研究，例如学者 Chen 等就是研究团队层面的主动担责。[①] 此外，由于纵向追踪研究在不同时点对变量进行多次测量，目前还没有针对该类研究比较好的处理方式，因此本研究也不考虑纵向员工主动担责的实证研究，故不将学者 Fritz 和 Sonnentag 的纵向研究纳入最终的元分析。[②]

第五，对用同一个样本发表不同文章进行审核。如果使用的为同一样本，则将其归纳为同一个研究。如果样本在毕业论文和发表论文中同时出现，以发表论文为主。

按照五点文献筛选标准，笔者检索和整理了员工主动担责的实证研究文献。截至 2021 年 12 月 31 日，经过上述标准遴选后，最终获得相关定量研究文献共计 78 篇。从行文语言来看，中文文献为 28 篇，英文文献为 50 篇。从是否发表来看，正式发表文献为 59 篇，未发表文献为 19 篇（其中硕博学位论文 16 篇，会议论文 3 篇），会议论文均为国际会议论文（如 IACMR 会议论文），硕博论文均从权威数据库获取，这些论文均经过同行评议或匿名评审。经统计，最后获得包含人口统计学特征与员工主动担责相关关系的有效独立子研究 81 个，共计 23112 个有效样本（详见附录 1）。

（三）变量测量

本研究所涉及的人口统计学特征与员工主动担责的测量如下：

---

① CHEN X P，HE W，WENG L C. What Is Wrong With Treating Followers Differently? The Basis of Leader–Member Exchange Differentiation Matters [J]. *Journal of Management*，2015，40（4）：409–412.

② FRITZ C，SONNENTAG S. Antecedents of Day–Level Proactive Behavior：A Look at Job Stressors and Positive Affect During the Workday [J]. *Journal of Management*，2009，35（1）：94–111.

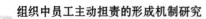

1.性别，通常采用二分类变量测量。由于不同研究对于性别的赋值存在差异，例如 Morrison 和 Phelps 的研究中"0- 男性""1- 女性"[①]，而 Li 等却恰好相反[②]，还有一些学者采用"1- 男性"和"2- 女性"的赋值方式，如 Love 和 Dustin[③]。为了保持与研究假设一致，本研究对所有有关性别与主动担责相关系数的研究进行修正，采用一致的编码方式"0- 女性""1- 男性"（大部分研究采用这种赋值方式）。总之，修正的目的是为了确保相关系数的方向与假设的一致。

2.年龄的测量，绝大部分研究采用连续变量测量，即以"年"为单位收集样本的实际年龄，部分研究采用年龄段来测量年龄。因为本研究关注的是员工年龄与主动担责之间的相关系数，而非组织任期的绝对值，因此，本研究借鉴 Ng 和 Feldman 在探讨年龄与员工行为与绩效关系的元分析中做法[④]，将这些研究统一纳入元分析。

3.受教育程度的测量，绝大部分研究采用定序变量方式测量样本的受教育程度，基本采用定序变量测量。同样，与性别一样，为了保证变量测量与研究假设一致，本研究对反向测量研究的相关系数进行了符号纠正，

① MORRISON E W, PHELPS C C. Taking charge at work: Extrarole efforts to initiate workplace change [J]. *Academy of Management Journal*, 1999, 42（4）: 403–419.

② LI S–L, HE W, YAM K C, et al. When and why empowering leadership increases followers' taking charge: A multilevel examination in China [J]. *Asia Pacific Journal of Management*, 2015, 32（3）: 645–670.

③ LOVE M S, DUSTIN S L. An investigation of coworker relationships and psychological collectivism on employee propensity to take charge [J]. *The International Journal of Human Resource Management*, 2014, 25（9）: 1208–1226.

④ NG T W, FELDMAN D C. The relationship of age to ten dimensions of job performance [J]. *Journal of Applied Psychology*, 2008, 93（2）: 392.

如 Burnett 等采用 "0= 大学受教育程度" "1= 高中受教育程度" 赋值[①]，这样就导致受教育程度与主动担责相关系数为负值，为了保证与假设的一致性，本书将该相关系数的方向改为正。

4. 组织任期的测量。几乎所有纳入元分析的研究对组织任期采用连续变量测量，即以 "年" 为单位，但是也有少数研究采用 "月" 为计数单位，如 Moon 等[②]，或者采用定序变量测量，如薛研用 "1=3 年及以下" "2=3~5 年" "3=5~10 年" "4=10 年以上"[③]。因此，处理方式与 Ng 和 Feldman 组织任期与员工组织公民行为和工作绩效关系的元分析保持一致。[④]

5. 组织地位的测量。员工组织地位通过员工在组织中所处的管理层级反映，所有纳入元分析的研究中基本都采用定序变量方式测量，例如 Morrison 和 Phelps 采用 "非管理层" "基层管理者" "中层管理者" 和 "高层管理者" 测量组织地位。[⑤]

6. 员工主动担责的测量。本研究纳入元分析的文献绝大多数都是采用 Morrison 和 Phelps 的量表[⑥]，或者是由该量表发展出来的简版量表。

---

① BURNETT M F, CHIABURU D S, SHAPIRO D L, et al. Revisiting how and when perceived organizational support enhances taking charge an inverted U-shaped perspective [J]. *Journal of Management*, 2015, 41（7）：1805-1826.

② MOON H, KAMDAR D, MAYER D M, et al. Me or we? The role of personality and justice as other-centered antecedents to innovative citizenship behaviors within organizations [J]. *Journal of Applied Psychology*, 2008, 93（1）：84-94.

③ 薛研. 责任承担与进谏对绩效的影响研究 [D]. 上海：上海交通大学, 2011.

④ NG T W H, FELDMAN D C. Organizational Tenure and Job Performance [J]. *Journal of Management：Official Journal of the Southern Management Association*, 2010, 36（5）：1220-1250.

⑤ MORRISON E W, PHELPS C C. Taking charge at work：Extrarole efforts to initiate workplace change [J]. *Academy of Management Journal*, 1999, 42（4）：403-419.

⑥ MORRISON E W, PHELPS C C. Taking charge at work：Extrarole efforts to initiate workplace change [J]. *Academy of Management Journal*, 1999, 42（4）：403-419.

二、文献编码

为了更好地对效应值及相关参数进行运算校正，笔者接着需要对纳入最终分析的文献进行系统分类和整理，截取文献中的相关系数表为正式编码做准备。由于元分析没有固定的编码套路，本研究参考 Schmidt 和 Hunter 的编码原则、标准和建议 [①]，开发了一套文献编码表格，其中包括文献基本信息（作者信息、发表时间、文献种类、期刊名和页码）、样本特征（样本量、样本地域、样本对象、是否存在同源方差等）、研究方法（测量量表来源、变量信度和相关系数等）等等。所有编码工作均在 Excel 软件中进行。为了保证编码的效率和准确性，研究者事先对所有员工主动担责的实证研究进行编号，然后从中截取相关矩阵和样本来源描述的相关信息。接着，将给每个独立的变量赋值，以避免重复情况。最终形成文献编码清单一份、变量的信度清单一份和变量间相关系数的清单一份。所有资料均按编码顺利打印出来，方便编码者进行编码。

正式编码工作由两个具有元分析基础和组织行为学研究背景的人员背靠背式编码。整个编码过程不仅按照作者字面呈现的内容，更是按照文献综述中对概念的界定，仔细斟酌作者要表达的内涵进行科学编码，对文中没有交代又无法通过推测获取的信息，一律采用缺失处理。两位编码者内部一致性达到95%，对于编码中存在分歧的地方，编码者重新阅读文章，就问题展开充分讨论，以达成共识的处理方式来编码，并形成最终的编码结果（如表4-2所示）。随后，对基于同一批数据并报告相同的变量关系效应值的研究，本书只采用最先发表研究的效果量。最终，本研究获得了261 对有用相关系数。

---

① SCHMIDT F L, HUNTER J E. *Methods of meta-analysis: Correcting error and bias in research findings* [M]. 3rd ed. LA: Sage, 2015.

表 4-2 人口统计学特征与员工主动担责的元分析编码结果

作者	年份	样本量	员工性别	员工年龄	受教育程度	组织任期	工作经验	员工地位	发表状态	评价方式	文化背景
Morrison and Phelps	1999	265	-0.07	-0.02		-0.03		0.13	1	2	2
Choi	2007	1923	0.17	0.34		0.3		0.27	1	2	2
Marler	2008	160	0.08		-0.08				2	2	2
Moon et al. (study 1)	2008	115	0.07			0.04			1	2	2
Moon, et al. (study 2)	2008	253	0.02			0.07			1	1	2
Grant, Parker, and Collins	2009	103	-0.1	-0.02		-0.05			1	2	2
Lim	2009	160		-0.114		-0.129			2	2	1
Zhang (study 1)	2009	140	0.12	0.14	0				2	1	1
Zhang (study 2)	2009	197	0.09	0.14		0.19			2	1	1
Escribano and Espejo	2010	700							2	1	2
Sekiguchi	2010	123	0.05				0.35		2	2	2
Bal, Chiaburu, and Diza	2011	245	0.14			0.07			1	2	2
Chen (study 1)	2011	100	0						2	2	1
Chen (study 2)	2011	397	-0.08	-0.09	0.08	-0.08			2	2	1
薛研	2011	206	0.113	0.16	0.087	-0.176			2	2	2
Fuller, Marler, and Hester	2012	110	0.05		0.19	0.02		0.08	1	2	2
Onyishi and Ogbodo	2012	201	0.05	0.08	-0.05	0.05		0.17	1	2	2
Sonnentag and Spychala	2012	140		-0.2					1	2	2
Li, Chiaburu, Kirkman and Xie	2013	196							1	2	1
Howell (Study 1)	2014	104	-0.08	-0.03	-0.31	-0.08			2	2	2
Howell (study 3)	2014	103	-0.05					0.08	2	2	2
Li, Chiaburu, and Kirkman	2014	461	0.1	0.25	0.19	0.29			1	2	1
Love and Dustin	2014	235	-0.06			-0.07			1	2	2
韦伟	2014	334	0.153	0.011	0.085	0.154			2	2	1

续表

作者	年份	样本量	员工性别	员工年龄	受教育程度	组织任期	工作经验	员工地位	发表状态	评价方式	文化背景
Burnett, et al.	2015	89	-0.06	-0.16	0.12	0			1	2	2
Fuller, et al.	2015	95	**0.05**	0.01	0.14	0.08			1	2	2
Kim, Liu, and Diefendorff	2015	212	**0.12**	0.07		0.05			1	2	1
Li, He, et al.	2015	310	**-0.09**	-0.04	0.12	-0.06			1	2	1
Ouyang et al.	2015	350	0.03	-0.03	0.05	0.08			1	2	1
黄勇，彭纪生	2015	394	-0.96	0.07	0.07	0.10		0.19	1	1	1
李绍龙，龙立荣，朱其权	2015	343	**0.08**	-0.03	0.12				1	2	1
Dysvik, et al.	2016	154	-0.04	-0.14		-0.15		0.35	1	2	2
Klimchak et al.	2016	167	0.03			-0.03		0.11	1	1	2
Li, Liu, Han, Zhang	2016	203	0.01	0.01	-0.08	0.14	0.09		1	2	1
Li, Zhang, and Tian (Study 1)	2016	214	0.15	0.23	-0.01			0.32	1	2	1
Li, Zhang, and Tian (Study 2)	2016	211	-0.02	0.1	0.05			0.19	1	2	1
Lin, Kao, Chen, and Lu	2016	248							1	2	1
Ouyang	2016	392	0.02	0.09	0	0.16			2	2	1
Wesche and Teichmann	2016	266	0.1			-0.07	0.08		1	1	2
林志扬，赵靖宇	2016	300	0.03	-0.09	-0.04	0.02			1	2	1
Kim and Liu	2017	127	0.01	0.1					1	1	1
Li, Furst-Holloway, Gales, Masterson, and Blume	2017	329	-0.09	0.06	0.13	0.07			1	2	1
Li, Chiaburu, Kirkman, and Bradley	2017	461	0.1	0.25	0.19	0.29			1	2	1
刘光建	2017	213	-0.01	0.08	0.02	0.15			2	1	1
Zhou and Zhang	2017	203	0.13	0.072	-0.045	-0.243		0.046	2	1	1
Baroudi, et al.	2018	181	0.07	0.23					1	1	2
Qian, et al.	2018	197	0.17	0	0.41				1	2	1

续表

作者	年份	样本量	员工性别	员工年龄	受教育程度	组织任期	工作经验	员工地位	发表状态	评价方式	文化背景
Wang, Long	2018	237	-0.06	-0.15	-0.13	-0.13		0.02	1	1	1
Xu, Xi, and Zhao	2018	297	0.04		0.09	0.03			1	1	1
胡晓龙，姬方卉	2018	156	-0.26	-0.01			-0.07	-0.22	1	1	1
王红椿，练玉	2018	308	0.005	-0.112	0.199		0.261		1	1	1
谢清伦，郗涛	2018	337	0.11	0.09	0.11	0.14	0.09		1	2	1
张光磊，周金帆，张亚军	2018	229	-0.205	0.024	-0.072	0.082			1	2	1
张若勇，刘光建，刘新梅	2018	238	0	0.129	-0.12	0.12			1	1	1
Li, Sun, Li	2019	352	-0.07	-0.04	0.004	-0.04			1	2	1
Liu, et al.	2019	328	0.06	0.11	0	0.12			1	2	1
Li, Guo, and Wan	2019	206	0.05	-0.04	-0.14				1	1	1
Zhang, Liu	2019	190	0.13	0.17	-0.21	0.13			1	2	1
Yang, et al.	2019	418	0.18	0.06	0.12	-0.08			1	2	1
包艳	2019	296	0.001	0.035	-0.001				2	2	1
曾颢，赵李晶	2019	262	0.099	0.039	0.084		0.069		1	1	1
董越	2019	199	-0.05	0.02	0.014		-0.02		2	2	1
黄勇，余江龙	2019	418	0.02	0.14	0.05		0.13	0.17	1	1	1
李荣艳	2019	310	0.095	0.571	0.356		0.571	0.356	2	1	1
孙亚军	2019	282	0.034	0.158	-0.059	0.106			2	1	1
杨陈，唐明凤，景熠	2019	211	0.145	-0.017	-0.055		0.006		1	2	1
Chen, et al.	2020	195	-0.02	0	0.13	0.08	0.03		1	2	1
安姆杰（Amjad Younas）	2020	301	0.005	0.026	-0.14		-0.13	0.062	2	2	2
嵩坡，龙立荣	2020	262	-0.04	0.12	-0.082				1	2	1
刘明伟，王华英，李铭泽	2020	227	0.102	0.152	-0.129				1	1	1
马璐，谢鹏，韦依依	2020	382	0.129	0.192			0.214		1	1	1
颜爱民等	2020	441	0.135	0.365	-0.029		0.25		1	1	1

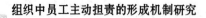

续表

作者	年份	样本量	员工性别	员工年龄	受教育程度	组织任期	工作经验	员工地位	发表状态	评价方式	文化背景
Zhou, et al.	2020	312	-0.03	0.07	-0.05	0.1	0.07		1	2	1
张正堂, 赵李晶, 丁明智	2020	970	-0.16	0.032	-0.006	0.086			1	1	1
Zeng, Zhao, and Zhao	2020	205	-0.014	-0.001	-0.029	0.056			1	2	1
占小军等	2020	361	-0.051	0.061	-0.079				1	1	1
Liu, Chen, Li	2021	258	0.09	0.24	0.07	0.24			1	2	1
邓传军, 刘智强	2021	392	0.1	0.04					1	2	1
韦依依, 马璐, 谢鹏	2021	239	0.062	-0.01	0.008		0.045		1	2	1
杨光, 周胎	2021	328	0.107	-0.058	-0.077		-0.045		1	2	1
殷俊杰, 邵云飞	2021	335	0.037	-0.186	0.205		0.104		1	2	1
		23112									

注：

1. 性别: 0=女性, 1=男性。加粗部分是对原文中相关系数进行方向调整, 目的是与本书提出性别与员工主动担责的假设一致。

2. 发表状态: 1=发表, 2=未发表; 评分方式: 1=自评, 2=他评; 文化背景: 1=中国文化背景, 2=非中国文化背景。

第二节　数据分析与假设检验

一、数据分析

数据分析部分包含三方面内容：一是计算平均效应量，二是修正统计偏误和假设检验，三是计算元分析结果的失效安全系数。

（一）计算平均效应值

效应值（effect size）是反映自变量与因变量之间关系的强弱、研究对象之间差异的大小、实验效应大小的真实程度的重要指标。[①] 从假设检验的角度来看，效应值就是虚无假设 H_0 不为真的程度，或者是偏离虚无假设 H_0 程度的一种指数。效应值的作用和地位主要体现在：它既是对虚无假设检验的重要补充，又能表示总体中变量间的关系，是对样本结论偏离虚无假设的期望程度的量化。如前所述，常见的效应值包括相关系数（r）、t 值、F 值等，而本研究中所使用的效应值是相关系数（r）。在管理学研究领域，最常用的效应值是相关系数（r）。[②] 此外，Hunter和Schmidt指出，为了准确得出元分析研究样本中变量间关系的整体情况，还需要计算总体的平均效应值，通常包括简单平均、样本量加权平均和变异加权平均。[③] 由于样本量加权平均法操作简单且能修正抽样方差，因

---

① 焦璨，张敏强. 迷失的边界：心理学虚无假设检验方法探究［J］. 中国社会科学，2014（2）：148–63，207.

② LAW K S, SCHMIDT F L, HUNTER J E. A test of two refinements in procedures for meta-analysis［J］. *Journal of Applied Psychology*，1994，79（6）：978–986.

③ HUNTER J E, SCHMIDT F L. *Methods of meta-analysis: Correcting error and bias in research findings*［M］. 2nd ed. LA：Sage，2004.

此该方法备受研究者青睐。

根据 Hunter 和 Schmidt（2004）的建议，首先，对信度系数缺失采用均值替代法处理，对于单个题项测量的变量将其测量信度值设定为 1.00。其次，对修正后的相关系数进行样本量加权处理，剔除抽样误差的影响，获得样本加权平均相关系数（$\bar{r}$）[①]。值得一提的是，Hunter 和 Schmidt 认为通过费雪 $-z$ 值转化会导致高估真实效应值，因而本研究输入的均是原始研究中的相关系数，并未进行费雪转换。[②]

（二）修正统计偏误及假设检验

通过对可以修正的人为干扰因素（artifacts）进行修正，最终获得本研究所需要的变量间相关关系的真实效应值。学者 Schmidt 和 Hunter 系统归纳了导致研究结论有偏的 11 种可能的人为干扰因素，并提出了相应的修正策略。[③] 目前，管理学领域中的元分析关注最多的是抽样误差、测量误差和范围限制这三类人为干扰因素。

抽样误差（sampling error）主要是由样本规模导致研究的效应值在真实的总体效应值左右随机波动。本研究通过样本量进行加权，剔除样本误差。

测量误差（Measurement error）通常包括随机误差和系统误差，分别通过变量测量的信度和构念效度反映。Schmidt 和 Hunter（2015）指出，元分

---

① $\bar{r} = \dfrac{\sum\limits_{i=1}^{k} N_i r_i}{\sum\limits_{i=1}^{k} N_i}$，$\bar{r} =$ 样本加权平均相关系数，k 是独立研究的个数，N_i 是每个独立研究的样本量，

r_i 是第 i 个研究中变量间的相关系数（参见 Hunter and Schmidt，2004：81，公式 3.1）。

② HUNTER J E，SCHMIDT F L. *Methods of meta-analysis：Correcting error and bias in research findings*［M］. 2nd ed. LA：Sage，2004.

③ SCHMIDT F L，HUNTER J E. *Methods of meta-analysis：Correcting error and bias in research findings*［M］. 3rd ed. LA：Sage，2015.

析中的测量误差通常是指随机误差，应该尽可能修正它。本研究通过潜变量的信度系数进行调整，剔除因变量的测量误差，获得经过信度修正后的样本加权平均相关系数（r_c）[①]。

范围限制（range restriction）是指抽样时由于研究者主观因素或客观条件限制，样本呈现偏态分布，从而造成研究结论有偏。由于本研究所涉及的自变量与因变量均不存在区间变异，因此不考虑对范围限制的调整。

（三）调节效应分析

元分析的调节变量与单个实证研究中调节变量是不同的，它们往往是指整体研究样本中所包含的系统差异因素（如评分方式和情景因素等），用于解释变量间效应值的差异，从而为不同研究中存在矛盾性的结论做出一定程度上的合理解释。调节效应分析包括调节变量识别和调节效应估计两个阶段。

调节效应识别主要是对整个研究中是否存在调节变量做出判断，可以通过同质性检验方法（如 80% CrI、75% 规则、Q 检验），或者通过理论预期方法，如 Crook 等的研究[②]。学者 Whitener 特别强调，了解元分析中可信区间与置信区间之间的区别相当重要，因为很多学者无法有效区分这两个区间在元分析中的作用。[③] 可信区间是通过 SD_ρ 计算得来的，而

---

① $r_c = \dfrac{\bar{r}}{\sqrt{\bar{r}xx}\sqrt{\bar{r}yy}}$，$r_c$ 是修正的相关系数，$\bar{r}$ 是加权平均相关系数，$\bar{r}xx$ 和 $\bar{r}yy$ 分别为自变量和因变量的测量信度，参见 Hunter 和 Schmidt（2004），pp.95–96。

② CROOK T R, KETCHEN JR D J, COMBS J G, et al. Strategic resources and performance: a meta - analysis [J]. *Strategic Management Journal*, 2008, 29（11）: 1141–1154.

③ WHITENER E M. Confusion of confidence intervals and credibility intervals in meta-analysis [J]. *Journal of Applied Psychology*, 1990, 75（3）: 315–321.

不是用标准误$\overline{\rho}$。例如，围绕$\overline{\rho}$值为 0.50 的 80% 可信区间（$CrI_{80\%}$）是 $0.50 \pm 1.28SD_{\rho}$。如果 SD_{ρ}=0.10，那么该可信区间是［0.37，0.63］。其含义是：在 ρ 的分布中有 80% 的值会落到该区间内。可信区间是指参数值的分布，而置信区间是指单个值（$\overline{\rho}$）的估计。置信区间表明我们估计的绕$\overline{\rho}$ 可能的误差是由抽样误差引起的。抽样误差的大小与 $\bar{r}$ 或绕$\overline{\rho}$ 有关（取决于修正过哪种人为误差）。标准误取决于样本量和抽样误差。然而，可信区间不受抽样误差的影响，因为在估计 SD_{ρ} 时，由抽样误差和其他人为因素导致的误差已经被剔除了。可信区间的概念被一些人视作贝叶斯估计（Bayesian），因为它是依据不同研究的参数值（ρ 值）会变化思想的讨论。[①][②]

调节效应估计主要包括亚组分析（subgroup analysis）和回归分析。亚组分析是根据某些潜在的调节因素（如文化差异）将元分析样本分为若干组，然后再进行元分析得出不同组变量间的真实效应值，进而得出各组之间是否存在差异的事实。回归分析方法则是以平均效应值作为因变量，所有调节变量作为自变量建立回归方程，从而计算出导致研究异质性的影响因素。[③] 本书借鉴 DeJone 等的方法[④] 来判断不同亚组之间真实效应值差异是否显著。[⑤] 该方法是在 Hunter 和 Schmidt 元分析方法的基础上发展起来的。

① WHITENER E M. Confusion of confidence intervals and credibility intervals in meta-analysis［J］. *Journal of Applied Psychology*，1990，75（3）：315-321.

② HUNTER J E，SCHMIDT F L. Fixed effects vs. random effects meta - analysis models：Implications for cumulative research knowledge［J］. *International Journal of Selection and Assessment*，2000，8（4）：275-292.

③ 魏江，赵立龙，冯军政. 管理学领域中元分析研究现状评述及实施过程［J］. 浙江大学学报（人文社会科学版），2012，42（5）：144-156.

④ 按照 DeJone et al.（2016）的公式：$CI = \rho_1 - \rho_2 \pm Z_{a/2}\sqrt{SE_{\rho_1}^2 + SE_{\rho_2}^2}$，其中 $SE_{\rho} = \frac{(\rho/r)^* SD_r}{\sqrt{k}}$（参见 Schmidt and Hunter，2015）。

⑤ DE JONG B A，DIRKS K T，GILLESPIE N. Trust and Team Performance：A Meta-Analysis of Main Effects，Moderators，and Covariates［J］. *Journal of Applied Psychology*，2016.

（四）发表性偏误分析

发表性偏误（publication bias）主要是由于论文评审人根据论文研究中自变量对因变量影响效应值的大小、方向，特别是显著性来判断研究是否能够发表而导致的偏倚问题。[①] 最典型的就是"抽屉文件效应"（file-drawer effect），即因研究结果不显著等原因未能发表的文献。学者 Rosenthal 运用"失效安全系数"（Fail-safe number）这一指标来估计导致元分析结果逆转所需的抽屉文件的数量。[②] 一般而言，失效安全系数越大，表明元分析结果被推翻的可能性就越小。不过，在目前管理学领域中报告失效安全系数的元分析文献相对较少，是因为未发表的研究很难进行识别和统计。[③④] 但是，这样会导致元分析产生虚假结论。因此，本研究计算了 Rosenthal 失效安全系数[⑤]。国内学者王珍，张永红，徐巧巧在《中国卫生统计》杂志上系统介绍和比较了几种发表性偏倚评估方法。[⑥]

[①] 魏江，赵立龙，冯军政. 管理学领域中元分析研究现状评述及实施过程 [J]. 浙江大学学报（人文社会科学版），2012，42（5）：144-156.

[②] ROSENTHAL R. The file drawer problem and tolerance for null results [J]. *Psychological Bulletin*，1979，86（3）：638-641.

[③] 魏江，赵立龙，冯军政. 管理学领域中元分析研究现状评述及实施过程 [J]. 浙江大学学报（人文社会科学版），2012，42（5）：144-156.

[④] 王永贵，张言彩. 元分析方法在国内外经济管理研究中的应用比较 [J]. 经济管理，2012（4）：182-190.

[⑤] Rosenthal 失效安全系数：$N_{fs} = (\frac{\sum U}{1.64})^2 - k$，其中 U 为每个独立研究效应值是否为零的检验统计量，k 为已收集的独立研究的个数。

[⑥] 王珍，张永红，徐巧巧. 几种发表性偏倚评估方法介绍 [J]. 中国卫生统计，2009（5）：539-541.

二、假设检验结果

本研究采用 Schmidt 和 Hunter[1] 开发的 Windows–Based Meta–Analysis Software Package Version 2.0 程序（简称 "HSMA"）[2]，并结合 Excel 软件进行元分析。HSMA 是一款基于 Excel 宏应用开发的专门用于心理测量类元分析的统计软件。本研究获得了员工的性别、年龄、受教育程度、组织任期和组织地位与主动担责之间的真实效应值、95% 的置信区间（95% Confidence Interval，$CI_{95\%}$）、标准误等，并且同时结合 80% 可信区间（80% Credibility Interval，$CrI_{80\%}$）和 "75% 法则" 来综合判断调节变量存在的可能性，并通过亚组分析获得上述人口统计学特征与员工主动担责在不同调节变量上的相关关系的真实效应值及差异情况。

（一）性别与员工主动担责的关系

性别与主动担责关系的元分析结果，如表 4–3 所示。首先，从整体来看，性别与员工主动担责的正相关不显著（ρ =0.023，$CI_{95\%}$=[–0.017, 0.062]），因此，H1 不成立。性格与员工主动担责之间的 $CrI_{80\%}$ 为 [–0.185, 0.231] 包含 0，这表明性别与员工主动担责之间可能存在调节变量。

其次，通过亚组分析，本研究发现虽然发表状态、员工主动担责的评分方式以及样本来源的文化背景下所有亚组中性别与员工主动担责的正相关关系均成立，但是它们对员工性别与员工主动担责关系的调节作用均不

---

① SCHMIDT F L，HUNTER J E. *Methods of meta–analysis：Correcting error and bias in research findings* [M] . 3rd ed. LA：Sage，2015.

② Schmidt,F.L.,& Le, H.. (2014).Software for the Hunter–Schmidt meta–analysis methods,Version 2.0. University of Iowa, Department of Management & Organizations,Iowa City, IA 52242（注：该软件属于付费软件，本文在撰写过程中通过付费方式获得开发者使用授权）。

成立。具体而言：（1）从发表状态来看，已发表文献中员工性别与员工主动担责相关关系的真实效应值为 ρ =0.019（$CI_{95\%}$= $\left[-0.03，0.069 \right]$），未发表文献中二者相关关系的真实效应值 ρ =0.038（$CI_{95\%}$=$\left[0.004，0.071 \right]$），表明仅有未发表的文献中员工性别与员工主动担责之间显著正相关。此外，发表文献中员工性别与员工主动担责相关关系的真实效应值与未发表文献的真实效应值差值为 0.019（$CI_{95\%}$= $\left[-0.011，0.049 \right]$），差值的 95% 置信区间含 0，表明二者之间的差异不显著。可见，发表状态对员工性别与员工主动担责相关关系的调节效应不成立，即 H6（a）不成立。（2）从员工主动担责的评分方式来看，采用自评方式时员工性别与员工主动担责相关关系的真实效应值 ρ =-0.039（$CI_{95\%}$= $\left[-0.355，0.278 \right]$），而采用他评方式时二者相关关系的真实效应值为 ρ =0.055（$CI_{95\%}$= $\left[0.027，0.082 \right]$）。可见，仅当员工主动担责采用他评方式时，员工性别与员工主动担责才显著正相关。此外。采用他评的真实效应值与自评的真实效应值的差值为 -0.094（$CI_{95\%}$= $\left[-0.145，-0.043 \right]$），差异值的 95% 置信区间不含 0，表明二者之间的差异显著。可见，员工主动担责的评价方式对员工性别与员工主动担责相关关系的调节效应成立，于是 H7（a）成立。（3）从样本来源的文化背景来看，在中国文化背景下员工性别与员工主动担责相关关系的真实效应值 ρ =0.007（$CI_{95\%}$= $\left[-0.042，0.056 \right]$），而在非中国文化背景下二者关系的真实效应值 ρ =0.077（$CI_{95\%}$= $\left[0.032，0.122 \right]$），表明在非中国文化情景中，员工性别与员工主动担责之间的正相关才显著。此外，非中国文化背景下的真实效应值和中国文化背景下的真实效应值的差值为 -0.07（$CI_{95\%}$ = $\left[-0.102，-0.038 \right]$），差值的 95% 置信区间不含 0，表明二者之间的差异显著。可见，文化背景对员工性别与员工主动担责相关关系的调节效应成立，因此 H8（a）成立。由此可知，H1 和 H6（a）未得到验证，H7（a）、H8（a）得到验证。

本元分析的结论与学者 Tornau 和 Frese 的元分析结果中主效应分析结果一致[①]，即员工主动担责在性别方面没有显著差异。但是，与该研究中主动担责的评分方式的调节效应上存在差异，本研究正式员工主动担责评价方式的调节效应显著，而 Tornau 和 Frese 两位学者的研究中该调节效应不显著。存在差异的原因可能有两个：一是 Tornau 和 Frese 纳入元分析中员工性别与员工主动担责关系的研究数量不足 10 篇；二是本研究根据研究假设对原始文献中员工性别与员工主动担责相关系数进行了调整。因为不同文献中学者对性别的编码存在差异，因此相关系数的方向会存在差异，而这一差异会导致样本加权平均相关系数不同。总之，本研究认为第二个原因是导致本研究元分析中员工性别与员工主动担责结果不同的主要原因。此外，本研究还发现文化背景的对性别与员工主动担责之间关系的调节效应也显著，进一步丰富了已有员工主动担责元分析中调节效应的探讨。

表 4-3　性别与员工主动担责关系的元分析结果

性别		k	N	$\bar{r}$	SD_r	ρ	SD_ρ	SE_ρ	$CI_{95\%}$	$CrI_{80\%}$	$\%Var$
总体关系		75	21402	0.022	0.165	0.023	0.162	0.020	[−0.017, 0.062]	[−0.185, 0.231]	12.95%
发表状态	已发表	57	17342	0.019	0.18	0.019	0.18	0.024	[−0.03, 0.069]	[−0.212, 0.25]	10.22%
	未发表	18	4060	0.036	0.071	0.038	0.026	0.018	[0.004, 0.071]	[0.004, 0.071]	87.50%
评分方式	自评	27	7288	−0.037	0.242	−0.039	0.247	0.049	[−0.135, 0.058]	[−0.355, 0.278]	6.35%
	他评	48	14114	0.053	0.091	0.055	0.074	0.014	[0.027, 0.082]	[−0.041, 0.150]	40.71%

① TORNAU K, FRESE M. Construct clean - up in proactivity research：A meta - analysis on the nomological net of work - related proactivity concepts and their incremental validities [J]. *Applied Psychology*，2013，62（1）：44–96.

续表

性别		k	N	$\bar{r}$	SD_r	ρ	SD_ρ	SE_ρ	$CI_{95\%}$	$CrI_{80\%}$	$\%Var$
文化背景	中国文化	56	16475	0.007	0.178	0.007	0.177	0.024	[−0.042, 0.056]	[−0.22, 0.234]	10.78%
	非中国文化	19	4927	0.074	0.092	0.077	0.075	0.022	[0.032, 0.122]	[−0.019, 0.173]	43.70%

注：k=独立研究的数量；N=总样本量；$\bar{r}$=样本加权平均相关系数；SD_r=样本加权相关系数的标准差；ρ=真实相关系数的均值；SD_ρ=真实分相关系数的标准差；SE_ρ=真实效应值的标准误；$CI_{95\%}$=95% Confidence Interval；$CrI_{80\%}$=80% Credibility Interval；$\%var$=抽样方差解释观察方差的百分比。

（二）年龄与员工主动担责的关系

年龄与主动担责关系的元分析结果，如表4–4所示。首先，从整体来看，年龄与员工主动担责显著正相关（ρ=0.095，$CI_{95\%}$=［0.057，0.134］）。因此，假设H2得到验证。此外，二者间$CrI_{80\%}$为［−0.091，0.282］含有0，而且抽样误差解释观测方差的百分比仅为14.75%，远低于75%。那么，根据可信区间和75%法则可知，员工年龄与员工主动担责二者之间肯定存在调节变量。

接着，通过亚组分析，本研究获得了在不同的发表状态、不同的员工主动担责评分方式和不同的文化背景下员工年龄与员工主动担责相关关系的真实效应值。如表4–4所示：（1）从发表状态来看，已发表文献中员工年龄与员工主动担责相关关系的真实效应值ρ=0.096（$CI_{95\%}$=［0.053，0.138］），而未发表文献中二者相关的真实效应值为ρ=0.094（$CI_{95\%}$=［0.008，0.181］），这表明无论是发表文献还是未发表的文献中，员工年龄与员工主动担责之间正相关均显著，但是二者之间的差值为0.002（$CI_{95\%}$=［−0.047，0.051］）含0，表明发表状态对员工年龄与员工主动担责相关关系的调节效应不成立，即H6（b）未得到验证。（2）从员工主动担责的评分方式来看，采用自评方式时员工年龄与员工主动担责相关关系的真实效应值 ρ =0.121（$CI_{95\%}$=［0.054，0.188］），而采用他评方式时二者之间相关关系的真实效应值 ρ =0.083（$CI_{95\%}$=［0.037，0.129］），表明无论员工主动担责采用何种评分方式，员工年龄与员工主动担责均正相关。并且，采用他评时员工年龄与员工主动担责相关关系的真实效应值比采用自评时的真实效应值高出 0.038（$CI_{95\%}$=［–0.003，0.079］），差值的 95% 置信区间含 0，表明员工主动担责的评分方式对员工年龄与员工主动担责相关关系的调节作用不成立，即 H7（b）未得到验证。（3）从样本来源的文化背景来看，中国文化背景下员工年龄与员工主动担责相关关系的真实效应值 ρ =0.077（$CI_{95\%}$=［0.041，0.114］），而非中国文化背景下二者相关关系的真实效应值 ρ =0.20（$CI_{95\%}$=［0.056，0.296］），表明无论是中国文化背景还是非中国文化背景，员工年龄与员工主动担责均显著正相关。然而，非中国文化背景下员工年龄与员工主动担责的真实效应值比中国文化背景下的真实效应值高出 0.099（$CI_{95\%}$=［–0.160，–0.038］），差值的 95% 置信区间不含 0，表明文化背景对员工年龄与员工主动担责相关关系的调节作用成立，即 H8（b）得到验证。由此可见，H2 和 H8（b）得到验证，而 H6（b）和 H7（b）未得到验证。

同样，本研究与之前学者的元分析结果均不同。例如，Thomas 等关于年龄与员工主动担责文献数量仅为 3 篇[①]，结果表明年龄与员工主动担责相关系数真实效应值为 0.03（$CI_{95\%}$=［–0.06，0.12］），主效应不显著，但是这个置信区间与本研究置信区间重合度较多。此外，Tornau 和 Frese

① THOMAS J P, WHITMAN D S, VISWESVARAN C. Employee proactivity in organizations：A comparative meta - analysis of emergent proactive constructs［J］. *Journal of Occupational and Organizational Psychology*，2010，83（2）：275–300.

二位学者的元分析结果是员工年龄与员工主动担责相关关系的真实效应值为 0.02[①]，95% 置信区间下的 p 值不显著。本研究则认为，随着员工年龄的增长，其人力资本会不断增长，而实践经验等人力资本是个体能够主动担责的必要条件。

表 4-4　年龄与员工主动担责关系的元分析结果

年龄		k	N	$\bar{r}$	SD_r	ρ	SD_ρ	SE_ρ	$CI_{95\%}$	$CrI_{80\%}$	$\%Var$
总体关系		66	19793	0.091	0.149	0.095	0.146	0.019	[0.057, 0.134]	[-0.091, 0.282]	14.75%
发表状态	已发表	51	16060	0.091	0.146	0.096	0.143	0.022	[0.053, 0.138]	[-0.087, 0.279]	14.73%
	未发表	15	3733	0.09	0.164	0.094	0.158	0.044	[0.008, 0.181]	[-0.107, 0.296]	14.81%
评分方式	自评	22	6356	0.114	0.153	0.121	0.148	0.035	[0.054, 0.188]	[-0.068, 0.311]	14.66%
	他评	44	13437	0.08	0.146	0.083	0.143	0.023	[0.037, 0.129]	[-0.100, 0.266]	15.07%
文化背景	中国文化	54	16078	0.073	0.13	0.077	0.122	0.019	[0.041, 0.114]	[-0.079, 0.234]	19.81%
	非中国文化	12	3715	0.169	0.194	0.176	0.204	0.058	[0.056, 0.296]	[-0.085, 0.437]	7.82%

注：k= 独立研究的数量；N= 总样本量；$\bar{r}$ = 样本加权平均相关系数；SD_r= 样本加权相关系数的标准差；ρ = 真实相关系数的均值；SD_ρ = 真实分相关系数的标准差；SE_ρ = 真实效应值的标准误；$CI_{95\%}$=95% Confidence Interval；$CrI_{80\%}$=80% Credibility Interval；$\%var$= 抽样方差解释观察方差的百分比。

（三）受教育程度与员工主动担责的关系

受教育程度与主动担责关系的元分析结果，如表 4-5 所示。首先，从

[①]　TORNAU K, FRESE M. Construct clean - up in proactivity research：A meta - analysis on the nomological net of work - related proactivity concepts and their incremental validities [J]. *Applied Psychology*, 2013, 62（1）：44-96.

整体来看，员工受教育程度与员工主动担责显著正相关，其相关的真实效应值 ρ =0.036（$CI_{95\%}$=［0.004，0.068］）。因此，假设 H3 得到验证。此外，$CrI_{80\%}$ 为［–0.100，0.171］（含有0），抽样方差解释观测方差的百分比为25.67%，低于"75%"，表明受教育程度与主动担责二者关系间存在调节变量。

接着，通过亚组分析，本研究得出了不同发表状态、不同员工主动担责评分方式和不同文化背景下员工受教育程度与员工主动担责相关关系的真实效应值，见表4-5。具体而言：（1）从发表状态来看，已发表文献中员工受教育程度与主动担责相关关系的真实效应值 ρ =0.034（$CI_{95\%}$=［–0.002，0.070］），而未发表的文献中二者相关关系的真实效应值为0.041（$CI_{95\%}$=［–0.031，0.113］），表明无论是公开发表文献还是未公开发表的文献中，员工受教育程度与员工主动担责的正相关性均不显著；此外，二者之间的差值为 –0.007（$CI_{95\%}$=［–0.005，0.036］），该置信区间含0，表明发表状态对受教育程度与员工主动担责之间相关关系的调节作用不成立，即 H6（c）未得到验证。（2）从员工主动担责的评分方式来看，采用自评方式时员工受教育程度与员工主动担责相关关系的真实效应值 ρ =0.008（$CI_{95\%}$=［–0.005，0.065］），而采用他评方式时员工受教育程度与员工主动担责相关关系的真实效应值 ρ =0.052（$CI_{95\%}$=［0.014，0.090］），表明仅在员工主动担责采用他评方式打分时员工受教育程度与员工主动担责正相关，而且员工主动担责的评分方式能够调节员工年龄与员工主动担责正相关关系；此外，二者之间的差值为 –0.044（$CI_{95\%}$=［–0.007，–0.081］），该置信区间不含0，表明员工主动担责的评价方式对受教育程度与员工主动担责之间相关关系的调节作用成立，即 H7（c）得到验证。（3）从样本来源的文化背景来看，在中国文化背景下员工受教育程度与主动担责相关关系的真实效应值 ρ =0.038（$CI_{95\%}$=［0.005，0.072］），而在非中国文化背景下二者相关关系的真实效应值 ρ =–0.016（$CI_{95\%}$ =［–0.145，0.114］），表明仅在非中国文化背景下员工受教育程度与员工主动担责的正相关才显著。此外，二者之间的差值为 0.054（$CI_{95\%}$=［–0.026，0.134］），该置信区间含 0，表明文化背景对受教育程度与员工主动担责之间相关关系的调节作用不成立，即 H8（c）未得到验证。综上所述，H3 和 H7（c）成立，而 H6（c）、H8（c）均不成立。

表 4–5　受教育程度与员工主动担责关系的元分析结果

受教育程度		k	N	$\overline{r}$	SD_r	ρ	SD_ρ	SE_ρ	$CI_{95\%}$	$CrI_{80\%}$	$\%Var$
总体关系		56	16050	0.034	0.117	0.036	0.106	0.017	[0.004, 0.068]	[–0.100, 0.171]	25.67%
发表状态	已发表	43	12814	0.032	0.114	0.034	0.103	0.018	[–0.002, 0.070]	[–0.098, 0.167]	26%
	未发表	13	3236	0.038	0.128	0.041	0.115	0.038	[–0.031, 0.113]	[–0.107, 0.189]	24.66%
评分方式	自评	18	5889	0.007	0.118	0.008	0.109	0.032	[–0.005, 0.065]	[–0.132, 0.148]	22.21%
	他评	38	10161	0.049	0.114	0.052	0.101	0.020	[0.014, 0.090]	[–0.077, 0.181]	29.05%
文化背景	中国文化	50	15291	0.036	0.114	0.038	0.104	0.017	[0.005, 0.072]	[–0.095, 0.171]	25.21%
	非中国文化	6	759	–0.013	0.155	–0.016	0.132	0.078	[–0.145, 0.114]	[–0.185, 0.154]	33.39%

注：k= 独立研究的数量；N= 总样本量；$\overline{r}$ = 样本加权平均相关系数；SD_r= 样本加权相关系数的标准差；ρ = 真实相关系数的均值；SD_ρ= 真实分相关系数的标准差；SE_ρ= 真实效应值的标准误；$CI_{95\%}$=95% Confidence Interval；$CrI_{80\%}$=80% Credibility Interval；$\%var$= 抽样方差解释观察方差的百分比。

（四）组织任期与员工主动担责的关系

组织任期与主动担责关系的元分析结果，如表 4-6 所示。首先，从整体来看，组织任期与员工主动担责显著正相关，其真实相关系数 ρ =0.096（$CI_{95\%}$=［0.054，0.137］）。因此，假设 H4 得到验证。此外，$CrI_{80\%}$ 为［–0.073，

0.264〕（含有 0），而且抽样方差解释观测方差的百分比仅为 17.37%，低于"75%"。由此可知，组织任期与主动担责二者关系间存在调节变量。

接着，通过亚组分析获得不同发表状态、不同员工主动担责评分方式和不同文化背景下员工组织任期与员工主动担责相关关系的真实效应值，如表 4-6 所示。具体而言：（1）从发表状态来看，已发表文献中员工组织任期与员工主动担责相关关系的真实效应值 ρ =0.11（$CI_{95\%}$=〔0.066，0.155〕），而未发表的文献中二者相关关系的真实效应值 ρ =0.028（$CI_{95\%}$=〔−0.067，0.124〕），表明仅在发表文献中员工组织任期与员工主动担责存在正相关关系。此外，二者之间的差值为 0.082（$CI_{95\%}$=〔0.028，0.136〕），该置信区间不含 0，表明发表状态会调节员工组织任期与员工主动担责之间的正相关关系，即 H6（d）得到验证。（2）从员工主动担责的评分方式来看，采用自评方式时员工组织任期与员工主动担责相关关系的真实效应值 ρ =0.047（$CI_{95\%}$=〔−0.013，0.106〕），而采用他评时二者之间相关关系的真实效应值 ρ =0.113（$CI_{95\%}$=〔0.062，0.164〕）。此外，自评时的真实效应值与他评时真实效应值的差值为 −0.066（$CI_{95\%}$=〔−0.026，−0.106〕），差异值的 95% 置信区间不含有 0，表明差异显著。可见，员工主动担责的评分方式对组织任期与员工主动担责正相关关系之间的调节效应成立，即 H7（d）得到验证。（3）从样本来源的文化背景来看，在中国文化背景下员工组织任期与员工主动担责相关关系的真实效应值 ρ =0.084（$CI_{95\%}$=〔0.040，0.127〕），而在非中国文化背景下二者相关关系的真实效应值 ρ =0.123（$CI_{95\%}$=〔0.034，0.211〕）。此外，中国文化背景下的真实效应值和其他文化背景下的真实效应值的差值为 −0.039（$CI_{95\%}$=〔−0.088，0.010〕），包含 0，这表示，文化背景不会调节员工组织任期与员工主动担责的正相关关系，即 H8（d）未得到验证。由此可见，H4、H6（d）、H7（d）均成立，而 H8（d）不成立。

表4-6 组织任期与员工主动担责关系的元分析结果

组织任期		k	N	$\bar{r}$	SD_r	ρ	SD_ρ	SE_ρ	$CI_{95\%}$	$CrI_{80\%}$	%Var
总体关系		47	14295	0.091	0.136	0.096	0.131	0.021	[0.054, 0.137]	[-0.073, 0.264]	17.37%
发表状态	已发表	37	11807	0.105	0.13	0.11	0.125	0.022	[0.066, 0.155]	[-0.049, 0.27]	18.21%
	未发表	10	2488	0.027	0.149	0.028	0.139	0.049	[-0.067, 0.124]	[-0.149, 0.206]	18.27%
评分方式	自评	13	3812	0.044	0.104	0.047	0.09	0.031	[-0.013, 0.106]	[-0.069, 0.163]	31.80%
	他评	34	10483	0.108	0.143	0.113	0.139	0.026	[0.062, 0.164]	[-0.065, 0.292]	15.49%
文化背景	中国文化	31	9810	0.079	0.118	0.084	0.109	0.023	[0.04, 0.127]	[-0.056, 0.223]	22.63%
	非中国文化	16	4485	0.118	0.166	0.123	0.169	0.043	[0.034, 0.211]	[-0.093, 0.338]	12.29%

注：k= 独立研究的数量；N= 总样本量；$\bar{r}$= 样本加权平均相关系数；SD_r= 样本加权相关系数的标准差；ρ = 真实相关系数的均值；SD_ρ = 真实分相关系数的标准差；SE_ρ = 真实效应值的标准误；$CI_{95\%}$=95% Confidence Interval；$CrI_{80\%}$=80% Credibility Interval；%var= 抽样方差解释观察方差的百分比。

（五）组织地位与员工主动担责的关系

员工的组织地位与员工主动担责关系的元分析结果，如表4-7所示。首先，从整体来看，员工的组织地位与员工主动担责显著正相关，其真实效应值为 ρ =0.179（$CI_{95\%}$=［0.106，0.252］）。因此，假设H5得到验证。此外，$CrI_{80\%}$ 为［-0.004，0.362］，包含0，而且抽样方差解释观测方差的百分比仅为13.33%，低于"75%"。因此，员工的组织地位与主动担责二者关系间可能存在调节变量。

接着，通过亚组分析，本书获得了不同发表状态、不同员工主动担责评分方式和不同文化背景下员工组织地位与员工主动担责相关关系的真实效应值，如表4-7所示。具体而言：（1）从发表状态来看，已发表文献

组织中员工主动担责的形成机制研究

中员工的组织地位与主动担责相关的真实效应值 ρ =0.181（$CI_{95\%}$=［0.097，0.266］），而未发表文献中二者之间相关的真实效应值 ρ =0.168（$CI_{95\%}$=［0.027，0.309］）。可见，无论文献发表与否，员工组织地位与员工主动担责之间均正相关，而且已发文献中二者关系的真实效应值比未发表的文献中二者相关的真实效应值高出 0.13（CI_{95}=［−0.072，0.098］），差值 95% 置信区间含有 0，表明二者之间差异不显著，可知发表状态对员工组织地位与员工主动担责相关关系的调节作用不成立，即 H6（e）未得到验证。（2）从员工主动担责的评分方式来看，采用自评方式时员工组织地位与员工主动担责相关的真实效应值 ρ =0.141（$CI_{95\%}$=［0.027，0.255］），而采用他评方式时二者之间相关的真实效应值 ρ =0.198（$CI_{95\%}$=［0.105，0.291］），并且采用自评方式员工组织地位与员工主动担责相关关系的真实效应值与采用他评时的差值为 −0.057（$CI_{95\%}$=［−0.131，0.017］），差异值的 95% 置信区间含 0，表明无论采用自评还是他评，员工的组织地位与员工主动担责均正相关，但是员工主动担责的评分方式会调节二者之间的相关关系不成立，即 H7（e）未得到验证。（3）从样本来源的文化背景来看，在中国文化背景下员工的组织地位与员工主动担责相关的真实效应值 ρ =0.118（$CI_{95\%}$=［−0.003，0.238］），而在非中国文化背景下二者关系的真实效应值 ρ =0.23（$CI_{95\%}$=［0.164，0.297］），表明仅在非中国文化背景下，员工的组织地位与主动担责才显著正相关。此外，非中国文化背景下二者的真实效应值与中国文化背景下的真实效应值的差值为 −0.112（$CI_{95\%}$=［−0.182，−0.042］），差异值 95% 置信区间不含有 0，表明文化背景对员工组织地位与员工主动担责相关关系的调节作用成立，即 H8（e）得到验证。由此可见，H5 和 H8（e）得到验证，而 H6（e）、H7（e）未得到验证。

表 4-7　组织地位与员工主动担责的元分析结果

组织地位		k	N	$\bar{r}$	SD_r	ρ	SD_ρ	SE_ρ	$CI_{95\%}$	$CrI_{80\%}$	$\%Var$
总体关系		17	5759	0.170	0.143	0.179	0.143	0.037	[0.106, 0.252]	[-0.004, 0.362]	13.33%
发表与否	已发表	13	4842	0.172	0.144	0.181	0.146	0.042	[0.097, 0.266]	[-0.006, 0.368]	11.92%
	未发表	4	917	0.160	0.14	0.168	0.127	0.074	[0.027, 0.309]	[0.005, 0.331]	21.80%
评分方式	自评	7	1885	0.135	0.148	0.141	0.14	0.058	[0.027, 0.255]	[-0.039, 0.321]	16.61%
	他评	10	3874	0.188	0.138	0.198	0.141	0.046	[0.105, 0.291]	[0.018, 0.378]	12.27%
文化背景	中国文化	9	2535	0.113	0.177	0.118	0.174	0.062	[-0.003, 0.238]	[-0.105, 0.340]	11.13%
	非中国文化	8	3224	0.216	0.086	0.23	0.081	0.032	[0.164, 0.297]	[0.127, 0.334]	28.56%

注：k= 独立研究的数量；N= 总样本量；$\bar{r}$ = 样本加权平均相关系数；SD_r= 样本加权相关系数的标准差；ρ = 真实相关系数的均值；SD_ρ = 真实分相关系数的标准差；SE_ρ = 真实效应值的标准误；$CI_{95\%}$=95% Confidence Interval；$CrI_{80\%}$=80% Credibility Interval；$\%var$= 抽样方差解释观察方差的百分比。

三、发表性偏误分析

发表性偏误（publication bias）主要是由于论文评审人根据论文研究中自变量对因变量影响效应值的大小、方向，特别是显著性来判断研究是否能够发表而导致的偏倚问题。最典型的就是"抽屉文件效应"（file-drawer effect），即因研究结果不显著等原因未能发表的文献。由于研究者资源、精力有限，因此无法获取某个主题的所有实证文献，因此当元分析结果具有统计学意义时，还需要探讨元分析结果有效性问题。学者 Rosenthal 运用"失效安全系数"（Fail-safe number）这一指标来估计导致元分析结果逆转所需要未发表研究的数量。[1]失效安全系数能够告诉读者有多大的把握相信元分析的效应值结果不完全是由于发表性偏倚造成的假象。[2]一般而言，失效安全系数越大，表明元分析结果被推翻的可能性就越小。不过，在目前管理学领域中报告失效安全系数的元分析文献相对较少。

由 Schmidt 和 Le 的分析软件无法做发表性偏误分析，本研究采用 CMA 3.3[3]专业元分析软件做补充分析，计算员工性别、年龄、受教育程度、组织任期和组织地位等人口统计学特征与主动担责关系的发表性偏误结果，如表 4-8 所示。由此表可知，在临界值 α =0.05 的水平下：（1）性别与员工主动担责之间的效应量需要 4644 篇新文献才能让目前的效应值结果失效（ $Z_{性别}$ =15.54， $p<0.001$ ），表明本研究中性别与员工主动担责效应值不存在发表偏误问题；（2）年龄与员工主动担责之间的效应量需要 4108 篇新文献才能让目前的效应值结果失效（ $Z_{年龄}$ =15.59， $p<0.001$ ），表明本研究中年龄与员工主动担责效应值不存在发表偏误问题；（3）受教育程度与员工主动担责之间的效应量需要 2002 篇新文献才能让目前的效应值结果失效（ $Z_{受教育程度}$ =11.88， $p<0.001$ ），表明受教育程度与员工主动担责效应值不存在发表偏误问题；（4）组织任期与员工主动担责之间的效应量需要 2177 篇新文献才能让目前的效应值结果失效（ $Z_{组织任期}$ =13.48， $p<0.001$ ），表明组织往期与员工主动担责效应值不存在发表偏误问题；（5）组织地位与员工主动担责之间的效应量需要 726 篇新文献才能让目前的效应值结果失效

① ROSENTHAL R. The file drawer problem and tolerance for null results［J］. *Psychological Bulletin*，1979，86（3）：638–641.

② 王珍，张永红，徐巧巧. 几种发表性偏倚评估方法介绍［J］. 中国卫生统计，2009，（5）：539–541.

③ 该软件的全称为 "Comprehensive Meta-Analysis software，version 3.3"，是由美国 Biostat 公司开发的。

（$Z_{组织地位}$=12.94，p<0.001），表明组织地位与员工主动担责效应值不存在发表偏误问题。上述结果表明，本研究的人口统计学变量与员工主动担责的元分析结果在统计意义上是显著的，可靠度较高。

表4-8　人口统计学特征与员工主动担责的发表性偏误结果

关系	样本量k	Z值	失效安全系数 α=0.05
性别与员工主动担责	75	15.54	4644
年龄与员工主动担责	66	15.59	4108
受教育程度与员工主动担责	56	11.88	2002
组织任期与员工主动担责	47	13.48	2177
组织地位与员工主动担责	17	12.94	726

本章小结

首先，根据社会角色、人力资本和社会嵌入等理论，本研究提出了员工性别、年龄、受教育程度、组织任期和组织地位等人口统计学特征与员工主动担责的主效应假设，同时根据纳入文献的研究特征（发表状态、员工主动担责的评分方式和样本的文化背景）提出了调节效应假设。

其次，通过系统全面地收集员工主动担责的实证研究文献，并根据相应的筛选条件，最终获得了81个包含员工人口统计学特征与员工主动担责相关系数的独立研究，累积样本总量为23112个。运用Schmidt和Hunter的元分析方法检验了本研究的所有假设①，同时估算了员工性别、年龄、受教育程度、组织任期和组织地位与员工主动担责的真实效应值。与此同时，本书为了确保元分析结论的可靠性，还做了发表性偏倚分析，计算了结论失效的安全系数，对本研究元分析结论的可靠性做了科学估计。并且，

---

① SCHMIDT F L, HUNTER J E. *Methods of meta-analysis: Correcting error and bias in research findings* [M]. 3rd ed. LA: Sage, 2015.

将本书的元分析结果与已有的人口统计学特征与员工主动担责的元分析结果进行比较和分析，从中寻找出共同点和差异，并为不同的结果提供相应的解释。与学者 Tornau 和 Frese 发表在《应用心理学：国际评论》（*Applied Psychology: An International Review*）杂志上的元分析相比[①]，本研究具有如下两点贡献：一是本研究不仅探讨了员工性别、年龄、受教育程度、组织任期等人口统计学特征与员工主动担责的相关关系，还探讨了组织地位与员工主动担责的关系，并为元分析结果提供了研究理论的稳健性估计；二是本研究不仅考量了评估方式对矛盾性实证研究结果的解释，还考量了发表状态和样本来自的文化背景的调节效应，通过亚组分析（subgroup analysis）检验了它们对性别、年龄、受教育程度、组织任期和组织地位与员工主动担责关系的调节作用。从某种程度上来讲，本研究既丰富了现有人口统计学特征与员工主动担责元分析的内容，又对现有人口统计学特征与员工主动担责关系的实证研究结论中的潜在矛盾提供合理的解释。

本研究最终的假设检验结果如表4-9所示。由表可知，除了员工性别以外，员工的年龄、受教育程度、组织任期和组织地位与员工主动担责均呈显著正相关关系。而且，除了员工组织地位和组织任期与员工主动担责相关关系的真实效应值较大以外，员工性别、年龄、受教育程度和组织任期与员工主动担责相关关系的真实效应值均比较小。按照员工人口统计学特征与员工主动担责相关关系真实效应值的大小排序，影响员工主动担责的员工人口统计学特征依次是组织地位、组织任期、年龄、受教育程度和性别。另外，通过亚组分析，本书发现文献发表状态能够解释现有实证研

---

① TORNAU K, FRESE M. Construct clean - up in proactivity research: A meta - analysis on the nomological net of work - related proactivity concepts and their incremental validities [J]. *Applied Psychology*，2013，62（1）：44–96.

究中组织任期与员工主动担责结论中的不一致性。**数据来源或员工主动担责的评分方式能够解释员工性别、受教育程度和组织任期与员工主动担责之间关系的矛盾性结果。样本来源的文化背景则可以解释员工性别、年龄、组织地位与员工主动担责关系结论的矛盾性结论。**此外，本研究结论为后续员工主动担责控制变量的选择提供事实依据。以往学者在探讨员工主动担责前因变量时，通常将依据前人的研究选择性的挑选人口统计学特征作为控制变量，这种做法非常不科学，带有相当的主观色彩。本研究结论采用定量文献综述方式，更加客观地估计了员工性别等人口统计学特征与员工主动担责相关关系的真实效应值，从而为控制变量的选择提供可靠依据。

表 4-9　人口统计学特征与员工主动担责的相关假设及检验结果

研究假设	研究结论
H1：与女性员工相比，男性员工在工作中会表现出更多的主动担责	不成立
H2：员工年龄与主动担责之间正相关。即随着员工年龄的增加，其做出主动担责行为可能性越高	成立
H3：受教育程度与主动担责之间正相关，即员工的受教育程度越高，其做出主动担责行为的可能性越大	成立
H4：组织任期与员工主动担责之间正相关，即随着员工进入组织的时间越长，员工做出主动担责的可能性越大	成立
H5：员工组织地位与员工主动担责之间正相关，即组织地位越高的员工越可能实施主动担责行为	成立
H6（a）：纳入元分析文献的发表状态不同，员工性别对员工主动担责的影响存在显著差异	不成立
H6（b）：纳入元分析文献的发表状态不同，员工年龄对员工主动担责的影响存在显著差异	不成立
H6（c）：纳入元分析文献的发表状态不同，员工受教育程度对员工主动担责的影响存在显著差异	不成立
H6（d）：纳入元分析文献的发表状态不同，员工组织任期对员工主动担责的影响存在显著差异	成立
H6（e）：纳入元分析文献的发表状态不同，员工的组织地位对员工主动担责的影响存在显著差异	不成立
H7（a）：员工主动担责的评价主体不同，员工性别对员工主动担责的影响存在显著差异	成立
H7（b）：员工主动担责的评价主体不同，员工年龄对员工主动担责的影响存在显著差异	不成立

续表

研究假设	研究结论
H7（c）：员工主动担责的评价主体不同，员工受教育程度对员工主动担责的影响存在显著差异	成立
H7（d）：员工主动担责的评价主体不同，员工组织任期对员工主动担责的影响存在显著差异	成立
H7（e）：员工主动担责的评价主体不同，员工组织地位对其主动担责的影响存在显著差异	不成立
H8（a）：样本来源的文化背景不同，员工性别对员工主动担责的影响存在显著差异	成立
H8（b）：样本来源的文化背景不同，员工年龄对员工主动担责的影响存在显著差异	成立
H8（c）：样本来源的文化背景不同，员工受教育程度对员工主动担责的影响存在显著差异	不成立
H8（d）：样本来源的文化背景不同，员工组织任期对员工主动担责的影响存在显著差异	不成立
H8（e）：样本来源的文化背景不同，员工组织地位对员工主动担责的影响存在显著差异	成立

第五章　主动性人格对员工主动担责的影响机制

第一节　研究方法

本章的研究方法与第四章相同，但是本章将结合元分析与路径分析来检验角色宽度效能感和变革责任知觉的中介效应，即通过元分析获得变量间相关系数的真实效应值构建的相关矩阵，通过路径分析来检验中介作用。本章元分析的方法与步骤和第四章相同，在此不再赘述。

一、文献整理

（一）文献收集与筛选

本章元分析所有文献均与第四章元分析的文献来源、筛选方式一致，在此不再赘述。按照同样的筛选原则，获得符合筛选条件的文献 15 篇，其中包含主动行为人格与员工主动担责的研究 8 篇，角色宽度效能感与员工主动担责的研究 11 篇，变革责任知觉与员工主动担责的研究 5 篇。从发表状态来看，15 篇文献中发表的为 8 篇，未发表的为 7 篇（其中会议论文 2 篇，硕博论文 5 篇）。从行文语言来看，仅有 1 篇是中文，其余全部为英文。最终获得有用相关系数 18 对，有效样本总量涉及 3466 位个体样本。

（二）变量测量

本研究涉及三个变量的测量，具体如下：

主动性人格（Proactive Personality）的测量。目前，学界对员工主动性人格的测量基本采用 Bateman 和 Crant 的量表，本研究中纳入元分析的基本采用该量表。[①]

角色宽度效能感（Role-breadth Self-efficacy）的测量。角色宽度效能感是学者 Parker 提出的构念，采用的测量方式也是 Parker（1998）开发的。[②]

变革责任知觉(Felt responsibility for constructive change，FRCC)的测量。现有研究中对该构念的测量方式主要采用学者 Morrison 和 Phelps（1999）开发的 5 个题项的量表。

员工主动担责的测量。同第四章元分析一样，本研究纳入元分析的文献绝大多数都是采用 Morrison 和 Phelps 的量表[③]，或者是由该量表衍生而来的短板量表[④]。

---

① BATEMAN T S, CRANT J M. The proactive component of organizational behavior: A measure and correlates [J]. *Journal of Organizational Behavior*, 1993, 14（2）: 103-118.

② PARKER S K. Enhancing role breadth self-efficacy: the roles of job enrichment and other organizational interventions [J]. *Journal of Aapplied Psychology*, 1998, 83（6）: 835-852.

③ MORRISON E W, PHELPS C C. Taking charge at work: Extrarole efforts to initiate workplace change [J]. *Academy of Management Journal*, 1999, 42（4）: 403-419.

④ PARKER S K, COLLINS C G. Taking Stock: Integrating and Differentiating Multiple Proactive Behaviors [J]. *Journal of Management*, 2010, 36（3）: 633-662.

二、文献编码

同样，与第四章人口统计学特征与员工主动担责关系的文献编码方式一致。文献基本信息（作者信息、发表时间、文献种类、期刊名和页码）、样本特征（样本量、样本地域、样本对象、是否存在同源方差等）、研究方法（测量量表来源、变量信度和相关系数等）等等，详见附录 A 和表 5-1。

表 5-1　主动性人格、角色宽度效能感、变革责任知觉与

员工主动担责的元分析编码结果

作者	年份	TC信度	PP信度	RBSE信度	FRCC信度	PP与TC相关系数	RBSE与TC相关系数	FRCC与TC相关系数	发表状态	评价方式	文化背景
Morrison & Phelps	1999	0.93		0.85	0.8		0.14	0.4	1	2	2
Choi	2007	0.83			0.6			0.55	1	2	2
McAllister, et al.	2007	0.88		0.76			0.38		1	2	2
Marler	2008	0.94	0.92	0.93	0.76	0.11	0.14	0.11	2	2	2
Lim	2009	0.92	0.86			0.15			2	2	2
Zhang	2009	0.9	0.86			0.5			2	1	1
Sekiguchi	2010	0.82	0.82			0.39			2	1	2
Chen（study1）	2011	0.9	0.76			0.07			2	1	1
Chen（study2）	2011	0.96	0.82	0.92		0.13	0.19		2	2	1
Fuller, Marler, & Hester	2012	0.85	0.9	0.9	0.76	0.3	0.2	0.25	1	2	2
Onyishi & Ogbodo	2012	0.92		0.81			0.3		1	2	2
Sonnentag & Spychala	2012	0.93		0.91			0.42		1	2	2
Li, Chiaburu, Kirkman, & Xie	2013	0.98	0.86			0.02			1	2	1
Howell（study3）	2014	0.89	0.83			−0.02			2	2	1
Fuller, et al.	2015	0.88	0.9			0.14			1	2	2
Li, He, et al.	2015	0.93		0.93			0.33		1	2	1
黄勇，彭纪生	2015	0.89		0.88			0.56		1	1	1
Ouyang	2016	0.95	0.84	0.75		0.05	0.45		2	2	1

续表

作者	年份	TC信度	PP信度	RBSE信度	FRCC信度	PP与TC相关系数	RBSE与TC相关系数	FRCC与TC相关系数	发表状态	评价方式	文化背景
Xu，Zhao，Xi，&Zhao	2018	0.88		0.92			0.19		1	1	1
谢清伦，郗涛	2018	0.92		0.93			0.56		1	2	1
张光磊，周金帆，张亚军	2018	0.881	0.867	0.924		0.289	0.416		1	2	1
黄勇，余江龙	2019	0.93	0.89						1	1	1
Chen，Cheng，Wang，& Li	2020	0.92	0.92			0.2			1	2	1
蒿坡，龙立荣	2020	0.9		0.91			0.31		1	2	1
颜爱民等	2020	0.929			0.906			0.505	1	1	1

注：（1）TC–主动担责行为（Taking Charge），PP–主动性人格（Proactive Personality），RBSE–角色宽度效能感，FRCC–变革责任知觉（Felt responsibility for constructive chang）；（2）发表状态：1=已发表，2=未发表；（3）评分方式：1=自评，2=他评；（4）文化背景：1=中国，2=其他。

第二节 数据分析及假设检验

一、主效应与调节效应分析

与第四章相同，本研究也采用 Schmidt 和 Hunter 的元分析程序计算各变量之间的真实效应值。[①] 主动性人格、角色宽度效能感与员工主动担责相关关系的真实效应值剔除了抽样误差和测量误差等人为干扰因素对变量间相关系数结果的影响，分析结果如表5-2和表5-3所示。

---

① SCHMIDT F L, HUNTER J E. *Methods of meta–analysis: Correcting error and bias in research findings* ［M］. 3rd ed. LA：Sage，2015.

（一）主效应分析结果

首先，主动性人格与员工主动担责的相关关系。由表 5-2 可知，在剔除抽样误差和测量误差之后，主动性人格与员工主动担责相关系数的真实效应值 ρ =0.181（$CI_{95\%}$=［0.103，0.259］），置信区间不含 0，表明主动性人格与员工主动担责之间显著正相关。由此，H9 得到验证。不过，主动性人格与角色宽度效能感的 80% 可信区间为［0.016，0.346］，宽度均超过 0.11，而且抽样误差解释结果差异的百分比为 26.13%，低于"75% 法则"的要求。因此，主动性人格与员工主动担责之间可能存在调节变量。本书的元分析结果与 Fuller 和 Marler 的元分析结果非常接近[1]，二位学者运用 Hunter 和 Schmidt 的方法[2]从 4 篇主动性人格与员工主动担责的实证研究中获得二者之间相关的真实效应值为 0.28（$CI_{95\%}$=［0.20，0.36］），该结果与本书研究结果的 95% 置信区间高度重合。

其次，角色宽度效能感与员工主动担责的相关关系。由表 5-3 可知，角色宽度效能感与员工主动担责相关关系的真实效应值 ρ =0.381（$CI_{95\%}$=［0.295，0.468］），表明员工角色宽度效能感与员工主动担责之间显著正相关。同样，角色宽度效能感与员工主动担责的 80% 可信区间为［0.184，0.576］，宽度均超过 0.11，且抽样方差占观测方差的百分比为 13.35%，也低于"75% 法则"的要求，因此，角色宽度效能感与员工主动担责之间可能存在调节变量。

最后，变革责任知觉与员工主动担责的相关关系。由表 5-4 可知，角色宽度效能感与员工主动担责相关关系的真实效应值 ρ =0.628（$CI_{95\%}$=

---

① FULLER B, MARLER L E. Change driven by nature: A meta-analytic review of the proactive personality literature［J］. *Journal of Vocational Behavior*，2009，75（3）：329-345.

② HUNTER J E, SCHMIDT F L. *Methods of meta-analysis: Correcting error and bias in research findings*［M］. 2nd ed. LA：Sage，2004.

［0.453，0.803］），表明员工角色宽度效能感与员工主动担责之间显著
正相关。同样，变革责任知觉与员工主动担责的 80% 可信区间为［0.378，
0.878］，宽度均超过 0.11，且抽样方差占观测方差的百分比为 4.24%，也
低于"75% 法则"的要求，因此，变革责任知觉与员工主动担责之间可能
存在调节变量。但是，由于目前变革责任知觉与员工主动担责的实证研究
数量偏少，不具备开展调解效应分析的基础，因此，本书将不对变革责任
知觉与员工主动担责之间相关关系的调节作用进行研究。

（二）研究特征的调节效应分析结果

通过亚组分析，本研究获得了不同发表状态和不同评分方式下主动性
人格和角色宽度效能感与员工主动担责相关关系的真实效应值，分析结果
同样如表 5-2 和表 5-3 所示。

如表 5-2 所示，主动性人格与员工主动担责之间的调节效应结果：（1）
从发表状态来看，已发表文献中主动性人格与员工主动担责之间相关关系
的真实效应值 ρ =0.188（$CI_{95\%}$=［0.104，0.272］），而未发表文献中二者
之间的真实效应值 ρ =0.175（$CI_{95\%}$=［0.053，0.298］），未发表文献和已
发表文献的真实效应值的差值为 0.013（$CI_{95\%}$=［-0.061，0.087］），差值
的 95% 置信区间含 0，表明发表状态对主动性人格与员工主动担责关系的
调节效应不成立，即 H12（a）未得到验证。（2）从员工主动担责的评分
方式来看，采用自评方式时主动性人格与员工主动担责相关的真实效应值
ρ =0.324（$CI_{95\%}$=［0.163，0.486］），而采用自评时二者之间的真实效应
值 ρ =0.124（$CI_{95\%}$=［0.065，0.183］），表明无论员工主动担责采用何种
评分方式，主动性人格与员工主动担责均显著正相关。此外，采用自评时
二者之间真实效应值比采用他评时的真实效应值高出 0.086（$CI_{95\%}$=［0.114，
0.286］），差异值的 95% 置信区间不含 0，表明员工主动担责评分方式能

够调节主动性人格与员工主动担责的相关关系，即 H13（a）成立。（3）从样本来源的文化背景来看，当样本来自中国文化背景时主动性人格与员工主动担责相关的真实效应值 ρ =0.191（$CI_{95\%}$=［0.088，0.295］），而当样本来自其他文化背景时二者之间的真实效应值 ρ =0.152（$CI_{95\%}$=［0.035，0.268］），表明无论员工主动担责采用何种评分方式，主动性人格与员工主动担责均显著正相关。此外，中国样本与非中国样本二者之间的真实效应值的差值为 0.039（$CI_{95\%}$=［-0.038，0.116］），差异值的 95% 置信区间含 0，表明文化背景对主动性人格与员工主动担责之间的正相关关系的调节作用不成立，即 H14（a）未得到验证。由此，假设 H12（a）和 H14（a）未得到验证，而假设 H13(a) 得到验证。

如表 5-3 所示，角色宽度效能感与员工主动担责之间的调节效应结果：（1）从文献的发表状况来看，已发表文献中角色宽度效能感与主动担责相关关系的真实效应值 ρ =0.406（$CI_{95\%}$=［0.312，0.499］），而未发表文献中二者的真实效应值 ρ =0.312（$CI_{95\%}$=［0.123，0.501］），已发表文献中二者相关关系的真实效应值与未发表文献中二者相关关系的差值为 0.094（$CI_{95\%}$=［-0.003，0.191］），差值的 95% 置信区间含 0，表明文献发表状态对角色宽度效能感与员工主动担责的相关关系的调节作用不成立，即 H12（b）未得到验证。（2）从员工主动担责的评分方式来看，采用自评时角色宽度效能感与员工主动担责相关关系的真实效应值 ρ =0.447（$CI_{95\%}$=［0.158，0.736］），而采用他评时二者之间的真实效应值 ρ =0.367（$CI_{95\%}$=［0.282，0.452］），表明无论采用自评还是他评，角色宽度效能感与员工主动担责之间均显著正相关。但是，采用自评时二者之间相关的真实效应值比采用他评时的真实效应值高出 0.150（$CI_{95\%}$=［-0.070，0.230］），差值的 95% 置信区间含 0，表明员工主动担责的评分方式对角色宽度效能感与员工主动担责的相关关系的调节作用不成立，即 H13（b）也未得到验证。该结果表明，虽然社会期许效应会导致采用自评时角色宽度效能感与员工主动担责的相关更高，但是社会期许效应的影响并未导致二者之间相关关系差异显著。（3）从样本来源的文化背景来看，当样本来自中国文化背景时角色宽度效能感与员工主动担责相关的真实效应值 ρ =0.418（$CI_{95\%}$=［0.304，0.531］），而当样本来自其他文化背景时二者之间的真实效应值 ρ =0.291（$CI_{95\%}$=［0.185，0.397］），表明无论样本来自中国文化背景还是其他文化背景，角色宽度效能感与员工主动担责均显著正相关。此外，中国样本与非中国样本二者之间的真实效应值的差值为 0.075（$CI_{95\%}$=［0.052，0.202］），差异值的 95% 置信区间不含 0，表明文化背景对角色宽度效能感与员工主动担责之间的正相关关系的调节作用成立，即 H14（b）得到验证。由此可知，H12（b）和 H13（b）不成立，而 H14（b）成立。

学者 Fuller 和 Marler 也分析了员工主动担责评分方式对主动性人格与员工主动担责关系的调节效应。[①]二位学者发现，员工主动担责采用自评时，主动性人格与员工主动担责相关关系的真实效应值为 0.34（$CI_{95\%}$=［0.25，0.42］），而当员工主动担责采用他评时，二者之间相关的真实效应值为 0.21（$CI_{95\%}$=［0.11，0.30］），研究结论与本书的发现一致，即无论员工主动担责采用自评还是他评，主动性人格与员工主动担责均显著正相关，而且员工主动担责采用自评方式时二者之间相关关系的真实效应值比采用他评时的都要高，表明采用单一数据来源的研究设计会导致主动性人格与员工主动担责的相关关系值偏高，即存在社会期许效应。与 Fuller 和 Marler 的元分析[②]不同的是，本书还探讨了发表状态对主动性人格和角色宽度效能感

---

① FULLER B，MARLER L E. Change driven by nature：A meta-analytic review of the proactive personality literature［J］. *Journal of Vocational Behavior*，2009，75（3）：329-345.

② FULLER B，MARLER L E. Change driven by nature：A meta-analytic review of the proactive personality literature［J］. *Journal of Vocational Behavior*，2009，75（3）：329-345.

与员工主动担责关系的调节效应，并且本书还进一步证实员工主动担责评分方式的不同会导致主动性人格与员工主动担责相关效应值存在显著差异。

表5-2 主动性人格与员工主动担责的元分析结果

主动性人格		k	N	$\bar{r}$	SD_r	ρ	SD_ρ	SE_ρ	$CI_{95\%}$	$CrI_{80\%}$	%Var
总体关系		14	2875	0.163	0.132	0.181	0.129	0.039	[0.103, 0.259]	[0.016, 0.346]	26.13%
发表与否	已发表	6	1243	0.171	0.094	0.188	0.074	0.042	[0.104, 0.272]	[0.094, 0.283]	50.85%
	未发表	8	1632	0.157	0.155	0.175	0.159	0.061	[0.053, 0.298]	[-0.028, 0.379]	19.24%
评分对象	自评	4	838	0.288	0.143	0.324	0.148	0.080	[0.163, 0.486]	[0.134, 0.514]	19.15%
	他评	10	2037	0.112	0.085	0.124	0.055	0.030	[0.065, 0.183]	[0.053, 0.195]	66.36%
文化背景	中国	8	2124	0.172	0.133	0.191	0.134	0.052	[0.088, 0.295]	[0.02, 0.363]	19.91%
	其他	6	751	0.137	0.126	0.152	0.106	0.057	[0.035, 0.268]	[0.016, 0.287]	47.02%

注：k=独立研究的数量；N=总样本量；$\bar{r}$=样本加权平均相关系数；SD_r=样本加权相关系数的标准差；ρ=真实相关系数的均值；SD_ρ=真实分相关系数的标准差；SE_ρ=真实效应值的标准误；$CI_{95\%}$=95% Confidence Interval；$CrI_{80\%}$=80% Credibility Interval；%var=抽样方差解释观察方差的百分比。

表5-3 角色宽度效能感与员工主动担责的元分析结果

角色宽度效能感		k	N	$\bar{r}$	SD_r	ρ	SD_ρ	SE_ρ	$CI_{95\%}$	$CrI_{80\%}$	%Var
总体关系		14	3719	0.345	0.144	0.381	0.154	0.165	[0.295, 0.468]	[0.184, 0.579]	13.35%
发表与否	已发表	11	2770	0.364	0.142	0.406	0.145	0.158	[0.312, 0.499]	[0.219, 0.596]	15.05%
	未发表	3	949	0.289	0.136	0.312	0.157	0.167	[0.123, 0.501]	[0.111, 0.513]	11.77%
评分对象	自评	2	691	0.401	0.183	0.447	0.202	0.209	[0.158, 0.736]	[0.188, 0.706]	5.91%
	他评	12	3028	0.332	0.131	0.367	0.136	0.15	[0.282, 0.452]	[0.192, 0.541]	17.36%

续表

角色宽度效能感		k	N	$\overline{r}$	SD_r	ρ	SD_ρ	SE_ρ	$CI_{95\%}$	$CrI_{80\%}$	%Var
文化背景	中国	8	2618	0.381	0.142	0.418	0.155	0.163	[0.304, 0.531]	[0.22, 0.616]	10.29%
	其他	6	1101	0.26	0.111	0.291	0.107	0.132	[0.185, 0.397]	[0.154, 0.427]	35.11%

注：k= 独立研究的数量；N= 总样本量；$\overline{r}$= 样本加权平均相关系数；SD_r= 样本加权相关系数的标准差；ρ = 真实相关系数的均值；SD_ρ= 真实分相关系数的标准差；SE_ρ= 真实效应值的标准误；$CI_{95\%}$=95% Confidence Interval; $CrI_{80\%}$=80% Credibility Interval; %var= 抽样方差解释观察方差的百分比。

表5-4　变革责任知觉与员工主动担责的元分析结果

变革责任知觉	k	N	$\overline{r}$	SD_r	ρ	SD_ρ	SE_ρ	$CI_{95\%}$	$CrI_{80\%}$	%Var
总体关系	5	2899	0.493	0.119	0.628	0.195	0.068	[0.453, 0.803]	[0.378, 0.878]	4.24%

注：k= 独立研究的数量；N= 总样本量；$\overline{r}$= 样本加权平均相关系数；SD_r= 样本加权相关系数的标准差；ρ = 真实相关系数的均值；SD_ρ= 真实分相关系数的标准差；SE_ρ= 真实效应值的标准误；$CI_{95\%}$=95% Confidence Interval; $CrI_{80\%}$=80% Credibility Interval; %var= 抽样方差解释观察方差的百分比。

二、发表性偏误分析

与上一章人口统计学特征与员工主动担责的元分析一样，本研究同样用CMA3.3专业元分析软件对主动性人格和角色宽度效能感与主动担责的元分析结果进行发表性偏误分析，结果如表5-5所示。由表可知，在临界值 α =0.05 水平下：（1）主动性人格与员工主动担责之间的效应量需要269篇新文献才能让目前的效应值结果失效（Z$_{主动性人格}$=8.81，$p<0.001$），表明本研究中主动性人格与员工主动担责效应值不存在发表偏误问题；（2）角色宽度效能感与员工主动担责之间的效应量需要1664篇新文献才能让目前的效应值结果失效（Z$_{角色宽度效能感}$=21.45，$p<0.001$），表明本研究

中角色宽度效能感与员工主动担责效应值不存在发表偏误问题；（3）变革责任知觉与员工主动担责之间的效应量需要 630 篇新文献才能让目前的效应值结果失效（ $Z_{变革责任知觉}$ =22.48， $p<0.001$ ），表明本研究中变革责任知觉与员工主动担责效应值不存在发表偏误问题。上述结果表明本研究的主动性人格、角色宽度效能感、变革责任知觉与员工主动担责的元分析结果具有较高的可靠性。

表 5-5　主动性人格、角色宽度效能感与主动担责元分析的发表性偏误分析

关系	样本量 k	Z 值	失效安全系数 α =0.05
主动性人格与员工主动担责	14	8.81	269
角色宽度效能感与员工主动担责	14	21.45	1664
变革责任知觉与员工主动担责	5	22.08	630

三、中介效应分析

在获得了主动性人格和角色宽度效能感与主动担责的真实相关关系后，本研究将进一步利用第四章元分析中性别等人口统计学特征与主动担责的真实效应值结果，构建路径分析所需的相关矩阵，从而检验角色宽度效能感在主动性人格与主动担责之间所起的中介作用。

学者 Viswesvaran 和 Ones 就已经提出了元分析与结构方程建模结合的可能性[①]。虽然结构方程模型建模的基础是协方差矩阵，但是利用相关矩阵去做结构方程模型，估计的结果是可以被接受的[②]，并且学者 Cheung 已系统地介绍了如何利用元分析结果做结构方程模型分析的详细操作流程，

---

① VISWESVARAN C，ONES D S. Theory testing：Combining psychometric meta - analysis and structural equations modeling［J］. *Personnel Psychology*，1995，48（4）：865–885.

② 罗胜强，姜嬿. 管理学问卷调查研究方法［M］. 重庆：重庆大学出版社，2014.

其基本思想是：通过元分析计算出各变量间的真实相关系数，构建一个相关矩阵，然后根据该相关矩阵来做结构方程模型建模[①]。

基于以上思想，本研究根据上述元分析的主效应分析结果，并通过分析软件计算出所有其他变量的真实相关系数，最终构建了性别、年龄、受教育程度、组织任期、组织地位、主动性人格、角色宽度效能感和主动担责这些变量间的相关系数矩阵，如表5-6所示。利用该相关矩阵做结构方程模型来检验本章提出的相关假设。值得注意的是，做结构方程模型的样本数应该选择样本的调和平均数（harmonic mean），而非算术平均数。[②]

① CHEUNG M W-L. *Meta-analysis: A structural equation modeling approach* ［M］. New Jersey: John Wiley & Sons, 2015.

② VISWESVARAN C, ONES D S. Theory testing: Combining psychometric meta - analysis and structural equations modeling ［J］. *Personnel Psychology*, 1995, 48（4）: 865–885.

表 5-6 各变量间的真实相关系数

变量	cont1 ρ (k, N)	cont2 ρ (k, N)	cont3 ρ (k, N)	cont4 ρ (k, N)	cont5 ρ (k, N)	PP ρ (k, N)	RBSE ρ (k, N)	FRCC ρ (k, N)	TC ρ (k, N)
cont1	1								
cont2	0.08 (61,18824)	1							
cont3	-0.021 (53,15202)	-0.098 (49,14531)	1						
cont4	-0.009 (42,12994)	0.61 (36,12147)	-0.026 (34,9964)	1					
cont5	0.168 (17,5915)	0.443 (15,5638)	0.108 (10,2610)	0.18 (10,3966)	1				
PP	-0.003 (12,2519)	0.09 (8,2026)	0.068 (8,1996)	0.129 (8,1775)	0.157 (4,735)	1			
RBSE	-0.064 (12,3354)	0.063 (10,2927)	0.086 (11,3089)	0.064 (10,2698)	0.176 (4,970)	0.482 (5,1288)	1		
FRCC	0.075 (5,2889)	0.252 (3,2629)	0.11 (8,2261)	0.223 (4,2458)	0.223 (3,2298)	0.38① (1,1)	0.398 (3,535)	1	
TC	0.023 (75,21402)	0.095 (66,19793)	0.036 (56,16050)	0.096 (47,14295)	0.179 (17,5759)	0.181 (14,2875)	0.381 (14,3719)	0.628 (5,2899)	1

注: cont1-cont5 依次为员工的性别、年龄、受教育程度、组织任期、组织地位, PP-主动性人格, $RBSE$-角色宽度效能感, $FRCC$-变革责任知觉, TC-主动担责; k=独立研究的数量, N=总样本量, ρ=真实相关系数, ρ=真实相关系数的均值; 调和平均数=2138。

① 来自 Tornau and Frese（2013）的元分析结果。

运用 Mplus8.3 统计分析软件，本书检验了角色宽度效能感和变革责任知觉的中介效应，结果如表 5-7 所示。由该表可知：主动性人格对员工角色宽度效能感有显著正向影响 B= 0.462（p<0.001），并且角色宽度效能感对员工主动担责有显著正向影响 B=0.204（p<0.001）。同样，主动性人格对员工变革责任知觉有显著正向影响 B=0.339（p<0.001），并且变革责任知觉对员工主动担责有显著正向影响 B=0.619（p<0.001）。与此同时，由表 5-8 中介效应的路径分析结果可知：（1）角色宽度效能感在主动性人格与员工主动担责之间的间接效应为 0.094（$CI_{95\%}$=［0.076，0.113］），不含 0，表明角色宽度效能感的中介效应显著。（2）同样，变革责任知觉在主动性人格与员工主动担责行为的中介效应值为 0.21（$CI_{95\%}$=［0.183，0.236］），95% 置信区间不含 0，表明变革责任知觉在主动性人格与员工主动担责之间的中介效应成立。综上所述，H10（a）和 H10（b）、H11（a）和 H11（b）均得到验证。

表 5-7　路径分析结果

变量	角色宽度效能感		变革责任知觉		员工主动担责	
	B	**se**	**B**	**se**	**B**	**se**
性别	−0.081***	0.019	0.055*	0.020	−0.017	0.017
年龄	0.019	0.019	0.146***	0.027	−0.112***	0.023
受教育程度	0.038*	0.027	0.097***	0.020	−0.059***	0.017
组织任期	−0.006	0.019	0.080***	0.025	0.016	0.021
组织地位	0.122***	0.024	0.071***	0.022	0.085**	0.019
主动性人格	0.462***	0.021	0.339***	0.021	0.154*	0.020
角色宽度效能感					0.204***	0.019
变革责任知觉					0.619***	0.018

注：* 表示 p<0.05，** 表示 p<0.01，*** 表示 p<0.001。

表 5-8　角色宽度效能感和变革责任知觉的中介效应分析结果

中介变量	**B**	**95%CI 下限**	**95%CI 上限**
角色宽度效能感	0.094	0.076	0.113
变革责任知觉	0.210	0.183	0.236

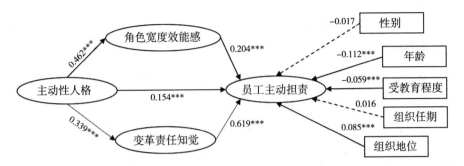

图 5-1　主动性人格、角色宽度效能感、变革责任知觉与主动担责关系的结构方程模型分析结果

注：*** 表示 $p < 0.001$；虚线表示影响不显著。

本章小结

在组织中，拥有主动性人格的员工就一定更可能展现出主动担责行为吗？现有实证研究并未给出百分之百的肯定答案。从现有主动性人格与员工主动担责的实证研究中可以发现，有学者证实二者之间显著正相关[1]，但也有学者发现二者之间无关[2]。那么，这是否仅仅是抽样误差导致的呢？带着这一疑问，本研究同样尝试采用元分析方法估算主动性人格与员工主动担责之间相关关系的真实效应值，并尝试从发表状态、员工主动担责的评分方式和样本来源的文化背景来解释矛盾性结论产生的可能原因。通过元分析，本研究发现主动性人格与员工主动担责正相关，真实效应值为0.26。而且，本研究还发现，员工主动担责的评价方式是导致主动性人格与员工

---

① FULLER J B，MARLER L E，HESTER K. Bridge building within the province of proactivity [J]. *Journal of Organizational Behavior*，2012，33（8）：1053–1070.

② FULLER B，MARLER L E，HESTER K，et al. Leader reactions to follower proactive behavior：Giving credit when credit is due [J]. *Human Relations*，2015，68（6）：879–898.

主动担责之间产生矛盾性结果一个可能原因。具体而言，当员工主动担责采用自评时，主动性人格与员工主动担责相关关系的真实效应值为 0.53，而当员工主动担责采用他评时，这一真实效应值为 0.17，还不足自评真实效应值的三分之一，而且二者之间差异显著。

主动性人格的员工为何更可能做出主动担责行为？本研究根据 Parker 等的主动行为激励模型[①]，该模型认为主动性人格是员工主动性行为的一个重要远端前因（distal antecedent），主动性人格通过影响个体实施主动性行为的动机，进而激发员工展现出主动担责行为。本研究重点探讨了员工角色宽度效能感的中介作用，员工角色宽度效能感反映了主动性行为激励模型中的"能为动机"。通过元分析方法，本研究还估算了员工角色宽度效能感与员工主动担责相关关系的真实效应值，以及第三章中员工性别等人口统计学特征与主动性人格、员工角色宽度效能感相关关系真实效应值，并由此构建了员工人口统计学特征、主动性人格、角色宽度效能感、变革责任知觉和员工主动担责的相关矩阵。然后，运用路径分析模型估计员工角色宽度效能感和变革责任知觉在主动性人格与员工主动担责行为之间所起的中介作用。数据分析结果表明，员工角色宽度效能感和变革责任知觉在主动性人格与员工主动担责之间起中介作用。本章中主动性人格与员工主动担责的所有研究假设及检验结果如表 5-9 所示。

表 5-9　主动性人格对员工主动担责影响的元分析假设及检验结果

研究假设	研究结论
H9：主动性人格对员工主动担责具有正向影响，即员工主动性人格越强，越可能做出主动担责行为	成立
H10（a）：角色宽度效能感对员工主动担责有显著正向影响	成立

①　PARKER S K, BINDL U K, STRAUSS K. Making Things Happen: A Model of Proactive Motivation [J]. *Journal of Management*, 2010, 36（4）: 827-856.

续表

研究假设	研究结论
H10（b）：角色宽度效能感在主动性人格与员工主动担责之间起中介作用	成立
H11（a）：变革责任知觉对员工主动担责有显著正向影响	成立
H11（b）：变革责任知觉在主动性人格与员工主动担责之间起中介作用	成立
H12（a）：纳入元分析文献的发表状态会调节主动性人格与员工主动担责之间的正相关关系，即文献发表状态会导致主动性人格与员工主动担责相关关系存在显著差异	不成立
H12（b）：纳入元分析文献的发表状态会调节角色宽度效能感与员工主动担责之间的正相关关系，即文献发表状态会导致角色宽度效能感与员工主动担责相关关系存在显著差异	不成立
H13（a）：员工主动担责的评分主体不同会调节主动性人格与员工主动担责之间的正相关关系，即员工主动担责评分方式的不同会导致主动性人格与员工主动担责相关关系存在显著差异	成立
H13（b）：员工主动担责的评分主体不同会调节角色宽度效能感与员工主动担责之间的正相关关系，即员工主动担责评分方式的不同会导致角色宽度效能感与员工主动担责相关关系存在显著差异	不成立
H14（a）：样本来源的文化背景不同时，主动性人格对员工主动担责的影响存在显著差异	不成立
H14（b）：样本来源的文化背景不同时，角色宽度效能感对员工主动担责的影响存在显著差异	成立

第六章 员工自恋与共享型领导对员工
主动担责的多层次影响

第一节 研究方法

本研究采用跨时点上下级配对的问卷调查设计，包括变量测量、数据收集和样本筛选两个部分。

一、变量测量

本研究的所有量表均采用有权威出处的正式量表，基本上这些量表都曾在中国文化背景中使用过。笔者采用"翻译—回译"和专家评估的方式，既力争确保翻译的中文量表准确表达构念的含义，又符合本研究需要。本研究所涉及的核心变量测量量表的具体情况如下：

（一）员工自恋。本研究借鉴学者 Jones 和 Paulhus 发表在 *Assessment*

期刊上的一个 9 个题项的单维度自恋量表。[①] 该量表是在学者 Raskin 和 TerryNPI-40 量表的基础上 [②]，尽量减少测项和保留构念原有概念内涵的基础上发展出来的自恋测量的简版量表。该量表经过多轮测试，经验证具有良好的信效度，且能够很好反映自恋。本研究采用 Likert-7 点量表进行评价，让受访对象对测量题项的同意程度进行打分，1 表示"完全不同意"，7 表示"完全同意"，得分越高表明该员工的自恋程度越高。比如，题项"大家把我当作领导""我喜欢成为关注的焦点"等。

（二）基于组织的自尊。本研究中采用学者 Matsuda 等员工基于组织的自尊的单维度量表。[③] 它是在学者 Pierce 等的 10 个题项单维度量表 [④] 基础上修正的简化版量表，该量表符合东方文化情景。已有学者证实 Pierce 的量表在中国情景中同样具有足够的信度和效度。[⑤⑥] 因此，本研究选取

——————————

① JONES D N, PAULHUS D L. Introducing the short Dark Triad （SD3）: a brief measure of dark personality traits ［J］. *Assessment*, 2014, 21（1）: 28-41.

② RASKIN R, TERRY H. A principal-components analysis of the Narcissistic Personality Inventory and further evidence of its construct validity ［J］. *Journal of Personality and Social Psychology*, 1988, 54（5）: 890-902.

③ MATSUDA Y, PIERCE J L, ISHIKAWA R. Development and validation of the Japanese version of organization-based self-esteem scale ［J］. *Journal of Occupational Health*, 2011, 53（3）: 188-196.

④ PIERCE J L, GARDNER D G, CUMMINGS L L, et al. Organization-based self-esteem: Construct definition, measurement, and validation［J］. *Academy of Management Journal*, 1989, 32（3）: 622-648.

⑤ LIANG J, FARH C I, FARH J-L. Psychological antecedents of promotive and prohibitive voice: A two-wave examination ［J］. *Academy of Management Journal*, 2012, 55（1）: 71-92.

⑥ CHEN Z X, ARYEE S, LEE C. Test of a mediation model of perceived organizational support ［J］. *Journal of Vocational Behavior*, 2005, 66（3）: 457-470.

Matsuda 等的 8 个题项的量表。[①] 同样，采用 Likert-7 点量表进行评价，让受访员工在第二个调研时点填写基于组织的自尊量表，评价量纲从 1 到 7，1 表示"完全不同意"，7 表示"完全同意"，得分越高表明该员工基于组织的自尊越高。题项如"我在团队里是有价值的""我在团里很有分量"等。

（三）共享型领导。共享型领导的测量采用 Hiller 等的量表，包含"计划和组织""解决问题""支持和关怀"以及"培养与指导"这四个维度，共计 25 个题项。[②] 国内学者蒿坡、龙立荣和贺伟将该量表用于中国情景，并证明该量表具有良好的信效度。[③] 本研究采用 Likert-7 点量表进行评价，让受访样本对团队成员在团队中能够经常做出上述四个维度涵盖的内容做出评价，1 表示"完全不同意"，7 表示"完全同意"，得分越高表明团队成员表现出这些领导角色行为的频率越高，继而领导力在团队成员之间共享的程度就越高。其中"计划和组织"维度共 6 个题项，如"计划如何完成工作"和"帮助设定团队目标"；"解决问题"维度共 7 个题项，如"利用团队的综合技能解决问题"和"为提升团队绩效寻找解决方案"；"支持和关怀"维度共 6 个题项，如"积极培养一种团队向上的内部氛围"；"培养与指导"维度共 6 个题项，如"团队成员会帮助每个人提高工作技能"。

（四）员工主动担责。由于本研究探讨组织中团队成员的主动担责行为，因此本研究采用学者 Griffin 等团队成员的主动行为量表来测量员工主

① MATSUDA Y, PIERCE J L, ISHIKAWA R. Development and validation of the Japanese version of organization-based self-esteem scale [J]. *Journal of Occupational Health*, 2011, 53 (3): 188-196.

② HILLER N J, DAY D V, VANCE R J. Collective enactment of leadership roles and team effectiveness: A field study [J]. *The Leadership Quarterly*, 2006, 17 (4): 387-397.

③ 蒿坡, 龙立荣, 贺伟. 共享型领导如何影响团队产出？信息交换、激情氛围与环境不确定性的作用 [J]. 心理学报, 2015, 47 (10): 1288-1299.

动担责。[①] 如前所述，该量表是 Morrison 和 Phelps 量表 [②] 的简化版，同样被多个研究者所使用，也曾在中国样本的研究中使用过，例如 Ouyang, Lam 和 Wang [③]。本研究通过员工的直接领导对员工过去一个月中是否经常做出题项中所描述的行为进行打分，1 表示"完全不同意"，7 表示"完全同意"，得分越高表明该员工表现出越多的主动担责行为。题项如"该成员经常尝试改进工作流程来实现团队目标""该成员经常尝试采用创新的工作方法来提高团队效率"。

（五）控制变量。依据人口统计学特征与员工主动担责关系的元分析结果，本章将员工的性别、年龄、受教育程度、组织任期、组织地位作为控制变量，此外还将员工的工作经验作为控制变量。性别采用虚拟变量测量（0="女性"，1="男性"），受教育程度采用定序变量测量（1="中专及以下"，2="大专"，3="大学本科"，4="研究生及以上"），年龄、组织任期和工作经验采用连续变量测量（以"年"为单位）、组织地位采用定序变量（1="非管理者"，2="基层管理者"，3="中层管理者及以上"）。

二、数据收集与样本筛选

（一）数据收集

调研采取方便抽样方式，选择湖北省、海南省、河北省、河南省、湖南省、

---

① GRIFFIN M A, NEAL A, PARKER S K. A New Model of Work Role Performance: Positive Behavior in Uncertain and Interdependent Contexts [J]. *Academy of Management Journal*, 2007, 50(2): 327–347.

② MORRISON E W, PHELPS C C. Taking charge at work: Extrarole efforts to initiate workplace change [J]. *Academy of Management Journal*, 1999, 42(4): 403–419.

③ OUYANG K, LAM W, WANG W. Roles of gender and identification on abusive supervision and proactive behavior [J]. *Asia Pacific Journal of Management*, 2015, 32(3): 1–21.

北京市、上海市、深圳市八个省市的 12 家企业抽取样本，涉及设备制造、餐饮、房地产、IT 技术、管理咨询、家电销售等行业。抽样调查的具体实施过程如下：

首先，确定被调研企业、对象和程序。研究者预先与受访企业的管理层沟通，向其告知调研的目的、对象和实施过程。在获得企业管理层的许可和支持之后，通过与企业管理层委托的负责人（一般为企业的 HR）协商和讨论，确定调研问卷的发放和回收流程。整个调研过程遵循"自愿参与、参与有偿、严格保密、兼顾实际"的基本指导思想。调研过程分两个阶段开展，在最大限度降低样本流失的情况下，研究者约定两个阶段之间间隔至少一周以上，以满足因果关系设计中"时间先后顺序"这一原则的要求。调研问卷共计三套，员工问卷 2 套，领导问卷 1 套，采用上下级配对填写，从研究设计上规避同源方法偏误问题。其中，第一阶段中领导主要填写个人信息和主动性人格量表，员工填写个人信息、员工自恋、分享型领导问卷；第二阶段员工则填写个人基本信息和基于组织的自尊问卷，而领导则填写个人及团队基本信息，并对员工主动担责行为进行打分。

其次，做好调研准备工作。为了确保调研的顺利开展，研究者首先与受访企业的 HR 就满足调研条件的对象进行筛选。本次调研的对象为 4 人以上团队（由 1 名领导和 3 名及以上员工组成），由企业的 HR 确定好满足条件的团队，并赋予每个团队一个唯一的团队代码，并以该代码为基础给团队中每个成员一个代码。例如，人力资源部门的代码为 HR，那么团队的领导代码为 HR00，其下的 3~8 名员工的代码分别为 HR01–HR08。通过这种方式能够有效地避免员工因为企业和员工出于对隐私的保护而拒绝填写问卷。当然，在调研过程中如果调研团队人数众多，研究者则采用随机抽样方式，从团队中随机抽取 3–8 名员工参与调研。此外，如果调研过程中出现员工临时取消参与调研，研究者与 HR 协调选择可以替代的调研对象。

最后，问卷的发放与回收。在企业 HR 的协助下，事先向满足条件的部门或团队告知调研的目的、意义、填写方式和注意事项，并充分做好保密工作，然后领导和员工根据 HR 事先准备好的编码单在问卷封面处填写自己的调研代码。本次调研的问卷发放和回收采用了三种方式：（1）对湖北省的四家企业，采用现场填写方式，由 HR 召集满足条件的受访团队在小会议室中集中填写，并由研究人员对填写过程中出现的疑问进行及时解答；（2）对海南省、河北省和北京市的三家企业，研究者将调研问卷通过邮件方式发送给负责的 HR，并告知其调研的开展方式和填写注意事项，由 HR 将问卷打印并发放至满足条件的部门和调研团队填写，帮助回收，并最终由 HR 通过快递方式转交给研究者；（3）对剩余省市的受访企业，研究者将问卷的电子版发送给相关的负责人，同样告知其填写方式和注意事项，最后由该负责人分文档打包后以邮件形式转发给研究者。

整个调研过程中，所有参与此次调研的对象均可获得 10~20 元不等的礼品或红包。本研究共计发放问卷 350 份，历时两个月后，共回收问卷289 份，回收率为 82.6%。

（二）样本筛选

研究者根据如下原则对回收的问卷进行筛选：（1）剔除不满足调研对象要求的问卷，如团队成员数量低于 4 人、上下级不能匹配的团队等；（2）剔除核心变量漏填的问卷，但是对基本信息存在缺失而核心变量填写完整的问卷予以保留；（3）剔除对同一题项选择超过两次的问卷，以及未在选择区填写的问卷；（4）剔除题项回答呈现明显规律性的问卷，如出现从头至尾选择同一数字或以"Z"字形排列的问卷；（5）剔除团队中成员填写完全一致的问卷，以排除抄袭或由同一人作答的嫌疑。

最终，本书获得有效团队 59 个，有效员工问卷 274 份。研究者将所有有效问卷录入 SPSS 统计分析软件，为后面的数据分析和假设检验做好准备。

第二节　数据分析与假设检验

一、描述性统计及数据转化

（一）描述性统计分析

首先，运用 SPSS 统计分析软件对获得的 274 份有效员工样本进行描述性统计分析，结果如表 6-1 所示：（1）从性别来看，男性员工占 55.8%，女性员工占 44.2%，男性员工略多于女性员工，抽样性别比例比较均衡；（2）从年龄分布来看，以 21 ~ 30 岁的员工居多，占有效样本的 67.5%，其次是 31 ~ 40 岁占 26.3%，因此样本以青年人为主；（3）从受教育程度来看，有效样本以大专和大学本科样本居多，分别占 31.8% 和 33.9%，其次是高中及以下员工占 25.9%；（4）从组织地位来看，大部分员工均为非管理者，占有效样本的 77.7%，其次是基层管理者占 20.8%；（5）从组织任期来看，以 1–5 年的居多，占有效样本的 42.8%，其次是 1 年及以下，占 35.9%；（6）从工作经验来看，仍以 1 ~ 5 年的员工居多，占有效样本的 40.9%，其次是 1 年以下占 28.5%。

表 6-1　员工样本的描述性统计分析（n=274）

变量	分类	频数（人）	百分比（%）	累计百分比（%）
性别	男性	153	55.8	55.8
	女性	121	44.2	100.0
年龄	20 岁以下	5	1.8	1.8
	21–30 岁	185	67.5	69.3
	31–40 岁	72	26.3	95.6
	41 岁及以上	12	4.4	100.0

续表

变量	分类	频数（人）	百分比（%）	累计百分比（%）
受教育程度	中专及以下	71	25.9	25.9
	大专	87	31.8	57.7
	大学本科	93	33.9	91.6
	研究生及以上	23	8.4	100.0
组织地位	非管理者	213	77.7	77.7
	基层管理者	57	20.8	98.5
	中层管理者	4	1.5	100.0
组织任期	1 年及以下	99	36.1	36.1
	1-5 年	117	42.7	78.8
	6-10 年	37	13.5	92.3
	10 年以上	21	7.7	100.0
工作经验	1 年及以下	78	28.5	28.5
	1-5 年	112	40.9	69.4
	6-10 年	57	20.8	90.2
	10 年以上	27	9.8	100.0

其次，59 个有效领导样本的基本情况如表 6-2 所示，具体而言：
（1）从性别来看，男性样本占 54.2%，而女性为 45.8%，同样是男性多于
女性；（2）从年龄来看，领导者的年龄以 31-35 岁居多，占有效样本的
55.9%，其次是 36-40 岁占 22.0%；（3）从受教育程度来看，领导的受教
育水平以大学本科居多，占 57.6%，整体而言，领导样本的受教育程度普
遍较高；（4）从团队类型来看，以营销/销售团队的样本居多，占有效样
本的 28.8%，其次是人力和技术分别占 18.6% 和 16.9%；（5）从团队规模
来看，以 6-10 人的小规模团队居多，占有效样本的 33.9%，其次是 16 人
以上的团队占 28.8%。

表 6-2 领导样本的描述性统计分析（n=59）

变量	分类	频数（人）	百分比（%）	累计百分比（%）
性别	男性	32	54.2	54.2
	女性	27	45.8	100.0
年龄	30 岁以下	3	5.1	5.1
	31-35 岁	33	55.9	61.0
	36-40 岁	13	22.0	83.1
	41 岁以上	10	16.9	100.0

续表

变量	分类	频数（人）	百分比（%）	累计百分比（%）
受教育程度	中专及以下	1	1.7	1.7
	大专	11	18.6	20.3
	大学本科	34	57.6	78.0
	研究生及以上	13	22.0	100.0
团队类型	制造	5	8.5	8.5
	财务	6	10.2	18.6
	人力	11	18.6	37.3
	营销/销售	17	28.8	66.1
	技术	10	16.9	83.1
	服务	8	13.6	96.6
	其他（物流等）	2	3.4	100.0
团队规模	5人及以下	15	25.4	25.4
	6-10人	20	33.9	59.3
	11-15人	7	11.9	71.2
	16人以上	17	28.8	100.0

为了确保数据分析的顺利展开，首先需要对数据质量把关，主要是检验数据服从正态分布情况。运用 SPSS23.0 统计分析软件描述性功能和探索性功能，本书得出了各变量题项的偏度和峰度值以及 Shapiro-Wilk 正态性检验结果，如表 6-3 所示。由此表可知，所有题项均符合正态分布，说明本研究的数据满足回归分析和结构方程模型分析的基本条件。

表 6-3　测量题项的正态分布检验结果

题项	样本量	均值	标准差	偏度		峰度		Shapiro-Wilk 检验	
				统计量	标准误	统计量	标准误	统计量	显著性
NA1	274	4.22	1.07	0.46	0.15	1.09	0.29	0.87	0
NA2	274	4.11	1.09	0.28	0.15	0.85	0.29	0.893	0
NA3	274	4.18	1.1	0.27	0.15	0.71	0.29	0.901	0
NA4	274	4.79	1.18	0.18	0.15	−0.72	0.29	0.915	0
NA5	274	4.85	1.17	0.08	0.15	−0.68	0.29	0.923	0
NA6	274	4.74	1.15	0.38	0.15	−0.52	0.29	0.903	0
NA7	274	5.07	1.14	0.11	0.15	−0.43	0.29	0.909	0
NA9	274	5.03	1.14	−0.02	0.15	−0.09	0.29	0.917	0
PO1	274	5.28	1.55	−0.48	0.15	−0.7	0.29	0.882	0
PO2	274	4.58	1.45	−0.03	0.15	−0.21	0.29	0.921	0
PO3	274	5.13	1.37	−0.37	0.15	−0.54	0.29	0.918	0

题项	样本量	均值	标准差	偏度		峰度		Shapiro-Wilk 检验	
				统计量	标准误	统计量	标准误	统计量	显著性
PO4	274	4.63	1.28	−0.06	0.15	−0.34	0.29	0.941	0
PO5	274	4.46	1.38	0.01	0.15	−0.63	0.29	0.943	0
PO6	274	4.83	1.31	−0.16	0.15	−0.26	0.29	0.935	0
PS1	274	3.74	1.52	0.24	0.15	−0.36	0.29	0.943	0
PS2	274	3.95	1.6	−0.04	0.15	−0.63	0.29	0.944	0
PS3	274	3.69	1.52	0.18	0.15	−0.43	0.29	0.947	0
PS4	274	3.87	1.64	0.14	0.15	−0.58	0.29	0.939	0
PS5	274	3.76	1.59	0.06	0.15	−0.55	0.29	0.937	0
PS6	274	3.99	1.65	−0.02	0.15	−0.69	0.29	0.946	0
PS7	274	3.72	1.6	0.09	0.15	−0.56	0.29	0.944	0
SC1	274	3.67	1.75	0.46	0.15	−0.77	0.29	0.915	0
SC2	274	4.37	1.66	0.1	0.15	−1.01	0.29	0.928	0
SC3	274	4.23	1.46	0.15	0.15	−0.3	0.29	0.938	0
SC4	274	3.53	1.6	0.33	0.15	−0.51	0.29	0.937	0
SC5	274	3.91	1.61	0.17	0.15	−0.6	0.29	0.942	0
SC6	274	4.14	1.6	0.07	0.15	−0.36	0.29	0.925	0
DM1	274	3.18	1.64	0.31	0.15	−0.78	0.29	0.916	0
DM2	274	3.2	1.65	0.28	0.15	−0.74	0.29	0.923	0
DM3	274	3.53	1.56	0.17	0.15	−0.38	0.29	0.933	0
DM4	274	3.2	1.58	0.3	0.15	−0.63	0.29	0.928	0
DM5	274	3.27	1.53	0.31	0.15	−0.25	0.29	0.929	0
DM6	274	3.34	1.48	0.25	0.15	−0.41	0.29	0.936	0
OB1	274	4.69	1.22	0.03	0.15	−0.07	0.29	0.924	0
OB2	274	5.09	1.22	−0.28	0.15	−0.19	0.29	0.919	0
OB3	274	4.93	1.24	−0.12	0.15	−0.38	0.29	0.922	0
OB4	274	4.96	1.28	−0.1	0.15	−0.54	0.29	0.922	0
OB5	274	5.3	1.34	−0.58	0.15	−0.17	0.29	0.908	0
OB6	274	5.16	1.38	−0.29	0.15	−0.67	0.29	0.905	0
OB7	274	5.53	1.3	−0.56	0.15	−0.29	0.29	0.884	0
OB8	274	4.75	1.26	0.05	0.15	−0.54	0.29	0.916	0
TC1	274	5.25	1.29	−0.32	0.15	−0.32	0.29	0.906	0
TC2	274	5.26	1.31	−0.38	0.15	−0.43	0.29	0.911	0
TC3	274	5.52	1.36	−0.8	0.15	0.04	0.29	0.879	0

注：NA1-NA9 为员工自恋测项，OB1-OB8 为基于组织的自尊的测项，TC1-TC3 为员工主动担责的测项，PO1-PO6 为共享型领导第一个维度，PS1-PS7 为共享型领导第二个维度，SC1-SC6 为共享型领导第三个维度，DM1-DM6 为共享型领导第四个维度。

（二）团队数据的转化

由于分享型领导为团队层面的变量，并且是通过团队成员评价获取的。因此，需要将个体层面的数据加以聚合，从而转化为团队层面的数据，为下面跨层次调节分析做好准备。

按照肯尼和拉旺给出的个体层面数据转化为团队层面数据的两个条件：一是该构念在团队层面有意义；二是个体层面的数据具有足够的组内相关性以满足聚合条件。[①] 本研究中的分享型领导本身就是一个团队层面的变量，由此接下来就应该对个体层面的共享型领导数据进行聚合检验。[②] 聚合检验的核心思想是：当个体层面数据组内一致性较高，且组间差异较大时，个体层面数据才能有效聚合为团队层面数据。

目前，学界的跨层研究普遍采用的聚合检验指标有三项，即内部一致性的 Rwg 值（Within-Group Agreement）、组内相关系数 ICC（1）（Intra Class Correlation 1）和组间相关系数 ICC（2）（Intra Class Correlation 2）。具体而言：（1）Rwg 值反映了团队不同成员回答就同一题项评分的一致性程度，其取值范围为。通常认为，所测构念的 Rwg 值中位数大于 0.7，即表明数据的组内一致性满足聚合要求（罗胜强和姜嬿，2014）。经计算，本研究中共享型领导的 Rwg 值中位数为 0.83，满足该指标设定的条件。（2）ICC（1）和 ICC（2）这两项指标用于检验团队之间数据的差异程度，其取值范围均在 0~1 之间。ICC（1）是指团队间的真实方差与观察到的方差之间的比值。换言之，就是小组内不同的组员评分的信度。而 ICC（2）是小组平均评分的信度。一般而言，ICC（2）比 ICC（1）大，而且受到每

[①] KENNY D A, LA VOIE L. Separating individual and group effects [J]. *Journal of Personality and Social Psychology*, 1985, 48（2）：339-348.

[②] 罗胜强，姜嬿. 管理学问卷调查研究方法 [M]. 重庆：重庆大学出版社，2014.

组评分者数量的影响较大。ICC 值越大越好，其结果判断的经验标准是：ICC（1）大于 0.12[①]，而 ICC（2）大于 0.47[②]。根据罗胜强和姜嬿提供的程序[③]，运用 SPSS 软件计算得出本研究中共享型领导的 ICC（1）=0.35，ICC（2）=0.71，均达到设定标准，表明团队间数据的差异程度较高，满足聚合条件。综上所述，分享型领导可以聚合到团队层面。

二、验证性因子分析

首先，本书运用 Mplus8.3 统计分析软件对各变量进行了信效度分析，分别得出了它们的标准化因子载荷、CR 值和 AVE 值，如表 6-4 所示。标准化因子载荷（factor loading）是测量能够用来反映潜变量的程度，根据学者 Tabachnica 和 Fidell 建议[④]，标准化因子载荷大于 0.55 即为良好。CR 值或 "组合信度"，是各变量所有题项信度的组合，表示构念的内部一致性。CR 值与内部一致性信度（Cronbach's α ）非常类似，通常 CR 值越高表示构念内部一致性越高，0.7 为可接受的门槛。[⑤]AVE 值，也叫作 "平均方差萃取量"，表示一个潜变量被一组观测变量有效估计的收敛程度指标。通常，AVE 值越高，表示构念的收敛效度越好。AVE 值大于 0.5 为理想，

---

① JAMES L R. Aggregation bias in estimates of perceptual agreement [J]. *Journal of Applied Psychology*, 1982, 67（2）: 219.

② SCHNEIDER B, WHITE S S, PAUL M C. Linking service climate and customer perceptions of service quality: Tests of a causal model [J]. *Journal of Applied Psychology*, 1998, 83（2）: 150–163.

③ 罗胜强，姜嬿. 管理学问卷调查研究方法 [M]. 重庆：重庆大学出版社，2014.

④ TABACHNICK B G, FIDELL L S, ULLMAN J B. *Using multivariate statistics* [M]. Boston: Pearson, 2007.

⑤ 邱皓政，林碧芳. 结构方程模型的原理与应用 [M]. 2 版. 北京：中国轻工业出版社，2018.

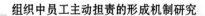

0.36~0.5 之间可接受。[①] 综上可知，本研究中各变量的信效度指标均比较好，符合做验证性因子分析的条件。

表 6-4　核心变量的信效度分析结果

变量	测项	标准化因子载荷	CR 值	AVE 值	变量	测项	标准化因子载荷	CR 值	AVE 值
PO	PO1	0.881	0.95	0.75	NA	NA1	0.748	0.90	0.51
	PO2	0.849				NA2	0.741		
	PO3	0.935				NA3	0.746		
	PO4	0.766				NA4	0.758		
	PO5	0.869				NA5	0.732		
	PO6	0.90				NA6	0.757		
PS	PS1	0.786	0.93	0.66		NA7	0.602		
	PS2	0.826				NA8	0.695		
	PS3	0.814				NA9	0.631		
	PS4	0.771			OBSE	OB1	0.723	0.92	0.59
	PS5	0.841				OB2	0.802		
	PS6	0.825				OB3	0.769		
	PS7	0.830				OB4	0.780		
SC	SC1	0.765	0.91	0.61		OB5	0.822		
	SC2	0.799				OB6	0.736		
	SC3	0.830				OB7	0.775		
	SC4	0.832				OB8	0.737		
	SC5	0.794			TC	TC1	0.840	0.83	0.62
	SC6	0.668				TC2	0.752		
DM	DM1	0.901	0.95	0.74		TC3	0.763		
	DM2	0.889							
	DM3	0.852							
	DM4	0.749							
	DM5	0.859							
	DM6	0.907							

注：NA1-NA9 为员工自恋测项，OB1-OB8 为基于组织的自尊的测项（OB SE），TC1-TC3 为员工主动担责的测项，PO1-PO6 为共享型领导第一个维度（PO），PS1-PS7 为共享型领导第二个维度（PS），SC1-SC6 为共享型领导第三个维度（SC），DM1-DM6 为共享型领导第四个维度（DM）。PO- 计划与组织，PS- 解决问题，SC- 支持与关怀，DM- 发展与指导。

---

① FORNELL C, LARCKER D F. Evaluating structural equation models with unobservable variables and measurement error［J］. *Journal of Marketing Research*，1981，18（1）：39-50.

接着，本书运用 Mplus8.3 软件对本研究中员工自恋、基于组织的自尊和共享型领导三个量表进行验证性因子分析，因为这三个量表均由员工来打分。验证性因子分析主要用于检验量表或题项结构效度，具有假设检验的特点，为理论驱动分析，能够帮助研究者直观比较模型之间的特点。[①]值得一提的是，由于本研究所有构念的测量题项均比较多，本书按照"关系平衡法"进行打包处理。学者 Marsh 等证实，与单个测量指标相比，项目包具有更高的信度且数据分布更接近正态分布，也更容易收敛。[②] 基于上述思想，本书将员工自恋（9 个题项）和基于组织的自尊（8 个题项）分别打包为 3 个项目包，而将共享型领导的四个维度的均值作为题项，进行验证性因子分析。如表 6–5 所示，三因子模型的拟合情况均优于单因子模型和二因子模型，其拟合情况为：（1）x^2/df（卡方自由度之比）=3.02，接近小于等于 3 的理想水平；（2）近似误差均方根（RMSEA）等于 0.086，小于 0.1 可接受水平；（3）标准化残差均方根（SRMR）=0.05，低于设定的小于 0.08 的水平，情况较好；（4）拟合指数 CFI 和 TLI 均超过 0.90 以上的参考标准（参见王孟成，2014：99–102）。综上所述，三因子模型最好，表明变量的区分效度较好。

表 6–5　整体量表区分效度分析结果

模型	x^2	df	x^2/df	RMSEA	SRMR	CFI	TLI
三因子模型：NA,SL,OBSE	96.67	32	3.02	0.09	0.05	0.96	0.94
二因子模型：NA,SL+OBSE	219.52	34	6.46	0.14	0.10	0.89	0.85
二因子模型：NA+SL,OBSE	282.94	34	8.32	0.16	0.14	0.85	0.80

---

① 王孟成. 潜变量建模与 Mplus 应用：基础篇［M］. 重庆：重庆大学出版社，2014.

② MARSH H W，HAU K–T，BALLA J R，et al. Is more ever too much? The number of indicators per factor in confirmatory factor analysis［J］. *Multivariate Behavioral Research*，1998，33（2）：181–220.

续表

模型	x^2	df	x^2/df	RMSEA	SRMR	CFI	TLI
二因子模型：NA+OBSE,SL	742.50	34	21.84	0.28	0.17	0.56	0.42
单因子模型：NA+OBSE+SL	773.60	35	22.10	0.28	0.17	0.54	0.41

注：NA=员工自恋，SL=共享型领导，OBSE=基于组织的自尊。

三、相关分析

由于本研究采用的是跨层设计，因此需要对个体层面和团队层面的变量分开进行相关分析。运用SPSS 23.0统计分析软件，本研究员工层面和团队层面的各个变量间的相关系数结果如表6-6所示。具体而言：（1）从员工层面来看，人口统计学特征中的性别与员工主动担责之间存在显著相关（$r=0.21$，$p<0.01$），组织任期与员工主动担责负相关（$r=-0.14$，$p<0.05$），其余的人口统计学特征（年龄、受教育程度等）与员工主动担责的相关性不显著。此外，值得一提的是，员工年龄、组织任期和工作经验这些变量之间的相关系数较高且显著，因为这些变量统一采用以"年"为单位的连续测量，而且这些变量本身相关性就比较高。因此，在后续回归分析中，将这些变量作为控制变量。（2）核心变量之间的相关关系。员工自恋与员工主动担责行为之间正相关（$r=0.25$，$p<0.01$），员工自恋与员工基于组织的自尊之间显著正相关（$r=0.35$，$p<0.01$），员工基于组织的自尊与员工主动担责行为之间也显著正相关（$r=0.24$，$p<0.01$），个体感知的共享型领导与员工主动担责之间显著正相关（$r=0.20$，$p<0.01$）。同时，个体感知的共享型领导与员工基于组织的自尊也显著正向关（$r=0.38$，$p<0.01$）。

表6-6 各变量间的均值、标准差相关系数表（含信度）

变量	均值	标准差	1	2	3	4	5	6	7	8	9
员工层面变量（n=274）											
1. 员工自恋	4.47	0.79	(0.90)								
2. 共享型领导	3.97	0.96	0.19**	(0.93)							
3. 基于组织的自尊	5.05	1.02	0.35***	0.38***	(0.92)						
4. 员工主动担责	5.34	1.14	0.25***	0.20***	0.24***	(0.83)					
5. 员工性别	0.56	0.50	-0.15*	-0.02	-0.05	0.21**					
6. 员工年龄	28.97	5.32	-0.03	0.02	0.02	-0.09	-0.04				
7. 员工受教育程度	2.25	0.94	0.10	-0.33***	-0.11	-0.13*	-0.08	-0.09			
8. 员工组织任期	4.00	5.19	-0.08	0.12	0.08	-0.14*	-0.15*	0.70***	-0.02		
9. 员工组织地位	1.24	0.46	-0.08	0.02	-0.02	-0.07	-0.01	0.30***	-0.13**	0.18***	
10. 员工工作经验	4.75	5.37	-0.05	0.10	0.08	-0.15***	-0.17***	0.75***	-0.01	0.92***	0.23***
团队层面变量（n=59）											
1. 团队共享型领导	4.00	0.67									
2. 领导性别	0.54	0.50	-0.08								
3. 领导年龄	2.51	0.84	-0.18	0.32*							
4. 领导受教育程度	3.00	0.69	-0.14	-0.05	0.12						
5. 团队类型	3.90	1.55	0.10	-0.02	-0.03	-0.35***					
6. 团队规模	2.44	1.16	0.03	0.62***	0.35***	-0.13	0.12				

注：1. 双尾检验：* 表示 $p<0.05$，** 表示 $p<0.01$。

2. 性别：0=女性，1=男性；年龄、组织任期和工作经验均以"年"为单位。

3. 括号中的数字为核心变量的内部一致性变量信度系数（Cronbach's α）

四、假设检验

（一）中介效应分析

由于调研所得数据来自 59 个团队的 274 个员工，基于数据的嵌套性，本书借鉴 Zhang，Zyphur 和 Preacher 的检验方法[①]，采用 Mplus8.3 进行了相应的路径分析，组间非标准化路径系数，结果如图 6-1 所示。

首先，检验"员工自恋→基于组织的自尊→员工主动担责"这条中介路径。由图 6-1 所示，员工自恋对基于组织的自尊具有显著正向影响（γ=0.38，$p<0.001$），基于组织的自尊对于员工主动担责具有显著正向影响（γ=0.16，$p<0.01$）。在加入基于组织的自尊之后，员工自恋与员工主动担责的直接效应仍然显著（γ=0.23，$p<0.01$）。可见，员工基于组织的自尊在员工自恋与员工主动担责之间起部分中介作用。由于本研究数据嵌套性，本研究借鉴 Mackinnon，Lockwood 和 Williams 的做法[②]，运用 R3.3 统计软件进行参数化的 Bootstrapping（Monte Carlo 模拟分析）计算中介效应，结果如图 6-2 所示。该结果表明，员工基于组织的自尊在员工自恋与员工主动担责之间的中介效应的估计值为 0.06（$bootCI_{95\%}$=[0.005，0.125]），此区间不包含 0，该结果也表明基于组织的自尊的中介效应存在。由此，H15 和 H17 获得验证。

其次，检验"共享型领导→基于组织的自尊→员工主动担责"这条多

① ZHANG Z，ZYPHUR M J，PREACHER K J. Testing multilevel mediation using hierarchical linear models：Problems and solutions [J]. *Organizational Research Methods*，2009，12（4）：695-719.

② MACKINNON D P，LOCKWOOD C M，WILLIAMS J. Confidence limits for the indirect effect：Distribution of the product and resampling methods [J]. *Multivariate Behavioral Research*，2004，39（1）：99-128.

层次中介路径。同样，运用 Zhang，Zyphur 和 Preacher 的检验方法[①]，结果同样如图 6-1 所示。由图可知，共享型领导对员工基于组织的自尊具有显著正向影响（γ =0.38，$p<0.001$），而加入员工自尊后，共享型领导对员工主动担责的正向影响不显著（γ =0.14，$p>0.05$）。该结果表明，员工基于组织的自尊在共享型领导与员工主动担责之间起完全中介作用。同样，采用 R3.3 统计软件进行参数化的 Bootstrapping（Monte Carlo 模拟分析）计算中介效应值，如图 6-3 所示。结果表明，员工基于组织的自尊在共享型领导与员工主动担责之间的中介效应值为 0.06（$bootCI_{95\%}$=［0.005，0.131］）。由此，H16 和 H18 得到验证。

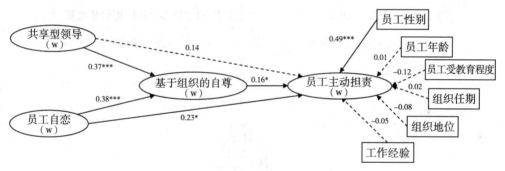

图 6-1 本研究中介效应分析结果

注：* 表示 $p < 0.05$，*** 表示 $p < 0.001$；虚线表示影响不显著。

① ZHANG Z，ZYPHUR M J，PREACHER K J. Testing multilevel mediation using hierarchical linear models: Problems and solutions ［J］. *Organizational Research Methods*，2009，12（4）：695-719.

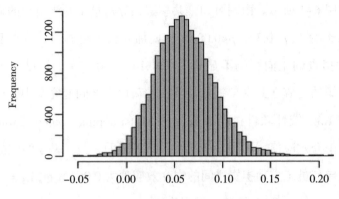

图 6-2 "NA → OBSE → TC" 中介效应的 Monte Carlo 模拟分析结果

注：LL 和 UL–95% 置信区间的下限和上限 ,NA= 员工自恋，OBSE= 基于组织的自尊，TC= 员工主动担责。

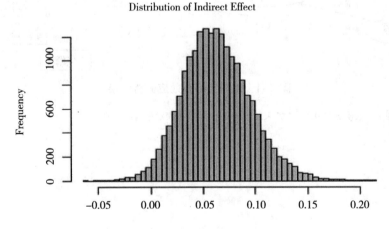

图 6-3 "SL → OBSE → TC" 中介效应的 Monte Carlo 模拟分析结果

注：LL 和 UL–95% 置信区间的下限和上限，SL= 共享型领导，OBSE= 基于组织的自尊 ,TC= 员工主动担责。

（二）调节效应分析

1.共享型领导跨层调节作用

根据罗胜强和姜嬿梳理的跨层次调节作用模型[1]，本研究中团队层面的共享型领导（SL）会调节不同组内员工自恋（NA）与员工基于组织自尊（OBSE）的关系，而员工自恋和员工基于组织的自尊属于个体层面变量。如果令 x=NA，Mo=SL，Me=OBSE，y=TC 的话，那么每一组中 $x_{ij} \rightarrow Me_{ij}$ 的截距是 β_{0j}，斜率是 β_{1j}。

为了检验共享型领导的跨层调节效应，本书将共享型领导对员工自恋和员工基于组织的自尊之间关系的截距和斜率分别定义为 γ_{11} 和 γ_{10}。本书采用团队均值中心化，将员工自恋的团队均值放入团队水平，以便估算在控制员工自恋后员工自恋与共享型领导交互项的斜率。根据上述思想，本研究借鉴罗胜强和姜嬿高层级变量调节低层级变量关系的跨层调节变量分析[2]，运用 Mplus8.3 检验了共享型领导在员工自恋与基于组织的自尊之间的调节效应。在 Within 层中，将员工自恋对员工主动担责的斜率随机化，并在 Between 层中，使此斜率对共享型领导进行回归。经计算，本研究发现共享型领导对于员工自恋和基于组织的自尊的调节效应成立（γ_{11}=0.10，$p<0.001$）。为了更好展现共享型领导与员工自恋之间的交互效应，本研究还绘制了二者关系的交互效应图，如图6-4所示。因此，H19 也得到验证。

---

① 罗胜强，姜嬿. 管理学问卷调查研究方法［M］. 重庆：重庆大学出版社，2014.

② 罗胜强，姜嬿. 管理学问卷调查研究方法［M］. 重庆：重庆大学出版社，2014.

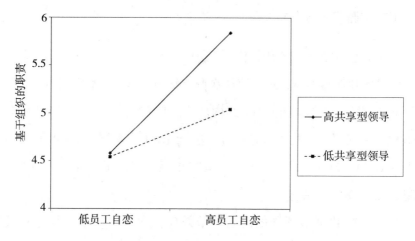

图6-4　共享型领导与员工自恋之间的交互效应图

2. 多层次的有调节的中介效应分析

根据 Edwards 和 Lamert 在单层次的被中介的调节所使用的标准[①]，如果在调节变量高（均值 +1 个标准差）和低（均值 –1 个标准差）时，该被中介的调节效应的差值存在差异的显著差异时，那么跨层次的调节中介作用就成立。本书假定 $Me_{ij} \to y_{ij}$ 的效用值为 b，跨层次的被中介的调节效用值为 θ，调节变量的高低组分别为 Mo_H 和 Mo_L。那么，$\theta = [(\gamma_{10} + \gamma_{11}Mo_H) \times b] - [(\gamma_{10} + \gamma_{11}Mo_L) \times b]$。

根据该思想，本研究运用 Mplus 8.3 统计分析软件，运行刘东、张震和汪默的 "two-level first-stage moderated mediation" 检验程序[②]（参见附录 C）。经分析，获得共享型领导影响员工自恋与员工基于组织的自尊的截距（$\gamma_{10}=-0.137$，）和斜率（$\gamma_{11}=0.102$），它们的标准误分别为 0.051 和 0.058，

---

①　EDWARDS J R, LAMBERT L S. Methods for integrating moderation and mediation: a general analytical framework using moderated path analysis [J]. *Psychological Methods*, 2007, 12 (1): 1–22.

②　刘东，张震，汪默. 被调节的中介和被中介的调节：理论构建与模型检验 [M] // 陈晓萍，徐淑英，樊景立. 组织与管理研究的实证方法. 2 版. 北京：北京大学出版社，2012.

并且基于组织的自尊对员工主动担责的效应值为 0.540，标准误为 0.029。因为不知道员工自恋与员工基于组织的自尊和员工基于组织的自尊与员工主动担责效用值的抽样分布，因此需要运用 bootstrapping 来估算变量的中介效应。

然而，现有 Mplus8.3 程序是不允许在跨层次的调节中介时做 bootstrapping，因此本书参考刘东、张震和汪默[1] 的建议，使用 R3.3 软件进行参数 bootstrapping 估计（参见附录 D），结果如图 6-5 所示。结果表明，二者之间的差异显著为 0.06（boot $CI_{95\%}$=［0.006,0.092］），该区间不含 0。由此可见，"跨层次的调节中介效应"成立，即共享型领导会调节员工基于组织的自尊在员工自恋与员工主动担责之间的中介效应，H20 获得验证。

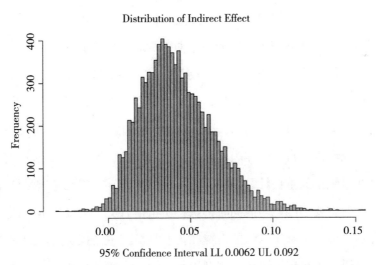

图 6-5　跨层的调节中介效应的 Monte Carlo 模拟分析结果

① 刘东，张震，汪默. 被调节的中介和被中介的调节：理论构建与模型检验［M］// 陈晓萍，徐淑英，樊景立. 组织与管理研究的实证方法. 2 版. 北京：北京大学出版社，2012.

本章小结

自恋的员工在工作中也会主动担责吗？什么情景下自恋的员工更会主动担责？围绕这些有趣的研究问题，本研究借鉴特质激活模型，构建了员工自恋对员工主动担责的多层次影响模型，检验了员工基于组织的自尊的中介作用和团队共享型领导的调节作用。本章运用问卷调查方法，采用二阶段配对研究设计从全国八个地区的 12 家企业抽取 274 份有效样本，涉及设备制造、餐饮、房地产、IT 技术、管理咨询、家电销售等行业。综合运用 SPSS23.0、Mplus8.3 和 R3.3 统计分析软件对数据进行分析处理，最终假设检验结果如表 6-7 所示。

研究结果表明，员工自恋和共享型领导对员工主动担责行为具有正向影响。也就是说，在组织中自恋的员工更容易做出主动担责行为，一方面因为自恋的员工会认为在工作中能够主动担责的非他莫属，另一方面，主动担责可能是员工自恋的一种表现。员工自恋和共享型领导均通过员工基于组织的自尊作用于员工主动担责，即员工基于组织的自尊起着重要的中介作用。员工基于组织的自尊是自恋个体做出主动性行为的一种重要的"愿为动机"，或者说，自恋个体为了维持自我一致性，通过员工主动担责来反映自己在组织中的重要性。同样，团队共享型领导方式也是增强员工基于组织自尊的重要原因。与此同时，从特质与情景交互角度，本书证实共享型领导会调节员工基于组织的自尊在自恋与员工主动担责之间的中介作用。也就是说，当且仅当团队共享型领导高时，自恋才会通过员工基于组织自尊促进员工主动担责。本研究结论对加深员工自恋与共享型领导对员工主动担责关系的影响理解具有一定的启示作用。

表 6-7 本章的假设检验结果

研究假设	研究结论
H15：员工自恋对员工主动担责具有正向影响	成立
H16：共享型领导对员工基于组织的自尊具有正向影响	成立
H17：基于组织的自尊在员工自恋与员工主动担责之间起中介作用	成立
H18：基于组织的自尊在共享型领导与员工主动担责之间起中介作用	成立
H19：团队的共享型领导会调节员工自恋与员工基于组织的自尊之间的正向关系，即当团队的共享型领导程度越高时，员工自恋对员工基于组织的自尊的正向影响越强	成立
H20：团队的共享型领导会调节员工基于组织的自尊在员工自恋与员工主动担责之间的中介效应，即当团队的共享型领导程度较高，员工基于组织的自尊在员工自恋与员工主动担责之间的中介效应存在；而当团队的共享型领导程度较低时，员工基于组织的自尊的中介效应不存在	成立

第七章　研究结论、启示与展望

第一节　研究结论汇总

在当前互联网飞速发展和经济转型的大背景下，员工自发地做出对组织有利的主动担责行为的重要性不言而喻。本书围绕"组织中什么样的人更容易做出主动担责行为"（前因）、"为什么这些员工更愿意做出主动担责行为"（中介机制）以及"在什么情况下这些员工愿意做出主动担责行为的可能性会更高"（边界条件）等问题展开研究，系统探讨了员工主动担责的形成机制。针对现有员工主动担责研究的不足，分别从人口统计学特征、主动性人格以及员工自恋等前因对上述问题进行系统深入的探讨，综合元分析和问卷调查法，得出了如下六个有价值的研究结论。

第一，员工的年龄、受教育程度、组织任期和组织地位等人口统计学特征与员工主动担责均呈显著正相关关系，但员工性别对员工主动担责的正向影响不成立。运用 Hunter 和 Schmidt 的元分析方法，本书在剔除了抽样误差和测量误差等人为干扰因素对实证研究结果影响之后，获得了员工性别、年龄、受教育程度、组织任期和组织地位与员工主动担责相关关系的真实效应值，并按照 Cohen 效应值大小标准[①]，对这些人口统计学特征与员工主动担责相关关系的真实效应值进行排序，发现这五个人口统计学特征中对员工主动担责影响依次是组织地位、组织任期、年龄、受教育程度和性别。

第二，员工的人口统计学特征与员工主动担责相关关系受到发表状态、数据来源以及文化背景等研究特征的调节。具体而言，本书发现文献发表状态能够解释现有实证研究中组织任期与员工主动担责结论中的不一致性。数据来源或员工主动担责的评分方式能够解释员工性别、受教育程度和组织任期与员工主动担责之间关系的矛盾性结果。样本来源的文化背景则可以解释员工性别、年龄、组织地位与员工主动担责关系结论的矛盾性结论。

第三，主动性人格对员工主动担责有显著正向影响，并且角色宽度效能感和变革责任知觉在二者之间起部分中介作用。本书结合元分析和路径分析方法，既解释了现有主动性人格与员工主动担责之间矛盾性研究结果产生的可能原因，又检验了角色宽度效能感和变革责任知觉在二者之间的中介作用。通过元分析估算员工性别等人口统计学特征、主动性人格、角色宽度效能感、变革责任知觉和员工主动担责之间相关关系的真实效应值，运用路径分析方法，本书发现在控制了员工性别等人口统计学特征之后，主动性人格对员工主动担责具有正向影响，而且主动性人格和角色宽度效能感、变革责任知觉与员工主动担责相关关系的真实效应值较大。同时，本书还验证了角色宽度效能感和变革责任知觉在主动性人格与员工主动担

---

① COHEN J. Statistical Power Analysis for the Behavioral Sciences（2nd Edition）［J］. *Journal of the American Statistical Association*，1988，84（363）：19-74.

责之间所起的中介作用。由此可见，"主动性人格→角色宽度效能感→员工主动担责"和"主动性人格→变革责任知觉→员工主动担责"两条因果关系链成立。

第四，自恋人格对员工主动担责也有显著正向影响，并且基于组织的自尊在二者之间起部分中介作用。诚如学者 Lim 指出，员工主动担责也可能是员工自恋人格的一种表现方式，因为自恋的员工可能认为只有他们具备引领组织或团队变革的能力。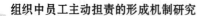①自恋的个体更容易抬高自己在组织或团队中的重要性。换言之，自恋的员工的基于组织的自尊也可能越高。此外，学者 Howell 在研究新进员工地位知觉对变革导向行为的影响时，发现自恋可能同时导致新进员工的地位知觉和变革导向行为。②自恋的个体有自我增强的需要，他们希望别人注意到自己的优势和重要性，而在工作中主动担责是一种表达自我重要性的重要途径。

第五，员工基于组织的自尊在共享型领导与员工主动担责之间起完全中介作用。也就是说，团队的共享型领导通过提升员工基于组织的自尊，进而促进员工主动担责。这一点与学者 Chen 研究授权型领导对员工主动性行为的研究发现一致。③对于员工而言，能够在工作中展现主动担责不仅需要自己有能够成功完成使命的效能感，还需要让员工感受到自己是重要的、被支持的，有能力对微观环境产生影响。由此，基于组织的自尊在

---

① LIM S H A. *Taking charge: examining antecedents, moderators, and consequences* [D]. Pennsy Lvania: The Pennsylvania State University, 2009.

② HOWELL T M. *Big fish in a new pond : how self-perceived status influences newcomer change oriented behaviors* [D]. Austin: The University of Texas at Austin, 2014.

③ CHEN Z-J. *A contingency model of empowering leadership on employee proactive behavior: team power distance climate and individual power distance belief as the moderators* [D]. Hong Kong: Hong Kong University of Science and Technology, 2011.

员工主动担责中扮演重要作用。而什么会增强员工基于组织的自尊呢？也就是说，如何让一个员工感受到自己在团队中是重要的呢？本书发现，采用共享型领导方式能够增强员工基于组织的自尊。共享型领导强调领导角色在团队中被共享的状态。Hiller 等以角色为基础发展出的共享型领导鼓励团队成员参与团队计划和组织，问题的解决，为团队成员提供支持与关怀，并为新进的团队成员提供发展和指导。[①] 在共享型领导的团队中，员工更能体会到自己的重要性，更容易树立员工基于组织的自尊，进而员工也更对团队和组织负责，在工作中表现出更多的主动担责。

第六，共享型领导会调节员工自恋与员工主动担责之间的中介机制。自恋个体在权力、地位等动力特质上的积极自我概念是其主动担责的重要保障，而共享型领导能够赋予个体领导角色。根据特质激活理论，当个体某种特质与该特质相关的情景相结合，会增加个体特定行为产生的可能性。通过实证研究，本书证实共享型领导会调节员工基于组织自尊在自恋与员工主动担责之间的中介作用，即当团队的共享型领导方式程度高，员工基于组织的自尊在员工自恋与员工主动担责之间的中介作用存在，而当团队的分享型领导方式程度低时，员工基于组织的自尊的中介作用不成立。

第二节 贡献与启示

一、理论贡献

本书对员工主动担责、自恋和共享型领导的研究具有如下四个方面的

[①] HILLER N J, DAY D V, VANCE R J. Collective enactment of leadership roles and team effectiveness: A field study [J]. *The Leadership Quarterly*, 2006, 17（4）：387-397.

贡献。具体而言：

第一，弥补了人口统计学特征与员工主动担责的关系研究。从员工主动担责元分析研究上来看，本书是少有的系统探讨了员工性别等人口统计学特征与员工主动担责的相关关系的元分析研究。目前，探讨过人口统计学特征与员工主动担责关系的元分析仅有 Tornau 和 Frese 的一篇文献。[①]与该篇元分析相比，本研究有如下两点贡献：一是本研究更专注地探讨了员工性别、年龄、受教育程度、组织任期和组织地位等人口统计学特征与员工主动担责的相关关系，并提供了研究理论的稳健性估计。虽然 Tornau 和 Frese 的元分析也探讨了员工性别、年龄、受教育程度和组织任期等人口统计学特征与员工主动担责的关系，然而该篇元分析并非单纯地探讨人口统计学与员工主动担责的关系，并且该元分析既没有提性别与年龄与主动担责的相关假设，也未报告 95% 的置信区间结果。与之相比，本研究的元分析还估计了组织地位与员工主动担责相关关系的真实效应值，并且发现组织地位比其他人口统计学特征对员工主动担责的影响更大。二是本研究还考量了性别等人口统计学特征与主动担责关系之间相关关系可能存在的调节变量，从而为现有实证研究中存在矛盾性结果提供可能性解释。与 Tornau 和 Frese 的元分析研究相比，本研究不仅考量了评估方式对矛盾性实证研究结果的解释，还考量了发表状态和样本来自的文化背景的调节效应，通过亚组分析（subgroup analysis）检验了它们对性别、年龄、受教育程度、组织任期和组织地位与员工主动担责关系的调节作用。从某种程度上来讲，本研究既丰富了现有人口统计学特征与员工主动担责元分析的内

---

① TORNAU K, FRESE M. Construct clean - up in proactivity research: A meta - analysis on the nomological net of work - related proactivity concepts and their incremental validities [J]. *Applied Psychology*, 2013, 62（1）: 44–96.

容，又对现有人口统计学特征与员工主动担责关系的实证研究结论中的潜在矛盾提供合理的解释，还为员工主动担责实证研究中控制变量的选择提供依据。

第二，拓展了自恋人格在组织行为领域的研究。当前，自恋人格在组织行为领域备受关注，因为自恋是一种常见的人格，但是大家以往都过于关注这种人格的负面效果，而忽视其可能存在的积极功能和价值。积极的自我概念、情感和自我增强等特征使得自恋者表现出积极和正面的价值，如创造力。在当前组织行为研究领域，对领导者自恋关注很多，而且自恋的领导带来的结果"喜忧参半"，自恋领导的个人魅力能够带来下属良好的行为表现，同时也会导致下属做出偏差行为。然而，很少有研究关注员工自恋对员工行为的影响。本书特别关注了员工自恋对员工在工作中主动担责的影响机制。通过研究发现，拥有自恋人格的员工做出主动担责的原因是这些员工基于组织的自尊较高。因此，本书既拓展了自恋与员工行为关系的研究，又揭示了自恋员工在工作中主动担责的作用机制。

第三，揭示了员工主动担责的形成机制，为 Parker 等的主动行为激励模型提供实证支撑。[①] 基于学界对员工主动性行为在面向未来和面向变革方面上达成的共识，学者 Parker 等将员工主动行为视为目标驱动的过程，识别出个体做出主动性行为的三种不同动机，即"能为动机""愿为动机"和"敢为动机"。其中，"能为动机"包括效能感、控制评估和行为代价感知等，是基于期望理论发展出来的；"愿为动机"表明个体实施主动性行为的原因，即个体为什么那样去做，与自我决定理论有关；"敢为动机"同时包括"能为动机"和"愿为动机"的状态，通常是一种情感，是从期

---

① PARKER S K, BINDL U K, STRAUSS K. Making Things Happen: A Model of Proactive Motivation [J]. *Journal of Management*, 2010, 36 (4): 827–856.

望—效价理论发展出来的。本书再次证实角色宽度效能感在主动性人格与员工主动担责之间起中介作用，而角色宽度效能感体现的正是个体的一种"能为动机"。与此同时，本书还发现基于组织的自尊既在自恋与员工主动担责之间起部分中介作用，又在共享型领导与员工主动担责之间起完全中介作用。基于组织的自尊反映员工做出主动担责行为的原因，是一种"愿为动机"。

第四，深入探讨了共享型领导影响员工主动担责的作用机制，扩展和丰富了共享型领导研究领域，有助于揭示共享型领导跨层次作用路径的"黑箱"，具有一定的开创性。从传统垂直型领导方式发展而来的共享型领导，强调团队成员之间相互影响、共同协作。本书不仅探讨了共享型领导对员工主动担责影响，还检验了员工基于组织的自尊在二者之间所起的中介作用。与此同时，从多层次研究角度检验了共享型领导对员工自恋与员工主动担责中介机制的调节作用。

二、管理启示

围绕"如何有效识别和激发员工主动担责"这一核心问题，本书从三个角度予以阐释，企业管理者可以从如下四个方面挖掘和激发员工主动担责。

第一，企业管理者可以通过员工性别、年龄、受教育程度、组织任期和组织地位等人口统计学特征快速地识别和筛选企业中能够主动担责的员工，不过也应注意优先顺序和文化因素。

首先，企业管理者应考量这些人口统计学特征的优先次序。通过比较员工性别等人口统计学特征与员工主动担责相关关系的真实效应值的大小，本书建议企业管理者在筛选企业内部能够主动担责的员工时应优先考虑员工的组织地位，其次再考虑员工的性别等其他人口统计学特征。由于员工主动担责具有变革性和风险性的特点，需要消耗员工大量的资源，而组织地位较高的员工往往具备资源上的优势，因而更可能做出主动担责行为。除了通过员工组织地位识别能够主动担责的员工，企业管理者同样可以通过晋升等激励手段激发企业内部员工主动担责。

其次，企业管理者在运用员工性别等人口统计学特征识别企业中能够主动担责的员工时还应考量文化因素。本书发现，在中国文化背景下，受教育程度越高的员工越可能主动担责，而非中国文化背景下受教育程度与员工主动担责不相关。与之相反，本书还发现，在中国文化背景下，员工组织任期与员工主动担责之间不相关，而在非中国文化背景下，组织任期越长的员工越可能主动担责。此外，通过对比研究发现，虽然中国文化背景下和非中国文化背景下，员工年龄与员工主动担责之间均显著正相关，然而与中国文化背景下的员工相比，非中国文化背景下员工年龄越长做出主动担责的可能性越高。

第二，企业管理者在选拔能够主动担责的员工时应充分考虑人格因素，并在员工招聘时综合运用多种人格测量工具。

与员工性别等显性的人口统计学特征相比，影响员工行为的特质属于隐性层面的变量，需要通过一定的技术手段来识别。随着人格研究的深入和测量技术的发展，企业管理者已经将性格测试纳入企业人才招聘和选拔过程，企业员工测评系统日趋完善。企业管理者通常运用相应的人格特质量表获得与员工性格相关的信息，从而为有特殊要求的岗位选拔能够胜任的人才提供指导。目前，企业员工测评中最常见的性格测试方式为麦克雷和科斯塔（McCrae and Costa）于1992年编制的"大五人格"测评[①]，还有

---

① MCCRAE R R, COSTA JR P T. Discriminant validity of NEO-PIR facet scales [J]. *Educational and psychological measurement*, 1992, 52（1）: 229-237.

卡雷努斯的"四气质说"、荣格的"内向/外向"性格倾向等。已有研究表明，"大五人格"中的开放性①和尽责性②对员工主动担责具有显著的正向影响。

本书不仅证实主动性人格对员工主动担责有显著正向影响，而且发现员工的自恋人格对员工主动担责也具有显著正向影响。由此可见，企业管理者在选拔能够主动担责的员工时还应考量主动性人格和自恋人格。然而，企业管理者在人才性格测评中很少关注这两类人格。此外，本书进一步发现，主动性人格的员工往往在工作中表现出更高的角色宽度效能感，进而能够在工作中更多地主动担责；而自恋的员工往往在工作中表现出更高的基于组织的自尊，员工主动担责是自恋员工凸显自己基于组织的自尊的重要途径之一。两种类型的人格通过不同的作用机制激发员工主动担责。

第三，企业管理者应该帮助提升员工角色宽度效能感和员工基于组织的自尊。

识别员工主动担责的动机是有效调动和发挥员工积极性的重要前提。本书研究发现，员工角色宽度效能感和基于组织的自尊是影响员工主动担责两种重要且不同的解释机制。角色宽度效能感反映了员工主动担责的"能为动机"。角色宽度效能感较高的员工往往愿意在任务和人际方面承担更广的角色，能够跨越组织岗位设定，主动做出对组织、部门或团队有益的变革行为。基于组织的自尊则反映了员工主动担责的"愿为动机"。也就是说，员工之所以主动担责是为了保持和增强自己在组织中的重要性和价值。

---

① ESCRIBANO P, ESPEJO A. Supporting or challenging the status-quo: Antecedents of OCB and taking charge behaviors [J]. *Academy of Management Annual Meeting Proceedings*, 2010 (1).

② MOON H, KAMDAR D, MAYER D M, et al. Me or we? The role of personality and justice as other-centered antecedents to innovative citizenship behaviors within organizations [J]. *Journal of Applied Psychology*, 2008, 93 (1): 84-94.

第四，企业管理者应积极营造有利于员工主动担责的氛围，鼓励在团队管理过程中采用共享型领导方式。

通过领导方式的升级能够有效提升员工积极性，激发员工主动担责。然而，什么样的领导方式能够切实地促进员工在工作中主动担责呢？本研究表明，在团队中采用共享型领导方式有助于促进员工主动担责。随着组织日益扁平化，组织对团队工作方式的依赖，对有效团队领导方式的挖掘至关重要。越来越多的企业管理者发现传统自上而下的垂直型领导方式无法充分有效地调动员工积极性。要想员工主动担责，必须为员工主动担责营造良好的氛围。共享型领导方式是一种有效提升团队效率和引发员工主动性行为的水平型领导方式。它能够让团队成员享有领导角色，积极参与到团队目标实现的过程中。共享型领导能提升员工基于组织的自尊，进而激发其主动担责。对企业管理者而言，应该鼓励员工参与团队目标设定和资源分配决策，主张通过团队成员发挥各自优势来解决团队问题，培养团队集体氛围，在职业发展方面相互学习和指导。

第三节　局限与展望

本书也存在如下几点不足之处，具体而言：

第一，从研究方法来看，由于资源和技术等方面的限制，任何元分析的研究都可能存在局限性，本研究当然也不例外。本书的元分析不得不面对的第一个尖锐的问题是样本量局限。从客观上讲，一方面由于"员工主动担责"这一构念的实证研究数量远不及其他类型的员工行为，如建言、组织公民行为等；另一方面是由于资源获取的限制（包括时间和成本），本研究无法获取未发表的文献（如国际会议论文或最新博士论文）。从主观上讲，由于研究者语言能力有限，本研究仅关注了中英文文献中员工主动担责的研究，未能囊括全部员工主动担责的研究。由于上述原因，本研究在探讨数据来源（即员工主动担责的评价对象）时，未能对他评中的同事评价和领导评价的差别加以探讨。还有，未能对现有研究中员工性别与员工主动担责之间矛盾性结果提供合理的可能解释。

第二，从研究内容来看，本书仅探讨主动性人格和自恋人格的一种中介机制。通过元分析和问卷调查研究，本书发现员工角色宽度效能感以及员工基于组织的自尊分别在主动性人格与员工主动担责和员工自恋与员工主动担责之间起部分中介作用。由此可见，主动性人格和员工自恋与员工主动担责之间还存在其他可能的中介变量。由此可知，主动性人格和自恋人格对员工主动担责的影响还存在其他的解释机制。

第三，从研究设计来看，虽然本书的问卷调查研究采用了跨时点方式收集数据，避免了同源方法偏误问题，也注意了研究层次问题，但是由于物力、时间等资源的限制，本书在两个时点收集数据的时间跨度不够长，仅为两周左右，仍为横截面数据，因此无法验证变量间的因果关系。此外，本研究采用问卷方式测量团队的共享型领导，这种方法本身没问题，但是要想更好地了解团队中领导角色的分布情况，还需要采用社会网络分析方法。

针对上述研究局限，未来学者在开展员工主动担责的研究时可以着力从如下四个方面思考。

其一，从研究深度来看，应该继续深化员工主动担责的前因研究，特别是预测力强且有特色的前因变量。虽然现有主动担责前因的探究已经形成了不少成果，然而许多研究都是基于 Parker 等（2010）主动行为激励模型视角，而且有些研究直接借鉴了员工建言的研究框架，而前面已经证明了员工主动担责与员工建言存在差异。因此，某种程度上而言，现有员工主动担责比较有特色的前因变量探讨并不多。未来学者可以从如下几个方面进行深入挖掘：一是从个体层面探讨领导特质与员工特质之间交互作用结果；二是从文化视角探讨员工主动担责。本书已经发现个体层面变量与员工主动担责行为之间的关系存在文化背景上的差异，而文化如何影响员工主动担责？具体文化中哪些具体方面对员工主动担责会产生影响？以及是种族文化还是企业文化对员工主动担责行为的影响更大？这些问题都值得深入探讨。此外，未来还可以接着采用元分析方法探讨其他前因变量与员工主动担责的关系。

其二，从研究层次来看，未来可以开展群体或团队主动担责的研究。现有主动担责的实证研究主要集中在个体层面，对群体主动担责的探讨比较少。从某种程度来讲，个体主动担责的作用比较有限，而如果个体主动担责带动团队主动担责，甚至是组织主动担责，那么它的作用将是巨大的。而且，团队和组织的主动担责行为的形成机制和作用效果也必然存在差异。因此，未来可以探讨团队层面员工主动担责的研究。此外，个体层面的其他影响因素也有待进一步深挖。例如，近些年，学界虽然探讨了积极情绪和消极情绪对员工主动担责的影响，但是普遍的预测力较低[1][2]，一个可能的原因是采用笼统的方式测量总的积极情绪和消极情绪的影响，而未研究具体的情绪内容对员工主动担责的影响。此外，对人力资源管理实践与员工主动担责关系的研究也相当缺乏。虽然有研究探讨了零碎的人力资源管理实践对员工主动担责的影响，但是鲜有研究

---

① BARSADE S G, GIBSON D E. Why does affect matter in organizations？[J]. *Academy of Management Perspectives*, 2007, 21 (1): 36–59.

② GOOTY J, GAVIN M, ASHKANASY N M. Emotions research in OB: The challenges that lie ahead [J]. *Journal of Organizational Behavior: The International Journal of Industrial, Occupational and Organizational Psychology and Behavior*, 2009, 30 (6): 833–838.

系统地探讨企业人力资源管理实践对员工主动担责影响机制。而且，领导力等情景变量往往需要学者从跨层角度去研究，特别在当前学界越来越重视和强调研究层面的大背景下，从多层次视角探讨团队领导力对员工主动担责行为的跨层作用显得相当重要。

其三，从研究宽度来看，应该深入拓宽和丰富员工主动担责的影响结果研究。与主动担责的影响因素相比，目前学界对其影响结果的探讨相当缺乏。归纳起来，现有研究对员工主动担责的影响结果主要围绕其对实施主体的积极影响，特别是绩效评估方面。例如，已有多个研究证实，员工主动担责对其任务绩效有正向影响。[1][2][3]除此之外，学者 Kim 和 Liu 还证实，新进员工的主动担责行为对其工作满意度和情感承诺具有正向影响。[4]然而，员工的主动担责行为结果并非总是好的。如学者 Ouyang 和 Lim 运用资源保存理论探讨了员工主动担责通过情绪耗竭对员工基于组织的自尊产生负向影响。[5]又如，本书发现自恋的员工更愿意做出主动担责行为，那么，自恋的员工做出的主动担责行为会给团队或组织带来什么影响呢？这些问

[1]　FULLER J B, MARLER L E, HESTER K. Bridge building within the province of proactivity [J]. *Journal of Organizational Behavior*, 2012, 33 (8): 1053–1070.

[2]　FULLER B, MARLER L E, HESTER K, et al. Leader reactions to follower proactive behavior: Giving credit when credit is due [J]. *Human Relations*, 2015, 68 (6): 879–898.

[3]　GRANT A M, PARKER S, COLLINS C. Getting credit for proactive behavior: Supervisor reactions depend on what you value and how you feel [J]. *Personnel Psychology*, 2009, 62 (1): 31–55.

[4]　KIM T-Y, LIU Z. Taking charge and employee outcomes: the moderating effect of emotional competence [J]. *The International Journal of Human Resource Management*, 2017, 28 (5): 775–793.

[5]　OUYANG K, WING L. *Taking charge as double-edged sword: Examing when and how it helps and hurts employees at work* [Z]. The seventh vienial IACMR conference. Hangzhou, China. 2016.

题都有待进一步探讨。

其四，从研究设计来看，未来应该采用多种研究方法相结合的方式来研究员工主动担责的形成机制。未来有必要开展纵向研究，以期关注员工主动担责的动态结果。或者，采用实验研究来探讨变量间的因果关系，增强研究结论因果推断的有效性。

附录 A　纳入元分析的原始文献

序号	作者	年份	标题	期刊／会议／学位论文	文献类型	样本量	发表状态	文化背景	评价方式
1	Morrison and Phelps	1999	Taking charge at work: Extrarole efforts to initiate workplace change	Academy of Management Journal	J	265	1	2	2
2	Choi	2007	Change-Oriented Organizational Citizenship Behavior: Effects of Work Environment Characteristics and Intervening Psychological Processes	Journal of Organizational Behavior	J	1923	1	2	2
3	Marler	2008	Proactive behavior: A selection perspective	Louisiana Tech University	D	160	2	2	2
4	Moon, et al.(study1)	2008	Me or we? The role of personality and justice as other-centered antecedents to innovative citizenship behaviors within organizations	Journal of Applied Psychology	J	115	1	2	2

续表

序号	作者	年份	标题	期刊/会议/学位论文	文献类型	样本量	发表状态	文化背景	评价方式
5	Moon, et al.(study2)	2008	Me or we? The role of personality and justice as other–centered antecedents to innovative citizenship behaviors within organizations	Journal of Applied Psychology	J	253	1	2	2
6	Grant, Parker,and Collins	2009	Getting credit for proactive behavior: supervisor reactions depend on what you value and how you feel	Personnel Psychology	J	103	1	2	1
7	Lim	2009	Taking charge: examining antecedents, moderators, and consequences	博士学位论文	D	160	2	2	2
8	Zhang	2009	The Relationship between Organizational Authority–Control and Employees' Proactive Behavior:The Moderating Role of Individual Proactive Personality	City University of Hong Kong	D	140	2	1	1
9	Zhang	2009	The Relationship between Organizational Authority–Control and Employees' Proactive Behavior:The Moderating Role of Individual Proactive Personality	City University of Hong Kong	D	197	2	1	1
10	Escribano and Espejo	2010	Supporting or challenging the status–quo: Antecedents of OCB and taking charge behaviors	Academy of Management Annual Meeting Proceedings	C	700	2	2	1
11	Sekiguchi	2010	Career Development of College Students through Part–time Work: The Role of Leader– Member Exchange and Taking Charge Behavior	会议论文	C	123	2	2	1
12	Bal, Chiaburu,and Diza	2011	Does Psychological Contract Breach Decrease Proactive Behaviors? The Moderating Effect of Emotion Regulation	Group and Organization management	J	245	1	2	1

续表

序号	作者	年份	标题	期刊/会议/学位论文	文献类型	样本量	发表状态	文化背景	评价方式
13	Chen(study1)	2011	A contingency model of empowering leadership on employee proactive behavior: team power distance climate and individual power distance belief as the moderators	Hong Kong University of Science and Technology	D	100	2	1	1
14	Chen(study2)	2011	A contingency model of empowering leadership on employee proactive behavior: team power distance climate and individual power distance belief as the moderators	Hong Kong University of Science and Technology	D	397	2	1	2
15	薛研	2011	责任承担与进谏对绩效的影响研究	硕士学位论文	D	206	2	1	2
16	Fuller, Marler, and Hester	2012	Bridge building within the province of proactivity	Journal of Organizational Behavior	J	110	1	2	2
17	Onyishi and Ogbodo	2012	The contributions of self-efficacy and perceived organisational support when taking charge at work	SA Journal of Industrial Psychology	J	201	1	2	2
18	Sonnentag and Spychala	2012	Job Control and Job Stressors as Predictors of Proactive Work Behavior: Is Role Breadth SelfEfficacy the Link?	Human Performance	J	140	1	2	2
19	Li, Chiaburu, Kirkman, and Xie	2013	Spotlight on the Followers: An Examination of Moderators of Relationships Between Transformational Leadership and Subordinates' Citizenship and Taking Charge	Personnel Psychology	J	196	1	1	2
20	Howell(Study1)	2014	Big fish in a new pond : how self-perceived status influences newcomer change oriented behaviors	博士学位论文	D	104	2	2	2

续表

序号	作者	年份	标题	期刊/会议/学位论文	文献类型	样本量	发表状态	文化背景	评价方式
21	Howell(study3)	2014	Big fish in a new pond: how self-perceived status influences newcomer change oriented behaviors	博士学位论文	D	103	2	2	2
22	Li, Chiaburu, and Kirkman	2014	Cross-Level Influences of Empowering Leadership on Citizenship Behavior: Organizational Support Climate as a Double-Edged Sword	Journal of Management	J	461	1	1	2
23	Love and Dustin	2014	An investigation of coworker relationships and psychological collectivism on employee propensity to take charge	The International Journal of Human Resource Management	J	235	1	2	2
24	韦伟	2014	个体—主管契合与员工责任担当：认同主管和人际公平的作用	硕士学位论文	D	334	2	1	2
25	Burnett, et al.	2015	Revisiting how and when perceived organizational support enhances taking charge an inverted U-shaped perspective	Journal of Management	J	89	1	2	2
26	Fuller, et al.	2015	Leader reactions to follower proactive behavior: Giving credit when credit is due	Human Relations	J	95	1	2	2
27	Kim, Liu,and Diefendorff	2015	Leader-member exchange and job performance: The effects of taking charge and organizational tenure	Journal of Organizational Behavior	J	212	1	1	2
28	Li, He, et al.	2015	When and why empowering leadership increases followers' taking charge: A multilevel examination in China	Asia Pacific Journal of Management	J	310	1	1	2
29	Ouyang et al.	2015	Roles of gender and identification on abusive supervision and proactive behavior	Asia Pacific Journal of Management	J	350	1	1	2

续表

序号	作者	年份	标题	期刊／会议／学位论文	文献类型	样本量	发表状态	文化背景	评价方式
30	黄勇，彭纪生	2015	组织内信任对员工负责行为的影响——角色宽度效能感的中介作用	软科学	J	394	1	1	1
31	李绍龙，龙立荣，朱其权	2015	同心求变：参与型领导对员工主动变革行为的影响机制研究	预测	J	343	1	1	2
32	Dysvik,et al.	2016	Perceived investment in employee development and taking charge	Journal of Managerial Psychology	J	154	1	2	2
33	Klimchak et al.	2016	Employee Entitlement and Proactive Work Behaviors: The Moderating Effects of Narcissism and Organizational Identification	Journal of Leadership and Organizational Studies	J	167	1	2	1
34	Li, Liu, Han, Zhang	2016	Linking empowering leadership and change-oriented organizational citizenship behavior	Journal of Organizational Change Management	J	203	1	1	2
35	Li, Zhang, and Tian（Study1）	2016	Can self-sacrificial leadership promote subordinate taking charge? The mediating role of organizational identification and the moderating role of risk aversion	Journal of Organizational Behavior	J	214	1	1	2
36	Li, Zhang, and Tian（Study2）	2016	Can self-sacrificial leadership promote subordinate taking charge? The mediating role of organizational identification and the moderating role of risk aversion	Journal of Organizational Behavior	J	211	1	1	2
37	Lin, Kao, Chen,and Lu	2016	Fostering change-oriented behaviors: A broaden-and-build model	Journal of Business and Psychology	J	248	1	1	2
38	Ouyang	2016	Taking charge as a double-edged sword: Understanding it benefits and costs from a resource perspective	博士学位论文	D	392	2	1	2

续表

序号	作者	年份	标题	期刊/会议/学位论文	文献类型	样本量	发表状态	文化背景	评价方式
39	Wesche and Teichmann	2016	Status matters: The moderating role of perceived newcomer status in leader and coworker influences on challenging organizational citizenship behaviour	German Journal of Human Resource Management	J	266	1	2	1
40	林志扬,赵靖宇	2016	真实型领导对员工承担责任行为的影响——员工内化动机和人际敏感特质的作用	经济管理	J	300	1	1	2
41	Kim and Liu	2017	Taking charge and employee outcomes: the moderating effect of emotional competence	International Journal of Human Resource Management	J	137	1	1	1
42	Li, Furst-Holloway, Gales, Masterson,and Blume	2017	Not All Transformational Leadership Behaviors Are Equal: The Impact of Followers' Identification With Leader and Modernity on Taking Charge	Journal of Leadership and Organizational Studies	J	329	1	1	2
43	Li, Chiaburu, Kirkman,and Bradley	2017	Cross-Level Influences of Empowering Leadership on Citizenship Behavior: Organizational Support Climate as a Double-Edged Sword	Journal of Management	J	461	1	1	2
44	刘光建	2017	矛盾领导与下属主动行为关系研究：战略定向的中介效应与心理授权利的调节效应	硕士学位论文	D	213	2	1	1
45	Zhou and Zhang	2017	A Study on the Influence Mechanism of Guanxi Human Resource Management Practices on Employees' Taking Charge	会议论文	C	203	2	1	1

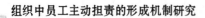

续表

序号	作者	年份	标题	期刊／会议／学位论文	文献类型	样本量	发表状态	文化背景	评价方式
46	Baroudi, Khapova, Fleisher,and Jansen	2018	How Do Career Aspirations Benefit Organizations? The Mediating Roles of the Proactive and Relational Aspects of Contemporary Work	Frontiers in psychology	J	181	1	2	1
47	Qian, Song, Jin, Wang, and Chen	2018	Linking empowering leadership to task performance, taking charge, and voice: the mediating role of feedback-seeking	Frontiers in psychology	J	197	1	1	2
48	Wang, Long	2018	Idiosyncratic deals and taking charge: The roles of psychological empowerment and organizational tenure	Social Behavior and Personality: An International Journal	J	237	1	1	1
49	Xu, Zhao, Xi, andZhao	2018	Impact of benevolent leadership on follower taking charge: Role of work engagement and role-breadth self-efficacy	Chinese Management Studies	J	297	1	1	1
50	胡晓龙，姬方卉	2018	政治技能对主动担责行为的影响：心理授权与不确定性规避的作用	中国人力资源开发	J	156	1	1	1
51	王红椿，练玉	2018	谦卑型领导与员工主动变革行为：心理资本的中介作用和独立性自我建构的调节作用	惠州学院学报	J	308	1	1	1
52	谢清伦，郁涛	2018	谦逊型领导与员工主动担责：角色宽度自我效能与目标导向的作用	中国软科学	J	337	1	1	2
53	张光磊，周金帆，张亚军	2018	精神型领导对员工主动变革行为的影响研究	科研管理	J	229	1	1	2
54	张若勇，刘光建，刘新梅	2018	员工创造力效能感与主动变革行为的权变关系——基于计划行为理论视角	经济管理	J	238	1	1	1

续表

序号	作者	年份	标题	期刊/会议/学位论文	文献类型	样本量	发表状态	文化背景	评价方式
55	Li, Sun,Li	2019	Sustainable Human Resource Management Nurtures Change-Oriented Employees: Relationship between High-Commitment Work Systems and Employees' Taking Charge Behaviors	Sustainability	J	352	1	1	2
56	Liu, Zhou,Liao,Liao, Guo	2019	The Influence of Transactive Memory System on Individual Career Resilience: The Role of Taking Charge and Self-Promotion	International Journal of Environmental Research and Public Health	J	328	1	1	2
57	Li;Guo, Wan	2019	Leader Inclusiveness and Taking Charge: The Role of Thriving at Work and Regulatory Focus	Frontiers in psychology	J	206	1	1	1
58	Zhang, Liu	2019	Leader Humility and Taking Charge: The Role of OBSE and Leader Prototypicality	Frontiers in psychology	J	190	1	1	2
59	Yang, Jin,Fu, Li	2019	Job insecurity and employees taking charge: The role of global job embeddedness	Social Behavior and Personality: An International Journal	J	418	1	1	2
60	包艳	2019	领导—下属权力距离导向一致性对员工行为的影响和作用机制研究	博士学位论文	D	296	2	1	2
61	曾颢、赵李晶	2019	服务型领导与员工主动变革行为的关系——一个被调节的中介模型	企业经济	J	262	1	1	1
62	董越	2019	谦逊领导对组织中主动担责行为的影响机制研究	博士学位论文	D	199	2	1	2
63	黄勇，余江龙	2019	从主动性人格到主动担责行为：基于角色定义的视角	中国人力资源开发	J	418	1	1	1

续表

序号	作者	年份	标题	期刊/会议/学位论文	文献类型	样本量	发表状态	文化背景	评价方式
64	李荣艳	2019	资质过测感知对员工主动变革行为的影响机制研究	硕士学位论文	D	310	2	1	1
65	孙亚军	2019	辱虐管理对员工承担行为的影响研究	硕士学位论文	D	282	2	1	1
66	杨陈,唐明凤,景熠	2019	关系型人力资源管理实践对员工主动变革行为的影响机制研究	管理评论	J	211	1	1	2
67	Chen, Cheng, Wang,and Li	2020	Does leader narcissism hinder employees taking charge? An affective events theory perspective	Social Behavior and Personality: An International Journal	J	195	1	1	2
68	安姆杰(Amjad Younas)	2020	培育以变革为导向的行为:包容型领导的作用	博士学位论文	D	301	2	2	2
69	嵩坡,龙立荣	2020	化被动为主动:共享型领导对员工主动变革行为的影响及作用机制研究	管理工程学报	J	262	1	1	2
70	刘明伟,王华英,李铭泽	2020	自以为是所以主动改变?员工自恋与主动变革行为的关系研究	中国人力资源开发	J	227	1	1	1
71	马璐,谢鹏,韦依依	2020	下属默契对员工主动担责行为的影响研究——目标清晰度中介效应与组织支持感调节效应	中国软科学	J	382	1	1	1
72	颜爱民,等	2020	伦理型领导何以促进员工主动变革行为:建设性责任知觉与职业召唤的作用	中国人力资源开发	J	441	1	1	1
73	Zhou, Liu, Li,Cheng, Hu	2020	The Relationship Between Narcissism and Taking Charge: The Role of Energy at Work and Hierarchical Level	Psychological reports	J	312	1	1	2
74	张正堂,赵李晶,丁明智	2020	授权型领导对员工主动变革行为的影响机制	科研管理	J	970	1	1	1

续表

序号	作者	年份	标题	期刊/会议/学位论文	文献类型	样本量	发表状态	文化背景	评价方式
75	Zeng,Zhao,and Zhao	2020	Inclusive leadership and taking-charge behavior: roles of psychological safety and thriving at work	Frontiers in psychology	J	205	1	1	2
76	占小军，等	2020	主动性人格对研发人员创新行为的作用机理——基于特质激活与资源保存理论整合性视角	软科学	J	361	1	1	1
77	Liu, Chen, Li	2021	Tackling the negative impact of COVID-19 on work engagement and taking charge: A multi-study investigation of frontline health workers	Journal of Applied Psychology	J	258	1	1	2
78	邓传军，刘智强	2021	非正式地位对员工主动变革行为的影响机制研究	管理评论	J	392	1	1	2
79	韦依依，马璐，谢鹏	2021	主动动机模型下时间领导对员工主动变革行为的影响	科技进步与对策	J	239	1	1	2
80	杨光，周胎	2021	自我牺牲型领导对员工主动变革行为的影响：心理安全感和感知组织目标清晰度的作用	中国人力资源开发	J	328	1	1	2
81	殷俊杰，邵云飞	2021	上级发展性反馈对员工主动变革行为的影响机理——情绪智力调节作用	企业经济	J	335	1	1	2

注：1. 发表状态：1-发表、2-未发表。

2. 文化背景：1-中国、2-其他。

3. 评价方式：1-自评、2-他评。

附录 B　正式调查问卷

员工问卷（Time 1）

尊敬的朋友：

您好！感谢您在百忙之中拨冗参与本人从事的一项组织行为研究课题！本研究旨在发现组织（企业）的员工的行为规律，而不是评价企业和某个领导的具体管理状况。您的填写没有所谓［对错］或［好坏］之分，请您按照个人感知到的实际情况客观地填答。本问卷采用无记名方式，所有数据仅作为科学研究使用，我们保证您的回答将严格保密，不会对您的生活和工作产生任何影响，请放心填写。如您有任何问题，请通过下列联系方式与课题组联系。

最后，再次衷心感谢您的支持与配合！

首先，为了保证上下级问卷匹配，请填写：

您的调研代码：＿＿＿＿＿＿＿＿＿＿＿＿＿＿

您目前的直接上级的调研代码：＿＿＿＿＿＿＿＿＿＿＿＿＿＿

组织中员工主动担责的调查问卷

一、个人基本信息。请根据您的个人情况，在指定位置填写或打"√"

1. 您的性别：□男□女

2. 您的年龄：___（岁）

3. 您的受教育程度：□中专及以下□大专□大学本科□研究生及以上

4. 您在本组织中工作多久了：___（年）___（月）

5. 您在本公司的职位：□非管理者□基层管理者□中层管理者

6. 您的工作经验有多久了：___（年）___（月）

二、问卷主体部分

第一部分：以下是关于您对自己的看法，请您仔细阅读以下句子，并在右边对应的数字上打"√"，请勿漏答。

		完全不同意	基本不同意	有点不同意	中立	有点同意	基本同意	完全同意
NP1	大家把我当作领导	1	2	3	4	5	6	7
NP2	我喜欢成为关注的焦点	1	2	3	4	5	6	7
NP3	团队活动中没有我的话，会很枯燥	1	2	3	4	5	6	7
NP4	我知道我很棒，因为大家一直这么告诉我	1	2	3	4	5	6	7
NP5	我喜欢结识重要人物	1	2	3	4	5	6	7
NP6	大家恭维我时，我会很开心	1	2	3	4	5	6	7
NP7	我早已名声在外	1	2	3	4	5	6	7
NP8	我是一位不平凡的人	1	2	3	4	5	6	7
NP9	我应该得到我该有的尊重	1	2	3	4	5	6	7

第二部分：请根据您对本团队的了解，选择您对各项陈述的同意程度，并在右边对应的数字上打"√"，请勿漏答。在团队中，团队成员经常能够：

		完全不同意	基本不同意	有点不同意	中立	有点同意	基本同意	完全同意
PO1	计划如何完成任务	1	2	3	4	5	6	7
PO2	根据团队优先次序分配资源	1	2	3	4	5	6	7
PO3	帮助设定团队目标	1	2	3	4	5	6	7
PO4	组织任务让团队工作开展更顺利	1	2	3	4	5	6	7
PO5	决定如何着手开展团队任务	1	2	3	4	5	6	7
PO6	为团队工作计划提供有益的建议	1	2	3	4	5	6	7
PS1	在问题出现时，决定最佳行动方案	1	2	3	4	5	6	7
PS2	迅速诊断问题	1	2	3	4	5	6	7
PS3	运用团队智慧解决问题	1	2	3	4	5	6	7
PS4	为提升团队绩效寻找解决方案	1	2	3	4	5	6	7
PS5	及时发现问题	1	2	3	4	5	6	7
PS6	提出问题解决方案	1	2	3	4	5	6	7
PS7	及时化解问题	1	2	3	4	5	6	7

第二部分（续）：请根据您对本团队的了解，选择您对各项陈述的同意程度，并在右边对应的数字上打"√"，请勿漏答。在团队中，团队成员经常能够：

		完全不同意	基本不同意	有点不同意	中立	有点同意	基本同意	完全同意
SC1	为需要帮助的团队成员提供支持	1	2	3	4	5	6	7
SC2	耐心地对待其他团队成员	1	2	3	4	5	6	7
SC3	当其他团队成员沮丧时，鼓励他们	1	2	3	4	5	6	7
SC4	倾听团队成员的抱怨和问题	1	2	3	4	5	6	7
SC5	营造一种凝聚向上的团队氛围	1	2	3	4	5	6	7
SC6	对每个团队成员以礼相待	1	2	3	4	5	6	7
DM1	在团队内交流职业发展相关的建议	1	2	3	4	5	6	7
DM2	帮助团队的其他成员成长	1	2	3	4	5	6	7
DM3	从其他团队成员身上学习技能	1	2	3	4	5	6	7
DM4	为新加入成员树立正面的角色榜样	1	2	3	4	5	6	7
DM5	指导业绩不佳的成员如何提升	1	2	3	4	5	6	7
DM6	当团队成员学习新技能，为他/她答疑解惑	1	2	3	4	5	6	7

第一阶段调研完毕，再次感谢您的支持和配合！

员工问卷（Time 2）

您的调研代码：_____

您目前的直接上级的调研代码：_____

一、个人基本信息。请根据您的个人情况，在指定位置填写或打"√"

1. 您的性别：□男 □女

2. 您的年龄：___（岁）

3. 您的受教育程度：□中专及以下□大专□大学本科□研究生及以上

4. 您在本组织中工作多久了：___（年）___（月）

5. 您在本公司的职位：□非管理者□基层管理者□中层管理者

6. 您的工作经验有多久了：___（年）___（月）

二、问卷主体部分

第三部分：下列叙述是描述您在贵团队中的实际感受，请在您认同的同意程度数字上打"√"，请勿漏答。

		完全不同意	基本不同意	有点不同意	中立	有点同意	基本同意	完全同意
OB1	我在团队里是有用的	1	2	3	4	5	6	7
OB2	我在团队里是有价值的	1	2	3	4	5	6	7
OB3	我在团队里很有分量	1	2	3	4	5	6	7
OB4	团队很信任我	1	2	3	4	5	6	7
OB5	我在团队里有能耐	1	2	3	4	5	6	7
OB6	团队很信赖我	1	2	3	4	5	6	7
OB7	团队很重视我	1	2	3	4	5	6	7
OB8	我在团队中是个有效率的人	1	2	3	4	5	6	7

第二阶段调研完毕，再次感谢您的参与！

领 导 问 卷

尊敬的领导：

您好！感谢您在百忙之中拨冗参与本人从事的一项组织行为研究课题！本研究旨在发现组织（企业）中员工的行为规律，而不是评价企业和某个领导的具体管理状况。您的填写没有所谓"对错"或"好坏"之分，请您按照个人感知到的实际情况客观地填答。本问卷采用无记名方式，所有数据仅作为科学研究使用，我们保证您的回答将严格保密，不会对您的生活和工作产生任何影响，请放心填写。如您有任何问题，请通过下列联系方式与课题组联系。

最后，再次衷心感谢您的支持与配合！

首先，为了保证上下级问卷匹配，请先填写：

您的调研代码：_____

组织中员工主动担责的调查问卷

一、个人基本信息。请根据您的个人情况，在指定位置填写或打"√"

1. 您的性别：□男 □女

2. 您的年龄：＿＿＿（岁）

3. 您的受教育程度：□中专及以下 □大专 □大学本科 □研究生及以上

4. 您带领团队的性质：＿＿＿（如制造、财务、人力、营销、技术等）

5. 您的团队规模：＿＿＿人

二、问卷主体部分

请随机从您团队中选出 3~8 名成员，并对其过去一个月的时间里在贵团队中的工作表现进行评价。请选择您对下列各项陈述的同意程度，并在右边对应的数字上打"√"，请勿漏答。

成员 1 的调研代码：＿＿＿＿＿＿＿＿＿＿

过去一个月的时间里，该成员

		完全不同意	基本不同意	有点不同意	中立	有点同意	基本同意	完全同意
TC1	经常尝试改进工作流程来实现团队目标	1	2	3	4	5	6	7
TC2	经常尝试开创新的工作方法来提高团队效率	1	2	3	4	5	6	7
TC3	经常尝试解决团队内迫切的问题	1	2	3	4	5	6	7

成员 2 的调研代码：＿＿＿＿＿＿＿＿＿＿

过去一个月的时间里，该成员

		完全不同意	基本不同意	有点不同意	中立	有点同意	基本同意	完全同意
TC1	经常尝试改进工作流程来实现团队目标	1	2	3	4	5	6	7
TC2	经常尝试开创新的工作方法来提高团队效率	1	2	3	4	5	6	7
TC3	经常尝试解决团队内迫切的问题	1	2	3	4	5	6	7

成员 3 的调研代码： _____

过去一个月的时间里，该成员

		完全不同意	基本不同意	有点不同意	中立	有点同意	基本同意	完全同意
TC1	经常尝试改进工作流程来实现团队目标	1	2	3	4	5	6	7
TC2	经常尝试开创新的工作方法来提高团队效率	1	2	3	4	5	6	7
TC3	经常尝试解决团队内迫切的问题	1	2	3	4	5	6	7

成员 4 的调研代码： _____

过去一个月的时间里，该成员

		完全不同意	基本不同意	有点不同意	中立	有点同意	基本同意	完全同意
TC1	经常尝试改进工作流程来实现团队目标	1	2	3	4	5	6	7
TC2	经常尝试开创新的工作方法来提高团队效率	1	2	3	4	5	6	7
TC3	经常尝试解决团队内迫切的问题	1	2	3	4	5	6	7

成员 5 的调研代码： _____

过去一个月的时间里，该成员

		完全不同意	基本不同意	有点不同意	中立	有点同意	基本同意	完全同意
TC1	经常尝试改进工作流程来实现团队目标	1	2	3	4	5	6	7
TC2	经常尝试开创新的工作方法来提高团队效率	1	2	3	4	5	6	7
TC3	经常尝试解决团队内迫切的问题	1	2	3	4	5	6	7

成员 6 的调研代码： ＿＿＿＿＿＿＿＿＿＿

过去一个月的时间里，该成员

		完全不同意	基本不同意	有点不同意	中立	有点同意	基本同意	完全同意
TC1	经常尝试改进工作流程来实现团队目标	1	2	3	4	5	6	7
TC2	经常尝试开创新的工作方法来提高团队效率	1	2	3	4	5	6	7
TC3	经常尝试解决团队内迫切的问题	1	2	3	4	5	6	7

成员 7 的调研代码： ＿＿＿＿＿＿＿＿＿＿

过去一个月的时间里，该成员

		完全不同意	基本不同意	有点不同意	中立	有点同意	基本同意	完全同意
TC1	经常尝试改进工作流程来实现团队目标	1	2	3	4	5	6	7
TC2	经常尝试开创新的工作方法来提高团队效率	1	2	3	4	5	6	7
TC3	经常尝试解决团队内迫切的问题	1	2	3	4	5	6	7

成员 8 的调研代码： ＿＿＿＿＿＿＿＿＿＿

过去一个月的时间里，该成员

		完全不同意	基本不同意	有点不同意	中立	有点同意	基本同意	完全同意
TC1	经常尝试改进工作流程来实现团队目标	1	2	3	4	5	6	7
TC2	经常尝试开创新的工作方法来提高团队效率	1	2	3	4	5	6	7
TC3	经常尝试解决团队内迫切的问题	1	2	3	4	5	6	7

再次感谢您的支持和配合！

附录 C　Mplus 分析程序

（一）员工基于组织自尊的中介效应分析程序

TITLE：Mediation path analytical model for OBSE

DATA:

　FILE IS Mydata.txt;

VARIABLE:

　NAMES = gender age edu tenure po exp

　SL NA OBSE TC;

　USEVARIABLE=gender age edu tenure po exp

　NA OBSE TC SL;

CLUSTER = group;

within = gender age po tenure exp edu na;

ANALYSIS：type = twolevel random;

MODEL:

%WITHIN%

OBSE on NA SL;

TC on NA SL;

TC on gender age po tenure exp edu;

TC on OBSE;

!OBSE on gender age po tenure exp edu;

%BETWEEN%

OBSE SL TC;

OUTPUT:

 tech1;

注：gender＝性别，age＝年龄，edu＝受教育程度，tenure＝组织任期，po＝组织地位， exp＝工作经验，NA＝员工自恋，SL＝共享型领导，OBSE＝基于组织的自尊。

（二）共享型领导的两层次被中介的调节作用

TITLE：A two-level first stage moderated mediation path analytical path model,

 SL is level-2, gender, age ,po ,tenure ,exp ,edu, NA,OBSE, TC are level-1;

DATA:

 FILE IS Mydata.txt;

VARIABLE:

NAMES = group gender age po tenure exp edu

SL NA OBSE TC;

CLUSTER = group;

within = gender age po tenure exp edu;

ANALYSIS：type = two level random;

MODEL:

%WITHIN%

S|OBSE ON NA;

TC on NA;

TC on gender age po tenure exp edu;

TCon OBSE（b）;

SL;

%BETWEEN%

S on SL（a1）;

[S]（a0）;

OBSE WITH S;

TC WITH S;

TC WITH OBSE;

TC WITH SL;

MODEL CONSTRAINT:

NEW（ind_h ind_l）;

ind_h=（a0+a1*（1.02））*b;

ind_l=（a0−a1*（1.02））*b;

New（diff）;

diff=ind_h−ind_l;

OUTPUT:

CINTERVAL;

附录 D R 语言分析程序

被中介的调节效应分布计算的 R 程序（# 后为注释内容）

a0=-0.137 #a0，即共享型领导（SL）调节员工自恋（NA）与员工基于组织自尊（OBSE）的截距；

a1=0.102 #a1 即共享型领导（SL）调节员工自恋（NA）与员工基于组织自尊（OBSE）的斜率；

b=0.205 #b 是个体层面员工基于组织的自尊（OBSE）与员工主动担责（TC）的斜率；

a0std=0.156 #a0 的标准误；

a1std=0.034 #a1 的标准误；

bstd=0.088 #b 的标准误；

rep=10000 #boootstrp10000 次；

conf=95 # I 型错误 α =0.05；

a0vec=rnorm（rep）*a0std+a0 # 从一个（均值 =a0，标准差 =a0std）的正态分布，随机抽取 10000 个 a0 值；

a1vec=rnorm（rep）*a1std+a1 # 从一个（均值 =a1, 标准差 =a1std）的正态分布，随机抽取 10000 个 a1 值；

bvec=rnorm（rep）*bstd+b # 从一个（均值 =b, 标准差 =bstd）的正态分布，随机抽取 10000 个 b 值；

amhvec=a1vec*（1.02）+a0vec # 当共享型领导高（Mean+1SD）时，员工自恋对员工主动担责的效应，其中 1.02 为基于组织自尊的标准差；

amlvec=a1vec*（-1.02）+a0vec # 当共享型领导低（Mean-1SD）时，员工自恋对员工主动担责的效应；

abh=amhvec*bvec # 当共享型领导高（Mean+1SD）时，（NA → OBSE 的效应）*（OBSE → TC 的效应）；

abl=amlvec*bvec # 当共享型领导低（Mean-1SD）时，（NA → OBSE 的效应）*（OBSE → TC 的效应）；

d=abh-abl #d 为跨层次被中介的调节的效应值，当共享型领导为均值正负一个标准差时，（NA → OBSE 的效应）*（OBSE → TC 的效应）的总效应差值；

low=（1-conf/100）/2

upp=（（1-conf/100）/2）+（conf/100）

LL=quantile（d,low）

UL=quantile（d,upp）

LL4=format（LL,digits=3）

UL4=format（UL,digits=3）

hist（d,breaks='FD',col='gray',xlab=paste（conf,'% Confidence Interval','LL ',LL4,'UL',UL4）,main = 'Distribution of Indirect Effect'）

参考文献

一、论著

（一）英文论著

［1］BANDURA A. *Social foundations of thought and action: a social cognitive theory*［M］. NJ: Prentice-Hall, 1986.

［2］CAMPBELL J P. *Modeling the performance prediction problem in industrial and organizational psychology*［M］//Handbook of industrial and organizational psychology, Vol 1, 2nd ed. Palo Alto, CA, US: Consulting Psychologists Press, 1990: 687–732.

［3］CHEUNG M W-L. *Meta-analysis: A structural equation modeling approach*［M］. New Jersey: John Wiley & Sons, 2015.

［4］COX J F, PEARCE C L, PERRY M L. *Toward a model of shared leadership and distributed influence in the innovation process: How shared leadership can enhance new product development team dynamics and*

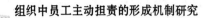

 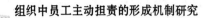

effectiveness［M］//Shared leadership: Reframing the hows and whys of leadership. LA: SAGE Publications Inc. 2003: 48–76.

［5］HOFSTEDE G. *Culture's consequences: Comparing values, behaviors, institutions and organizations across nations*［M］. LA: Sage publications, 2001.

［6］HUNTER J E, SCHMIDT F L. *Methods of meta-analysis: Correcting error and bias in research findings*［M］. 2nd ed. LA: Sage, 2004.

［7］PEARCE C L, CONGER J A. *All those years ago*［M］// C L Pearce, and J AConger(Eds.). Shared leadership: Reframing the hows and whys of leadership. 2003: 1–18.

［8］PEARCE C L, YOO Y, ALAVI M. *Leadership, social work, and virtual teams*［M］//R. E. RIGGIO, S. SMITH-ORR. Improving Leadership in Nonprofit Organizations. SanFrancisco. Jossey-Bass. 2004: 180–203.

［9］SCHMIDT F L, HUNTER J E. *Methods of meta-analysis: Correcting error and bias in research findings*［M］. 3rd ed. LA: Sage, 2015.

［10］TABACHNICK B G, FIDELL L S, ULLMAN J B. *Using multivariate statistics*［M］. Boston: Pearson, 2007.

（二）中文论著

［1］刘东，张震，汪默. 被调节的中介和被中介的调节：理论构建与模型检验［M］// 陈晓萍，徐淑英，樊景立. 组织与管理研究的实证方法. 2版. 北京：北京大学出版社，2012.

［2］罗胜强，姜嬿. 管理学问卷调查研究方法［M］. 重庆：重庆大学出版社，2014.

［3］穆胜. 云组织：互联网时代企业如何转型创客平台［M］. 北京：电子工业出版社，2014.

［4］秦启文，周永康. 角色学导论［M］. 北京：中国社会科学出版社，2011.

［5］邱皓政，林碧芳. 结构方程模型的原理与应用［M］. 2 版. 北京：中国轻工业出版社，2018.

［6］王孟成. 潜变量建模与 Mplus 应用：基础篇［M］. 重庆：重庆大学出版社，2014.

二、期刊论文

（一）英文期刊论文

［1］AMES D R, ROSE P, ANDERSON C P. The NPI–16 as a short measure of narcissism［J］. *Journal of Research in Personality*, 2006, 40（4）: 440–450.

［2］ARAIN G A, HAMEED I, CRAWSHAW J R. Servant leadership and follower voice: The roles of follower felt responsibility for constructive change and avoidance–approach motivation［J］. *European Journal of Work and Organizational Psychology*, 2019, 28（4）: 555–565.

［3］BAL P M, CHIABURU D S, DIAZ I. Does psychological contract breach decrease proactive behaviors? The moderating effect of emotion regulation ［J］. *Group & Organization Management*, 2011, 36（6）: 722–758.

［4］BALLOUT H I. Career success: The effects of human capital, person–

environment fit and organizational support ［J］. *Journal of Managerial Psychology*, 2007, 22（8）: 741-765.

［5］BARSADE S G, GIBSON D E. Why does affect matter in organizations? ［J］. *Academy of Management Perspectives*, 2007, 21（1）: 36-59.

［6］BASS B M. Leadership: Good, better, best ［J］. *Organizational Dynamics*, 1985, 13（3）: 26-40.

［7］BATEMAN T S, CRANT J M. The proactive component of organizational behavior: A measure and correlates ［J］. *Journal of Organizational Behavior*, 1993, 14（2）: 103-118.

［8］BERGMAN J Z, RENTSCH J R, SMALL E E, et al. The shared leadership process in decision-making teams ［J］. *The Journal of Social Psychology*, 2012, 152（1）: 17-42.

［9］BETTENCOURT L A. Change-oriented organizational citizenship behaviors: the direct and moderating influence of goal orientation ［J］. *Journal of Retailing*, 2004, 80（3）: 165-180.

［10］BLAIR C A, HOFFMAN B J, HELLAND K R. Narcissism in organizations: A multisource appraisal reflects different perspectives ［J］. *Human Performance*, 2008, 21（3）: 254-276.

［11］BOWLING N A, ESCHLEMAN K J, WANG Q, et al. A meta-analysis of the predictors and consequences of organization-based self-esteem ［J］. *Journal of Occupational and Organizational Psychology*, 2010, 83（3）: 601-626.

［12］BURNETT M F, CHIABURU D S, SHAPIRO D L, et al. Revisiting how and when perceived organizational support enhances taking charge an inverted U-shaped perspective ［J］. Journal of Management,

2015, 41（7）：1805–1826.

［13］BYRNE Z S, DIK B J, CHIABURU D S. Alternatives to traditional mentoring in fostering career success［J］. *Journal of Vocational Behavior*, 2008, 72（3）：429–442.

［14］CAMPBELL W K, CAMPBELL S M. On the Self–regulatory Dynamics Created by the Peculiar Benefits and Costs of Narcissism：A Contextual Reinforcement Model and Examination of Leadership［J］. *Self and Identity*, 2009, 8（2–3）：214–232.

［15］CAMPBELL W K, HOFFMAN B J, CAMPBELL S M, et al. Narcissism in organizational contexts［J］. *Human Resource Management Review*, 2010, 21（4）：268–284.

［16］CARSON J B, TESLUK P E, MARRONE J A. Shared Leadership in Teams：An Investigation of Antecedent Conditions and Performance［J］. *Academy of Management Journal*, 2007, 50（5）：1217–1234.

［17］CHAMBERLIN M, NEWTON D W, LEPINE J A. A Meta - Analysis of Voice and its Promotive and Prohibitive Forms：Identification of Key Associations, Distinctions, and Future Research Directions［J］. *Personnel Psychology*, 2017, 70（1）：11–71.

［18］CHEN G, KANFER R. Toward a systems theory of motivated behavior in work teams［J］. *Research in Organizational Behavior*, 2006（27）：223–267.

［19］CHEN J–T, CHENG Z–H, WANG H–Q, et al. Does leader narcissism hinder employees taking charge? An affective events theory perspective［J］. *Social Behavior and Personality：an international journal*, 2020, 48（10）：1–13.

［20］CHEN X P，HE W，WENG L C. What Is Wrong With Treating Followers Differently? The Basis of Leader-Member Exchange Differentiation Matters ［J］. *Journal of Management*，2015，40（4）：409-412.

［21］CHEN Z X，ARYEE S，LEE C. Test of a mediation model of perceived organizational support ［J］. *Journal of Vocational Behavior*，2005，66（3）：457-470.

［22］CHIABURU D S，BAKER V L. Extra-role behaviors challenging the status-quo: Validity and antecedents of taking charge behaviors ［J］. *Journal of Managerial Psychology*，2006，21（7）：620-637.

［23］CHOI J N. Change - oriented organizational citizenship behavior: effects of work environment characteristics and intervening psychological processes ［J］. *Journal of Organizational Behavior*，2007，28（4）：467-484.

［24］CLAES R，BEHEYDT C，LEMMENS B. Unidimensionality of abbreviated proactive personality scales across cultures ［J］. *Applied Psychology*，2005，54（4）：476-489.

［25］COHEN J. Statistical Power Analysis for the Behavioral Sciences （2nd Edition）［J］. *Journal of the American Statistical Association*，1988，84（363）：19-74.

［26］COHEN-MEITAR R，CARMELI A，WALDMAN D A. Linking meaningfulness in the workplace to employee creativity: The intervening role of organizational identification and positive psychological experiences ［J］. *Creativity Research Journal*，2009，21（4）：361-375.

［27］CRANT J M. The proactive personality scale and objective job performance among real estate agents ［J］. *Journal of Applied Psychology*，1995，80

（4）：532–537.

［28］CROOK T R, KETCHEN JR D J, COMBS J G, et al. Strategic resources and performance: a meta - analysis ［J］. *Strategic Management Journal*, 2008, 29（11）: 1141–1154.

［29］DE JONG B A, DIRKS K T, GILLESPIE N. Trust and Team Performance: A Meta–Analysis of Main Effects, Moderators, and Covariates ［J］. *Journal of Applied Psychology*, 2016.

［30］DEN HARTOG D N, BELSCHAK F D. When does transformational leadership enhance employee proactive behavior? The role of autonomy and role breadth self–efficacy ［J］. *Journal of Applied Psychology*, 2012, 97（1）: 194.

［31］DETERT J R, BURRIS E R. Leadership behavior and employee voice: Is the door really open? ［J］. *Academy of Management Journal*, 2007, 50（4）: 869–884.

［32］DIPBOYE R L. A critical review of Korman's self–consistency theory of work motivation and occupational choice ［J］. *Organizational Behavior and Human Performance*, 1977, 18（1）: 108–126.

［33］DONG L, YANG C, NIAN L. Tackling the negative impact of COVID–19 on work engagement and taking charge: A multi–study investigation of frontline health workers［J］. *Journal of Applied Psychology*, 2021, 106（2）: 185–198.

［34］DRESCHER M A, KORSGAARD M A, WELPE I M, et al. The dynamics of shared leadership: building trust and enhancing performance ［J］. *Journal of Applied Psychology*, 2014, 99（5）: 771–783.

［35］DYSVIK A, KUVAAS B, BUCH R, et al. Perceived investment in employee development and taking charge [J]. *Journal of Managerial Psychology*, 2016, 31 (1).

[36] EAGLY A H, WOOD W. The origins of sex differences in human behavior: Evolved dispositions versus social roles [J]. *American Psychologist*, 1999, 54 (6): 408–423.

[37] EDWARDS J R, LAMBERT L S. Methods for integrating moderation and mediation: a general analytical framework using moderated path analysis [J]. *Psychological Methods*, 2007, 12 (1): 1–22.

[38] EL B S, N K S, CHEN F, et al. How Do Career Aspirations Benefit Organizations? The Mediating Roles of the Proactive and Relational Aspects of Contemporary Work [J]. *Frontiers in Psychology*, 2018, 9.

[39] EMMONS R A. Narcissism: Theory and measurement [J]. *Journal of Personality and Social Psychology*, 1987, 52 (1): 11–17.

[40] ENSLEY M D, HMIELESKI K M, PEARCE C L. The importance of vertical and shared leadership within new venture top management teams: Implications for the performance of startups [J]. *The Leadership Quarterly*, 2006, 17 (3): 217–231.

[41] ERDOGAN B, BAUER T N. Perceived overqualification and its outcomes: The moderating role of empowerment [J]. *Journal of Applied Psychology*, 2009, 94 (2): 557–565.

[42] FAY D, FRESE M. The concept of personal initiative: An overview of validity studies [J]. *Human Performance*, 2001, 14 (1): 97–124.

[43] FERRIS D L, BROWN D J, LIAN H, et al. When does self-esteem

relate to deviant behavior? The role of contingencies of self-worth [J].
Journal of Applied Psychology, 2009, 94 (5): 1345-1353.

[44] FORD J D, FORD L W, D'AMELIO A. Resistance to change: The rest
of the story [J]. *Academy of Management Review*, 2008, 33 (2):
362-377.

[45] FORNELL C, LARCKER D F. Evaluating structural equation models
with unobservable variables and measurement error [J]. *Journal of
Marketing Research*, 1981, 18 (1): 39-50.

[46] FRESE M, FAY D, HILBURGER T, et al. The concept of personal
initiative: Operationalization, reliability and validity in two German
samples [J]. *Journal of Occupational and Organizational Psychology*,
1997, 70 (2): 139-161.

[47] FRESE M, FAY D. Personal initiative: An active performance concept
for work in the 21st century [J]. *Research in Organizational Behavior*,
2001 (23): 133-187.

[48] FRESE M. The Word Is Out: We Need an Active Performance Concept
for Modern Workplaces [J]. *Industrial & Organizational Psychology*,
2008, 1 (1): 67-69.

[49] FRITZ C, SONNENTAG S. Antecedents of Day-Level Proactive
Behavior: A Look at Job Stressors and Positive Affect During the Workday
[J]. *Journal of Management*, 2009, 35 (1): 94-111.

[50] FULLER B, MARLER L E, HESTER K, et al. Leader reactions to
follower proactive behavior: Giving credit when credit is due [J].
Human Relations, 2015, 68 (6): 879-898.

[51] FULLER B, MARLER L E. Change driven by nature: A meta-analytic

review of the proactive personality literature ［J］. *Journal of Vocational Behavior*, 2009, 75（3）: 329-345.

［52］ FULLER J B, MARLER L E, HESTER K. Bridge building within the province of proactivity ［J］. *Journal of Organizational Behavior*, 2012, 33（8）: 1053-1070.

［53］ FULLER J B, MARLER L E, HESTER K. Promoting felt responsibility for constructive change and proactive behavior: Exploring aspects of an elaborated model of work design ［J］. *Journal of Organizational Behavior: The International Journal of Industrial, Occupational and Organizational Psychology and Behavior*, 2006, 27（8）: 1089-1120.

［54］ GALVIN B M, WALDMAN D A, BALTHAZARD P. Visionary communication qualities as mediators of the relationship between narcissism and attributions of leader charisma ［J］. *Personnel Psychology*, 2010, 63（3）: 509-537.

［55］ GARDNER D G, PIERCE J L. A question of false self - esteem ［J］. *Journal of Managerial Psychology*, 2011, 26（8）: 682-699.

［56］ GARDNER D G, VAN DYNE L, PIERCE J L. The effects of pay level on organization - based self - esteem and performance: A field study ［J］. *Journal of Occupational and Organizational Psychology*, 2004, 77（3）: 307-322.

［57］ GHORBANI N, WATSON P. Hardiness scales in Iranian managers: Evidence of incremental validity in relationships with the five factor model and with organizational and psychological adjustment ［J］. *Psychological Reports*, 2005, 96（3）: 775-781.

［58］GLASS G V. Primary, secondary, and meta-analysis of research ［J］. *Educational Researcher*, 1976, 5（10）: 3-8.

［59］GOOTY J, GAVIN M, ASHKANASY N M. Emotions research in OB: The challenges that lie ahead ［J］. *Journal of Organizational Behavior: The International Journal of Industrial, Occupational and Organizational Psychology and Behavior*, 2009, 30（6）: 833-838.

［60］GRANT A M, ASHFORD S J. The dynamics of proactivity at work ［J］. *Research in Organizational Behavior*, 2008（28）: 3-34.

［61］GRANT A M, PARKER S, COLLINS C. Getting credit for proactive behavior: Supervisor reactions depend on what you value and how you feel ［J］. *Personnel Psychology*, 2009, 62（1）: 31-55.

［62］GRELLER M M, SIMPSON P. In Search of Late Career: A Review of Contemporary Social Science Research Applicable to the Understanding of Late Career ［J］. *Human Resource Management Review*, 1999, 9（3）: 309-347.

［63］GRIFFIN M A, NEAL A, PARKER S K. A New Model of Work Role Performance: Positive Behavior in Uncertain and Interdependent Contexts ［J］. *Academy of Management Journal*, 2007, 50（2）: 327-347.

［64］GRIJALVA E, HARMS P D, NEWMAN D A, et al. Narcissism and leadership: A meta - analytic review of linear and nonlinear relationships ［J］. *Personnel Psychology*, 2015, 68（1）: 1-47.

［65］HARMS P D, SPAIN S M, HANNAH S T. Leader development and the dark side of personality ［J］. *The leadership quarterly*, 2011, 22（3）: 495-509.

［66］HARRISON S H, SLUSS D M, ASHFORTH B E. Curiosity adapted the cat: the role of trait curiosity in newcomer adaptation [J]. *Journal of Applied Psychology*, 2011, 96 (1): 211–220.

[67] HILLER N J, DAY D V, VANCE R J. Collective enactment of leadership roles and team effectiveness: A field study [J]. *The Leadership Quarterly*, 2006, 17 (4): 387–397.

[68] HOCH J E, KOZLOWSKI S W. Leading virtual teams: Hierarchical leadership, structural supports, and shared team leadership [J]. *Journal of applied psychology*, 2014, 99 (3): 390–403.

[69] HOLTZMAN N S. Facing a psychopath: Detecting the dark triad from emotionally–neutral faces, using prototypes from the Personality Faceaurus [J]. *Journal of Research in Personality*, 2011, 45 (6): 648–654.

[70] HUNTER J E, SCHMIDT F L. Fixed effects vs. random effects meta - analysis models: Implications for cumulative research knowledge [J]. *International Journal of Selection and Assessment*, 2000, 8 (4): 275–292.

[71] JAMES L R. Aggregation bias in estimates of perceptual agreement [J]. *Journal of Applied Psychology*, 1982, 67 (2): 219.

[72] JONES D N, PAULHUS D L. Introducing the short Dark Triad (SD3): a brief measure of dark personality traits [J]. *Assessment*, 2014, 21 (1): 28–41.

[73] JUDGE T A, LEPINE J A, RICH B L. Loving yourself abundantly: relationship of the narcissistic personality to self– and other perceptions of workplace deviance, leadership, and task and contextual performance [J]. *Journal of Applied Psychology*, 2006, 91 (4):

762–776.

[74] JUDGE T A, PICCOLO R F, KOSALKA T. The bright and dark sides of leader traits: A review and theoretical extension of the leader trait paradigm [J] . *The Leadership Quarterly*, 2009, 20 (6) : 855–875.

[75] KAMMEYER–MUELLER J D, WANBERG C R. Unwrapping the organizational entry process: disentangling multiple antecedents and their pathways to adjustment [J] . *Journal of Applied Psychology*, 2003, 88 (5) : 779–794.

[76] KATZ D. The motivational basis of organizational behavior [J] . *Behavioral Science*, 1964, 9 (2) : 131–146.

[77] KENNY D A, LA VOIE L. Separating individual and group effects [J] . *Journal of Personality and Social Psychology*, 1985, 48 (2) : 339–348.

[78] KICKUL J, GUNDRY L. Prospecting for strategic advantage: The proactive entrepreneurial personality and small firm innovation [J] . *Journal of Small Business Management*, 2002, 40 (2) : 85–97.

[79] KIDDER D L, PARKS J M. The good soldier: who is s (he) ? [J] . *Journal of Organizational Behavior: The International Journal of Industrial, Occupational and Organizational Psychology and Behavior*, 2001, 22 (8) : 939–959.

[80] KIM T–Y, LIU Z. Taking charge and employee outcomes: the moderating effect of emotional competence [J] . *The International Journal of Human Resource Management*, 2017, 28 (5) : 775–793.

[81] KIM T–Y, LIU Z–Q, DIEFENDORFF J M. Leader–member exchange and job performance: The effects of taking charge and organizational tenure

[J]. *Journal of Organizational Behavior*, 2015, 36（2）: 216–231.

[82] KLIMCHAK M, CARSTEN M, MORRELL D, et al. Employee Entitlement and Proactive Work Behaviors: The Moderating Effects of Narcissism and Organizational Identification [J]. *Journal of Leadership & Organizational Studies*, 2016, 23（4）: 387–396.

[83] KORMAN A K. Toward an hypothesis of work behavior [J]. *Journal of Applied Psychology*, 1970, 54（1, Pt. 1）: 31–41.

[84] LAW K S, SCHMIDT F L, HUNTER J E. A test of two refinements in procedures for meta-analysis [J]. *Journal of Applied Psychology*, 1994, 79（6）: 978–986.

[85] LEBEL R D. Moving beyond fight and flight: A contingent model of how the emotional regulation of anger and fear sparks proactivity [J]. *Academy of Management Review*, 2017, 42（2）: 190–206.

[86] LEPINE J A, VAN DYNE L. Voice and cooperative behavior as contrasting forms of contextual performance: evidence of differential relationships with big five personality characteristics and cognitive ability [J]. *Journal of Applied Psychology*, 2001, 86（2）: 326–336.

[87] LEUNG K, CHEN Z, ZHOU F, et al. The role of relational orientation as measured by face and renqing in innovative behavior in China: An indigenous analysis [J]. *Asia Pacific Journal of Management*, 2014, 31（1）: 105–126.

[88] LI J, FURST-HOLLOWAY S, GALES L, et al. Not All Transformational Leadership Behaviors Are Equal: The Impact of Followers' Identification With Leader and Modernity on Taking Charge [J]. *Journal of Leadership &*

Organizational Studies, 2017, 24（3）: 318-334.

［89］LI M, LIU W, HAN Y, et al. Linking empowering leadership and change-oriented organizational citizenship behavior［J］. *Journal of Organizational Change Management*, 2016, 29（5）: 732-750.

［90］LI N, CHIABURU D S, KIRKMAN B L, et al. Spotlight on the Followers: An Examination of Moderators of Relationships Between Transformational Leadership and Subordinates' Citizenship and Taking Charge［J］. *Personnel Psychology*, 2013, 66（1）: 225-260.

［91］LI N, CHIABURU D S, KIRKMAN B L. Cross-level influences of empowering leadership on citizenship behavior: Organizational support climate as a double-edged sword［J］. *Journal of Management*, 2017, 43（4）: 1076-1102.

［92］LI N, CHIABURU D S, KIRKMAN B L. Cross-Level Influences of Empowering Leadership on Citizenship Behavior: Organizational Support Climate as a Double-Edged Sword［J］. *Journal of Management*, 2017, 43（4）: 1076-1102.

［93］LI N, DAN S C, KIRKMAN B L. Cross-Level Influences of Empowering Leadership on Citizenship Behavior［J］. *Journal of Management*, 2014.

［94］LI R, ZHANG Z Y, TIAN X M. Can self-sacrificial leadership promote subordinate taking charge? The mediating role of organizational identification and the moderating role of risk aversion［J］. *Journal of Organizational Behavior*, 2016, 14（3）: 214-216.

［95］LI S-L, HE W, YAM K C, et al. When and why empowering leadership increases followers' taking charge: A multilevel examination

in China [J]. *Asia Pacific Journal of Management*, 2015, 32 (3):
645-670.

[96] LI S-L, HE W, YAM K C, et al. When and why empowering
leadership increases followers' taking charge: A multilevel examination
in China [J]. *Asia Pacific Journal of Management*, 2015, 32 (3):
645-670.

[97] LI S-L, SUN F, LI M. Sustainable Human Resource Management Nurtures
Change-Oriented Employees: Relationship between High-Commitment
Work Systems and Employees' Taking Charge Behaviors [J].
Sustainability, 2019, 11 (13).

[98] LIANG J, FARH C I, FARH J-L. Psychological antecedents of promotive
and prohibitive voice: A two-wave examination [J]. *Academy of
Management Journal*, 2012, 55 (1): 71-92.

[99] LIN C-C, KAO Y-T, CHEN Y-L, et al. Fostering change-oriented
behaviors: A broaden-and-build model [J]. *Journal of Business and
Psychology*, 2016, 31 (3): 399-414.

[100] LIU S, HU J, LI Y, et al. Examining the cross-level relationship
between shared leadership and learning in teams: Evidence from China
[J]. *The Leadership Quarterly*, 2014, 25 (2): 282-295.

[101] LIU Y, ZHOU X, LIAO S, et al. The Influence of Transactive Memory
System on Individual Career Resilience: The Role of Taking Charge and
Self-Promotion [J]. *International Journal of Environmental Research
and Public Health*, 2019, 16 (18): 3550.

[102] LóPEZ-DOMíNGUEZ M, ENACHE M, SALLAN J M, et al.
Transformational leadership as an antecedent of change-oriented

organizational citizenship behavior [J]. *Journal of Business Research*, 2013, 66 (10): 2147–2152.

[103] LOVE M S, DUSTIN S L. An investigation of coworker relationships and psychological collectivism on employee propensity to take charge [J]. *The International Journal of Human Resource Management*, 2014, 25 (9): 1208–1226.

[104] MACKINNON D P, LOCKWOOD C M, WILLIAMS J. Confidence limits for the indirect effect: Distribution of the product and resampling methods [J]. *Multivariate Behavioral Research*, 2004, 39 (1): 99–128.

[105] MANZ C C. Self–leadership: Toward an expanded theory of self–influence processes in organizations [J]. *Academy of Management Review*, 1986, 11 (3): 585–600.

[106] MARLER L E. Proactive behavior: A selection perspective [J]. *Dissertations & Theses – Gradworks*, 2008.

[107] MARSH H W, HAU K–T, BALLA J R, et al. Is more ever too much? The number of indicators per factor in confirmatory factor analysis [J]. *Multivariate Behavioral Research*, 1998, 33 (2): 181–220.

[108] MATSUDA Y, PIERCE J L, ISHIKAWA R. Development and validation of the Japanese version of organization–based self–esteem scale [J]. *Journal of Occupational Health*, 2011, 53 (3): 188–196.

[109] MCALLISTER D J, KAMDAR D, MORRISON E W, et al. Disentangling role perceptions: How perceived role breadth, discretion, instrumentality, and efficacy relate to helping and taking charge [J]. *Journal of Applied Psychology*, 2007, 92 (5): 1200–1211.

[110] MCCRAE R R, COSTA JR P T. Discriminant validity of NEO-PIR facet scales [J]. *Educational and psychological measurement*, 1992, 52（1）: 229-237.

[111] MEHRA A, SMITH B R, DIXON A L, et al. Distributed leadership in teams: The network of leadership perceptions and team performance [J]. *The Leadership Quarterly*, 2006, 17（3）: 232-245.

[112] MOON H, KAMDAR D, MAYER D M, et al. Me or we? The role of personality and justice as other-centered antecedents to innovative citizenship behaviors within organizations [J]. *Journal of Applied Psychology*, 2008, 93（1）: 84-94.

[113] MORRISON E W, PHELPS C C. Taking charge at work: Extrarole efforts to initiate workplace change [J]. *Academy of Management Journal*, 1999, 42（4）: 403-419.

[114] NAN L, QIU-YUN G, HUA W. Leader Inclusiveness and Taking Charge: The Role of Thriving at Work and Regulatory Focus [J]. *Frontiers in Psychology*, 2019（10）: 2393.

[115] NEVICKA B, DE HOOGH A H, VAN VIANEN A E, et al. All I need is a stage to shine: Narcissists' leader emergence and performance [J]. *The Leadership Quarterly*, 2011, 22（5）: 910-925.

[116] NG T W H, FELDMAN D C. Organizational Tenure and Job Performance [J]. *Journal of Management: Official Journal of the Southern Management Association*, 2010, 36（5）: 1220-1250.

[117] NG T W, EBY L T, SORENSEN K L, et al. Predictors of objective and subjective career success: A meta - analysis [J]. *Personnel Psychology*, 2005, 58（2）: 367-408.

[118] NG T W, FELDMAN D C. The relationship of age to ten dimensions of job performance [J] . *Journal of Applied Psychology*, 2008, 93 (2) : 392.

[119] NIESSEN C, WESELER D, KOSTOVA P. When and why do individuals craft their jobs? The role of individual motivation and work characteristics for job crafting [J] . *Human Relations*, 2016, 69 (1) : 1287-1313.

[120] O'BOYLE E H, FORSYTH D R, BANKS G C, et al. A meta-analysis of the Dark Triad and work behavior: a social exchange perspective [J] . *Journal of Applied Psychology*, 2012, 97 (3) : 557-579.

[121] ONYISHI I E, OGBODO E. The contributions of self-efficacy and perceived organisational support when taking charge at work [J] . *SA Journal of Industrial Psychology*, 2012, 38 (1) : 1-11.

[122] ONYISHI I E, UGWU F O, OGBONNE I P. Empowering employees for change oriented behaviours: The contribution of psychological empowerment to taking charge at work [J] . *European Journal of Social Sciences*, 2012 (27) : 301-308.

[123] OUYANG K, LAM W, WANG W. Roles of gender and identification on abusive supervision and proactive behavior [J] . *Asia Pacific Journal of Management*, 2015, 32 (3) : 1-21.

[124] PARKER S K, BINDL U K, STRAUSS K. Making Things Happen: A Model of Proactive Motivation[J].*Journal of Management*,2010,36(4): 827-856.

[125] PARKER S K, COLLINS C G. Taking Stock: Integrating and

Differentiating Multiple Proactive Behaviors [J]. *Journal of Management*, 2010, 36（3）: 633–662.

[126] PARKER S K, SPRIGG C A. Minimizing strain and maximizing learning: the role of job demands, job control, and proactive personality [J]. *Journal of Applied Psychology*, 1999, 84（6）: 925.

[127] PARKER S K, WILLIAMS H M, TURNER N. Modeling the Antecedents of Proactive Behavior at Work [J]. *Journal of Applied Psychology*, 2006, 91（3）: 636–652.

[128] PARKER S K. Enhancing role breadth self-efficacy: the roles of job enrichment and other organizational interventions [J]. *Journal of Aapplied Psychology*, 1998, 83（6）: 835–852.

[129] PAYNE H J. The role of organization-based self-esteem in employee dissent expression[J]. *Communication Research Reports*, 2007, 24（3）: 235–240.

[130] PEARCE C L, SIMS JR H P. Vertical versus shared leadership as predictors of the effectiveness of change management teams: An examination of aversive, directive, transactional, transformational, and empowering leader behaviors [J]. *Group dynamics: Theory, research, and practice*, 2002, 6（2）: 172–197.

[131] PENNEY L M, SPECTOR P E. Narcissism and counterproductive work behavior: Do bigger egos mean bigger problems? [J]. *International Journal of selection and Assessment*, 2002, 10（1–2）: 126–134.

[132] PIERCE J L, GARDNER D G, CUMMINGS L L, et al. Organization-based self-esteem: Construct definition, measurement, and validation [J].

Academy of Management Journal, 1989, 32（3）: 622-648.

［133］PIERCE J L, GARDNER D G, DUNHAM R B, et al. Moderation by organization-based self-esteem of role condition-employee response relationships ［J］. *Academy of Management Journal*, 1993, 36（2）: 271-288.

［134］PIERCE J L, GARDNER D G. Relationships of personality and job characteristics with organization - based self - esteem ［J］. *Journal of Managerial Psychology*, 2009, 24（5）: 392-409.

［135］PIERCE J L, GARDNER D G. Self-esteem within the work and organizational context: A review of the organization-based self-esteem literature ［J］. *Journal of Management*, 2004, 30（5）: 591-622.

［136］PONTE P R. Nurse-physician co-leadership: A model of interdisciplinary practice governance ［J］. *JONA: The Journal of Nursing Administration*, 2004, 34（11）: 481-484.

［137］PORTER-O' GRADY T. Is shared governance still relevant? ［J］. *JONA: The Journal of Nursing Administration*, 2001, 31（10）: 468-473.

［138］POTOČNIK K, ANDERSON N. A constructively critical review of change and innovation-related concepts: towards conceptual and operational clarity ［J］. *European Journal of Work & Organizational Psychology*, 2016, 25（4）: 481-494.

［139］QIAN J, SONG B, JIN Z, et al. Linking empowering leadership to task performance, taking charge, and voice: the mediating role of feedback-seeking ［J］. *Frontiers in Psychology*, 2018（9）:

2025.

[140] RANK J, NELSON N E, ALLEN T D, et al. Leadership predictors of innovation and task performance: Subordinates' self - esteem and self - presentation as moderators [J]. *Journal of Occupational and Organizational Psychology*, 2009, 82（3）: 465–489.

[141] RASKIN R N, HALL C S. A narcissistic personality inventory [J]. *Psychological reports*, 1979, 45（2）: 590.

[142] RASKIN R, TERRY H. A principal–components analysis of the Narcissistic Personality Inventory and further evidence of its construct validity [J]. *Journal of Personality and Social Psychology*, 1988, 54（5）: 890–902.

[143] RHODEWALT F, EDDINGS S K. Narcissus reflects: Memory distortion in response to ego–relevant feedback among high–and low–narcissistic men [J]. *Journal of Research in Personality*, 2002, 36（2）: 97–116.

[144] ROSENTHAL R. The file drawer problem and tolerance for null results [J]. *Psychological Bulletin*, 1979, 86（3）: 638–641.

[145] ROSENTHAL S A, PITTINSKY T L. Narcissistic leadership [J]. *The Leadership Quarterly*, 2006, 17（6）: 617–633.

[146] SCHNEIDER B, WHITE S S, PAUL M C. Linking service climate and customer perceptions of service quality: Tests of a causal model [J]. *Journal of Applied Psychology*, 1998, 83（2）: 150–163.

[147] SCOTT S G, BRUCE R A. Determinants of innovative behavior: A path model of individual innovation in the workplace [J]. *Academy of Management Journal*, 1994, 37（3）: 580–607.

［148］SEDIKIDES C, GAERTNER L, TOGUCHI Y. Pancultural self-enhancement ［J］. *Journal of Personality and Social Psychology*, 2003, 84（1）: 60–79.

［149］SEIBERT S E, CRANT J M, KRAIMER M L. Proactive personality and career success ［J］. *Journal of applied psychology*, 1999, 84（3）: 416–427.

［150］SEIBERT S E, KRAIMER M L, CRANT J M. What do proactive people do? A longitudinal model linking proactive personality and career success ［J］. *Personnel Psychology*, 2001, 54（4）: 845–874.

［151］SERBAN A, ROBERTS A J. Exploring antecedents and outcomes of shared leadership in a creative context: A mixed-methods approach ［J］. *The Leadership Quarterly*, 2016, 27（2）: 181–199.

［152］SHANE WOOD M, FIELDS D. Exploring the impact of shared leadership on management team member job outcomes ［J］. *Baltic Journal of Management*, 2007, 2（3）: 251–272.

［153］SIVASUBRAMANIAM N, MURRY W D, AVOLIO B J, et al. A longitudinal model of the effects of team leadership and group potency on group performance ［J］. *Group & Organization Management*, 2002, 27（1）: 66–96.

［154］SONNENTAG S, SPYCHALA A. Job control and job stressors as predictors of proactive work behavior: Is role breadth self-efficacy the link? ［J］. *Human Performance*, 2012, 25（5）: 412–431.

［155］STAMPER C L, VAN DYNE L. Diversity at Work: Do Men and Women Differ in their Organizational Citizenship Behavior? ［J］. *Performance Improvement Quarterly*, 1999, 12（1）: 59–76.

[156] TANG T L-P, IBRAHIM A H S. Antecedents of organizational citizenship behavior revisited: Public personnel in the United States and in the Middle East[J]. *Public Personnel Management*, 1998, 27(4): 529-550.

[157] TANGIRALA S, RAMANUJAM R. Exploring nonlinearity in employee voice: The effects of personal control and organizational identification[J]. *Academy of Management Journal*, 2008, 51(6): 1189-1203.

[158] THOMAS J P, WHITMAN D S, VISWESVARAN C. Employee proactivity in organizations: A comparative meta - analysis of emergent proactive constructs [J]. *Journal of Occupational and Organizational Psychology*, 2010, 83(2): 275-300.

[159] THOMPSON J A. Proactive personality and job performance: a social capital perspective [J]. *Journal of Applied Psychology*, 2005, 90(5): 1011-1017.

[160] TIAN A W, GAMBLE J, CORDERY J. When are Employees Willing to Risk Being Proactive? A Relational Approach to Taking Charge Behavior [J]. *Academy of Management Annual Meeting Proceedings*, 2014(1): 14499.

[161] TORNAU K, FRESE M. Construct clean - up in proactivity research: A meta - analysis on the nomological net of work - related proactivity concepts and their incremental validities [J]. *Applied Psychology*, 2013, 62(1): 44-96.

[162] TRZESNIEWSKI K H, DONNELLAN M B, ROBINS R W. Is "Generation Me" really more narcissistic than previous

generations? [J] . *Journal of Personality*, 2008, 76 (4) : 903–918.

[163] VADERA A K, PRATT M G, MISHRA P. Constructive deviance in organizations: Integrating and moving forward [J] . *Journal of Management*, 2013, 39 (5) : 1221–1276.

[164] VAN DIERENDONCK D. Servant–Leadership and Taking Charge Behavior: The Moderating Role of Follower Altruism [J] . *International Journal of Servant–Leadership*, 2014, 8 (1) : 423–431.

[165] VAN DYNE L, LEPINE J A. Helping and voice extra–role behaviors: Evidence of construct and predictive validity [J] . *Academy of Management Journal*, 1998, 41 (1) : 108–119.

[166] VECCHIO R P. Negative emotion in the workplace: Employee jealousy and envy [J]. *International Journal of Stress Management*, 2000, 7(3): 161–179.

[167] VISWESVARAN C, ONES D S. Theory testing: Combining psychometric meta–analysis and structural equations modeling [J] . *Personnel Psychology*, 1995, 48 (4) : 865–885.

[168] WALLACE H M, BAUMEISTER R F. The performance of narcissists rises and falls with perceived opportunity for glory [J] . *Journal of Personality and Social Psychology*, 2002, 82 (5) : 819–834.

[169] WANG L, LONG L. Idiosyncratic deals and taking charge: The roles of psychological empowerment and organizational tenure [J] . *Social Behavior and Personality: an international journal*, 2018, 46 (9) : 1437–1448.

[170] WENWEN Z, WENXING L. Leader Humility and Taking Charge: The Role of OBSE and Leader Prototypicality [J]. *Frontiers in Psychology*, 2019, 10.

[171] WESCHE J S, TEICHMANN E. Status matters: The moderating role of perceived newcomer status in leader and coworker influences on challenging organizational citizenship behaviour [J]. *German Journal of Human Resource Management*, 2016, 30 (3-4): 267-286.

[172] WHITENER E M. Confusion of confidence intervals and credibility intervals in meta-analysis [J]. *Journal of Applied Psychology*, 1990, 75 (3): 315-321.

[173] WINK P. Two faces of narcissism [J]. *Journal of Personality and Social Psychology*, 1991, 61 (4): 590-597.

[174] WRZESNIEWSKI A, DUTTON J E. Crafting a Job: Revisioning Employees as Active Crafters of Their Work [J]. *Academy of Management Review*, 2001, 26 (2): 179-201.

[175] WU L-Z, BIRTCH T A, CHIANG F F, et al. Perceptions of negative workplace gossip: A self-consistency theory framework [J]. *Journal of Management*, 2018, 44 (5): 1873-1898.

[176] XIONG CHEN Z, ARYEE S. Delegation and employee work outcomes: An examination of the cultural context of mediating processes in China [J]. *Academy of Management Journal*, 2007, 50 (1): 226-238.

[177] XU Q, ZHAO Y, XI M, et al. Impact of benevolent leadership on follower taking charge [J]. *Chinese Management Studies*, 2018, 12 (4): 741-755.

[178] YANG Q, JIN G, FU J, et al. Job insecurity and employees taking charge: The role of global job embeddedness [J]. *Social Behavior and Personality: an international journal*, 2019, 47（4）: 1-12.

[179] YUKL G, GORDON A, TABER T. A hierarchical taxonomy of leadership behavior: Integrating a half century of behavior research [J]. *Journal of Leadership & Organizational Studies*, 2002, 9（1）: 15-32.

[180] ZENG H, ZHAO L, ZHAO Y. Inclusive leadership and taking-charge behavior: roles of psychological safety and thriving at work [J]. *Frontiers in Psychology*, 2020（11）: 62.

[181] ZHANG M J, LAW K S, LIN B. You think you are big fish in a small pond? Perceived overqualification, goal orientations, and proactivity at work [J]. *Journal of Organizational Behavior*, 2016, 37（1）: 61-84.

[182] ZHANG Z, ZYPHUR M J, PREACHER K J. Testing multilevel mediation using hierarchical linear models: Problems and solutions [J]. *Organizational Research Methods*, 2009, 12（4）: 695-719.

[183] ZHOU K, LIU W, LI M, et al. The Relationship Between Narcissism and Taking Charge: The Role of Energy at Work and Hierarchical Level [J]. *Psychological Reports*, 2020, 123（2）: 472-487.

[184] CHEN Z-J. *A contingency model of empowering leadership on employee proactive behavior: team power distance climate and individual power distance belief as the moderators* [D]. Hong Kong: Hong Kong University of Science and Technology, 2011.

[185] HOWELL T M. *Big fish in a new pond : how self-perceived status*

influences newcomer change oriented behaviors〔D〕. Austin：The University of Texas at Austin，2014.

〔186〕LIM S H A. *Taking charge：examining antecedents，moderators，and consequences*〔D〕. Pennsy Lvania：The Pennsylvania State University，2009.

〔187〕ZHANG Y. *The relationship between organizational authority-control and employees' proactive behavior：the moderating role of individual proactive personality*〔D〕. Hong Kong：City University of Hong Kong，2009.

（二）中文期刊论文

〔1〕宝贡敏，徐碧祥. 基于组织的自尊（OBSE）理论研究述评〔J〕. 重庆大学学报（社会科学版），2006（5）：40-46.

〔2〕曾颢，赵李晶. 服务型领导与员工主动变革行为的关系——一个被调节的中介模型〔J〕. 企业经济，2019，38（3）：105-11.

〔3〕邓传军，刘智强. 非正式地位对员工主动变革行为的影响机制研究〔J〕. 管理评论，2021，33（4）：215-224.

〔4〕段锦云，晨张，悦徐. 员工建言行为的人口统计特征元分析〔J〕. 心理科学与进展，2016，24（10）：1568-1582.

〔5〕蒿坡，龙立荣，贺伟. 共享型领导如何影响团队产出？信息交换、激情氛围与环境不确定性的作用〔J〕. 心理学报，2015，47（10）：1288-1299.

〔6〕蒿坡，龙立荣. 共享型领导的概念、测量与作用机制〔J〕. 管理评论，2017，29（5）：87-101.

〔7〕蒿坡，龙立荣. 化被动为主动：共享型领导对员工主动变革行为的影

响及作用机制研究［J］. 管理工程学报，2020，34（2）：11–20.

［8］何宁，谷渊博. 自恋与决策的研究现状及展望［J］. 心理科学进展，2012，20（7）：1089–1097.

［9］胡青，王胜男，张兴伟，等. 工作中的主动性行为的回顾与展望［J］. 心理科学进展，2011，19（10）：1534–1543.

［10］胡晓龙，姬方卉. 政治技能对主动担责行为的影响：心理授权与不确定性规避的作用［J］. 中国人力资源开发，2018，35（2）：50–60.

［11］黄勇，彭纪生. 组织内信任对员工负责行为的影响——角色宽度自我效能感的中介作用［J］. 软科学，2015（1）：74–77.

［12］黄勇，余江龙. 从主动性人格到主动担责行为：基于角色定义的视角［J］. 中国人力资源开发，2019，36（3）：65–77.

［13］黄攸立，李璐. 组织中的自恋型领导研究述评［J］. 外国经济与管理，2014，36（7）：24–33.

［14］焦璨，张敏强. 迷失的边界：心理学虚无假设检验方法探究［J］. 中国社会科学，2014（2）：148–63，207.

［15］接园，孙晓敏，费蕾诗. 共享领导的研究回顾与展望［J］. 软科学，2016，30（6）：79–82.

［16］李绍龙，龙立荣，朱其权. 同心求变：参与型领导对员工主动变革行为的影响机制研究［J］. 预测，2015，34（3）：1–7.

［17］廖建桥，邵康华，田婷. 自恋型领导的形成、作用及管理对策［J］. 管理评论，2016，28（6）：131–139.

［18］林志扬，赵靖宇. 真实型领导对员工承担责任行为的影响——员工内化动机和人际敏感特质的作用［J］. 经济管理，2016（7）：71–81.

［19］刘密，龙立荣，祖伟. 主动性人格的研究现状与展望［J］. 心理科学进展，2007，15（2）：333-337.

［20］刘明伟，王华英，李铭泽. 自以为是所以主动改变？员工自恋与主动变革行为的关系研究［J］. 中国人力资源开发，2020，37（2）：21-33.

［21］刘生敏，廖建桥. 中国员工真能被"领"开言路吗：真实型领导对员工抑制性建言的影响［J］. 商业经济与管理，2015（6）：58-68.

［22］刘云. 前瞻性人格对员工变革行为的影响——心理安全氛围的调节作用［J］. 软科学，2013，27（5）：108-112.

［23］刘智强，葛靓，王凤娟. 组织任期与员工创新：基于地位属性和文化差异的元分析［J］. 南开管理评论，2015，18（6）：4-15.

［24］刘智强，李超，廖建桥，等. 组织中地位、地位赋予方式与员工创造性产出——来自国有企事业单位的实证研究［J］. 管理世界，2015（3）：86-101，87-88.

［25］陆欣欣，涂乙冬. 基于组织的自尊的情境化与适用性［J］. 心理科学进展，2014，22（1）：130-138.

［26］马璐，谢鹏，韦依依. 下属默契对员工主动担责行为的影响研究——目标清晰度中介效应与组织支持感调节效应［J］. 中国软科学，2020（2）：129-137.

［27］毛良斌，郑全全. 元分析的特点、方法及其应用的现状分析［J］. 应用心理学，2005（4）：354-359.

［28］潘孝富，秦启文，张永红，等. 组织心理所有权、基于组织的自尊对积极组织行为的影响［J］. 心理科学，2012，35（3）：718-724.

［29］逄键涛，温珂．主动性人格对员工创新行为的影响与机制［J］．科研管理，2017，38（1）：12-20．

［30］秦峰，许芳．马基雅维利主义者的工作绩效和职业成功——基于工作场所的元分析［J］．心理科学进展，2013，21（9）：1542-1553．

［31］时光磊，凌文辁，李明，等．组织情境下自恋问题研究［J］．中国人力资源开发，2012（6）：10-4，80．

［32］孙利平，凌文辁，方俐洛．团队中的共享领导：领导研究的新视角［J］．软科学，2009，23（11）：83-86．

［33］陶建宏，师萍，段伟宇．自我领导与组织自尊对员工创新行为影响的实证研究——基于电子通讯、制造企业的数据［J］．研究与发展管理，2014，26（3）：52-61．

［34］王红椿，练玉．谦卑型领导与员工主动变革行为：心理资本的中介作用和独立性自我建构的调节作用[J].惠州学院学报,2018,38(1):59-64．

［35］王拥军，俞国良．Hunter-Schmidt 元分析范式：特征和应用［J］．心理科学，2010（2）：406-408．

［36］王永贵，张言彩．元分析方法在国内外经济管理研究中的应用比较［J］．经济管理，2012（4）：182-190．

［37］王珍，张永红，徐巧巧．几种发表性偏倚评估方法介绍［J］．中国卫生统计，2009，（5）：539-541．

［38］韦依依，马璐，谢鹏．主动动机模型下时间领导对员工主动变革行为的影响［J］．科技进步与对策，2021：1-9．

［39］魏江，赵立龙，冯军政．管理学领域中元分析研究现状评述及实施过程［J］．浙江大学学报（人文社会科学版），2012，42（5）：

144-156.

[40] 吴士健，杜梦贞，张洁.真实型领导对员工越轨创新行为的影响——组织自尊与建设性责任认知的链式中介作用及差错反感文化的调节作用 [J].科技进步与对策，2020，37（13）：141-150.

[41] 谢清伦，郗涛.谦逊型领导与员工主动担责：角色宽度自我效能与目标导向的作用 [J].中国软科学，2018（11）：131-137.

[42] 颜爱民，郭好，谢菊兰，等.伦理型领导何以促进员工主动变革行为：建设性责任知觉与职业召唤的作用 [J].中国人力资源开发，2020，37（11）：50-61.

[43] 颜爱民，郝迎春.上级发展性反馈对员工建言的影响——基于建设性责任知觉视角 [J].华东经济管理，2020，34（5）：113-120.

[44] 杨陈，唐明凤，景熠.关系型人力资源管理实践对员工主动变革行为的影响机制研究 [J].管理评论，2019，31（12）：207-18.

[45] 杨光，周眙.自我牺牲型领导对员工主动变革行为的影响：心理安全感和感知组织目标清晰度的作用 [J].中国人力资源开发，2021，38（6）：97-109.

[46] 殷俊杰，邵云飞.上级发展性反馈对员工主动变革行为的影响机理——情绪智力调节作用 [J].企业经济，2021，40（11）：142-151.

[47] 占小军，卢娜，罗文豪，等.自我调节理论视角下教练型领导对员工主动担责行为的作用机制研究 [J].管理评论，2020，32（8）：193-203.

[48] 张光磊，周金帆，张亚军.精神型领导对员工主动变革行为的影响研究 [J].科研管理，2018，39（11）：88-97.

[49] 张若勇，刘光建，刘新梅.员工创造力效能感与主动变革行为的权

变关系——基于计划行为理论视角［J］. 经济管理，2018，40（8）：194-208.

［50］张翼，樊耘，赵菁. 国外管理学研究中的元分析评介［J］. 外国经济与管理，2009（7）：1-8.

［51］张振刚，余传鹏，李云健. 主动性人格、知识分享与员工创新行为关系研究［J］. 管理评论，2016，28（4）：123-133.

［52］张正堂，赵李晶，丁明智. 授权型领导对员工主动变革行为的影响机制［J］. 科研管理，2020，41（10）：218-26.

［53］赵欣，赵西萍，周密，等. 组织行为研究的新领域：积极行为研究述评及展望［J］. 管理学报，2011，8（11）：1719-1927.

［54］郑伯埙，周丽芳，黄敏萍，等. 家长式领导的三元模式：中国大陆企业组织的证据［J］. 本土心理学研究，2003（20）：209-252.

［55］郑兴山，甄珊珊，唐宁玉. 股票决策权认知对员工利他及建言行为的影响——责任担当为中介变量的研究［J］. 软科学，2013（4）：102-105.

［56］周愉凡，张建卫，张晨宇，等. 主动性人格对研发人员创新行为的作用机理——基于特质激活与资源保存理论整合性视角［J］. 软科学，2020，34（7）：33-37.

［57］安姆杰. 培育以变革为导向的行为：包容型领导的作用［D］. 北京：北京科技大学，2020.

［58］包艳. 领导—下属权力距离导向一致性对员工行为的影响和作用机制研究［D］. 武汉：华中科技大学，2019.

［59］董越. 谦逊领导对组织中主动担责的影响机制研究［D］. 武汉：中南财经政法大学，2019.

［60］高昂. 华人组织中家长式领导有效性研究［D］. 北京：清华大学，

2013.

［61］李荣艳. 资质过剩感知对员工主动变革行为的影响机制研究［D］.
厦门：厦门大学，2019.

［62］刘光建. 矛盾领导与下属主动行为关系研究：战略定向的中介效应
与心理权利的调节效应［D］. 兰州：兰州大学，2017.

［63］梅会英. 共享领导风格对员工创新行为的影响机制研究［D］. 成
都：西南财经大学，2011.

［64］孙亚军. 辱虐管理对员工承担行为的影响研究［D］. 成都：西南
财经大学，2019.

［65］韦伟. 个体—主管契合与员工责任担当：认同主管和人际公平的作
用［D］. 上海：上海交通大学，2014.

［66］薛研. 责任承担与进谏对绩效的影响研究［D］. 上海：上海交通大
学，2011.

后　记

　　时光荏苒，岁月如梭！虽求学已三载，却恍如昨日。相同的致谢开场，只不过今年的主角是我！2017年的春天已经开启，我也即将实现身份的转变！掐指一算，按虚岁我也步入而立之年。自六岁半入学，到如今已近二十四载，两个轮回。求学之路漫长，让我比其他读书少的童年玩伴对"学生"这个身份有更深的理解。如今学历几近登顶，但求学之路却不可停滞。这也许是我最后一次撰写篇幅如此之长的毕业论文了！写到这里，心中五谷杂陈。我非常珍惜最后这次在毕业论文中写致谢的机会，有许多心里话想在此述说。文笔比较随意，内容全是脑中涌现的情景和内心独白。姑且把它主题定为"我的博士生涯自白：写在成为一名'青椒'之前"。

　　首先涌现在我脑中的是"读书"二字。读书有没有用的问题在社会中被广泛讨论，争议不断。当前社会中的浮躁气氛很浓，我也是芸芸众生中的一员，深有体会。读书到底有没有用？您花那么多时间写的这部长篇著作到底有没有用？这不仅可能是社会对当前读书人，特别是对高学历人群的疑问，也是经常浮现在每个博士研究生脑中的问题。归根结底，要看评价的标准是什么。有没有用？长期有用还是短期有用？从市场角度来看，有人认为的有用就是能挣钱，或学术一点，就是创造经济价值。那么，我们的确几乎无法产生任何有用的价值，至少在当前短期如此。然而，读书一定是为了挣钱吗？我的答案是否定的，挣钱是外化的结果，而读书对人的内在价值是无法用金钱衡量的。如果将读书的目的外化，那么就很难享受读书之乐！

接着，跳入我脑海中的一个词是：捷径。科研有捷径吗？对一些人而言，答案是肯定的，因为当您掌握方法时，您会比一般人更轻松。当然，有关系也是一个方面。诚然，阅人无数不如名师指路。有贵人指点，在求学路上也会比别人更快些，而且有一个好的平台能够拥有更多资源。然而，对另一些人却又是否定的，因为捷径里面暗含投机，并且我们所认为最佳的捷径有可能是最拥堵的。就像在地铁里，大家一拥而上走电梯，旁边的楼梯却无人使用，此时可能楼梯是最佳的捷径。有时，一些比较笨拙和缓慢的办法往往最有效。对这个问题，我的答案是：做学问没有捷径，但有技巧。走捷径是社会浮躁的产物之一。

以上两个问题比较宏大，答案也是仁者见仁，智者见智，对孰优孰劣不予置评。接下来，我想谈谈自己对读博本身的一些切实体会！我感觉读博就像人生的一场修行，既然是修行，那苦肯定是少不了的。读博苦，苦在你除了要看大量书籍和文献，学习各种方法，还要不停地写作和修改，更大的苦还是内心的孤独和寂寞。我曾经就是一个人独来独往，每天看文献、学方法，付出大量的心血和精力，最终却没有任何成果。后来，我发现自己的问题，深感学术不能一个人闭门造车，对"学而无友者孤陋而寡闻"有切肤之痛的体味。我开始参加学术会议，与身边优秀的人交流。我的情况开始慢慢好转。此外，对于研究方法的学习，我的个人经历告诫大家：方法有毒，一味地追求方法而不提升思想，最终你只会成为一个数据分析的高手，而绝非一个合格的研究者。正确的做法是：知晓原理，边学边用。切忌为了方法而方法！关于管理学研究方法，我郑重向大家推荐：陈晓萍等的《组织与管理研究的实证方法（第 2 版）》（北京大学出版社，2012 年）、罗胜强和姜嬿的《管理学问卷调查研究方法》（重庆大学出版社，2014 年）。读博期间，我买过很多书，对我影响很深的书籍包括：克里希那穆提的《生命的注释》、马可·奥勒留的《沉思录》，这些书籍能让我躁动的心灵得以平复；还有史蒂芬·柯维的《高效能人士的七个习惯》和《要事第一》，让我更好地管理自己。当然，还有很多其他书籍，从不同方面影响和塑造着我。此外，随着互联网发展，有专门的读书人为我们读书，在此我推荐"得到"和喜马拉雅 APP 平台，这些平台上总有您感兴趣和给您带来提升的知识。

接近尾声，我想郑重地感谢读博期间给予我支持和帮助的人。首先，我要感谢我的父母及亲人，他们生在农村，文化不高，却辛苦养育我近三十载，并一直想让我成为一个体面的文化人，如今成为一个文化人，我已经做到！还有，我的舅伯，在过去六年中，他也为我的成长操碎了心。其次，我要感谢我的导师赵琛徽教授，感谢他接纳我，在做人和做事上给我的指点，还有在博士选题和写作中给我足够的空间和时间。我还要单独感谢我的师母王青老师，因为她在家庭中的辛苦付出，赵老师才有更多的时间指导我们。接着，我要感谢韩翼教授和刘文兴老师对我思想上的提点和方法上的指导。感谢我的硕导费显政教授在硕士期间给我打下的基础，不然我读博将会异常辛苦。感谢熊胜绪教授、李锡元教授、吕国营教授、胡川教授在我开题和预答辩时给予的宝贵意见，还有导师组其他老师的帮助。感谢师弟周空、席祥勇等在我最需要帮助时给予的支持。当然，还有同门陈显友和高鸿刚师兄、胡丽红师姐、同门马永刚、师妹孔令卫和其他师弟师妹，在此一并感谢。感谢为我收集论文数据的老乡李伟英、程飞、程伟、程凡等，同学朱佳晶、佘小荣、杨晶、杨洁等，师妹申艳霞，还有朋友彦姐、屈姐、郑大哥等，没有你们的大力帮助，我可能无法如期完成使命。感谢室友廖文虎、球友王华强、好大哥王进等读博期间的帮助与陪伴。行至文末，我还要特别感谢我的爱人邬舒欣，在我几乎一无所有的情况下嫁给我，对我无限支持和鼓励。

在毕业之际和成为一名"青椒"之前写下这篇短文，我最后想借用《荀子·劝学》中"学不可以已"，与诸君共勉！

程志辉

2022 年元旦